Widmung und Danksagung

Dieses Buch soll jenen Leuten gewidmet sein, die sich in uneigennütziger und mutiger Weise für eine Welt einsetzen, in der Pflanzen, Tiere und Menschen ein würdevolles Dasein leben können.

An dieser Stelle möchte ich mich besonders bei Anna Maria Jonny bedanken, die mich all diese Jahre beim Werdeprozess dieses Werkes begleitet hat und mit ihren wertvollen Hinweisen in direkter Weise für dessen Entstehen beigetragen hat.

Ein herzliches und großes Danke auch an Silvia Pucher (Cover, Layout) und Silvia Kulmer (Grafiken). Dank an all jene Freunde und Familienangehörige, die mit Geduld und Wohlwollen liebevolle Unterstützung im Hintergrund geleistet haben...

Edelsgraben, 13. Mai 2013

INHALT

Vorwort.. 6

Einführung in die Welt der Zahlen

    Vom Logos der Zahlen... 8
    Die Alchemie und die vier Elemente...................................... 10
    Seelenentwicklungen.. 14

TEIL I: AUFBAU DES TIERKREISES

    Die Zahlen der sieben Gestirne... 20
    Die ältere Tierkreis-Ordnung... 27
    Die Spiegelung.. 35
    Das Dreieck als Basis.. 43
    Die sieben Stufen... 48

TEIL II: DIE „QUINT-ESSENZ" DER 5

    Das magische Quadrat.. 57
    Die Synthese-Zahl 5.. 61
    Polaritäten.. 71

Teil III: ÜBERGÄNGE IN DIE NEUE ORDNUNG

    Das veränderte Weltbild... 76
    Weg der Ganzheit 80
    Ansätze für ein neues Denken.. 85
    Synthese-Zahlen... 89

TEIL IV: DER NEUE TIERKREIS

    Unterschiede zwischen den Ordnungen 94
    Die Zahlen der drei neuen Planeten...................................... 106
    Die Besonderheiten der Zahl 6.. 115
    Das Yang / Yin - Experiment... 119
    Die Zahlen der Achsen 123

TEIL V: TRANSFORMATIONEN

Das plutonische Opfer 133
Chancen des Umdenkens 135
Negative Wirkungen von Planeten (Finanzmärkte) 139
Herrschaftsverhältnisse (Saturn - Uranus) 143
Platons Kardinaltugenden 149
Auf der Suche nach Gerechtigkeit 152

TEIL VI: GEFAHREN UND PERSPEKTIVEN

Ideologien im globalen Medienzeitalter 164
Seelenkämpfe mit Freiheit - Gleichheit - Brüderlichkeit 171
Ausblick: Diese Zeit erleben 182

Tabelle der Tierkreiszeichen 189
Literatur 190

Vorwort:

Die Suche nach dem Sinn ist ein tragendes Motiv für die Beschäftigung mit Zahlen. Bei den Weisen des Altertums galten Zahlen als zugrunde liegende Wesenheiten der Welt.

Mit einem Begründer der Philosophie, der in den Zahlen Maßgebliches gesehen hat, fühle ich mich besonders verbunden: Mit Pythagoras[1], bei dem der ganze Kosmos aus Harmonie und Zahl besteht; nicht nur die Planeten mit ihren Entfernungen und ihren Umlaufgeschwindigkeiten stehen in quantitativen Verhältnissen zueinander wie die Intervalle in der Musik, auch die mikrokosmische Seele des Menschen unterliegt gewissen Proportionsverhältnissen. Die auf die menschliche Seele einwirkenden Planeten und Gestirne des Kosmos werden mit bestimmten Zahlen in Verbindung gebracht.

Ich habe mir nicht zur Aufgabe gemacht, jede Ziffer (von 1- 9) mit dem zugehörigen Planeten vollständig und in gleichem Maße zu behandeln. Dafür, liebe Leser, werde ich sie mit etwas entschädigen, was sie doch überraschen wird: Mit einer fundierten und logischen Grundlage der Zuordnung von Planeten und Zahlen, und in weiterer Folge deren Bezüge zu den gesellschaftlichen Entwicklungen, besonders was das Jetzt und Heute betrifft: Immerhin haben innerhalb der letzten Jahre alle drei äußeren Planeten ihre Position im Tierkreis verändert. Das bezeugt einen raschen Wandel in jeder Hinsicht!

Mir geht es um die Suche nach gemäßen (vom Wort „Maß") Antworten und Lösungen und um ein adäquates Verständnis dieser Transformationen.

Dieses Buch ist kein Buch der Numerologie. Sein Schwerpunkt orientiert sich am Wesen und Sinn der Zahlen und nicht am individuellen Einzelwesen. Zwar eignen sich die pythagoreischen Zahlen sehr gut für die Interpretation von Geburtstagen, doch ist es wichtig, größere Zusammenhänge mit dem Gesellschaftlichen aufzuzeigen. Bei den Pythagoräern war neben den esoterisch-mystischen Lehren ein starker Zug zum Politischen vorhanden. Und Platon, der berühmte Philosoph und Verfasser des Werkes „Der Staat" hat seine Ideenlehre mit pythagoreischen Gedanken über Zahlen bereichert. Ihn kann

---

[1] Der Erste, der sich in Griechenland als „Philosoph" (= Freund der Weisheit) bezeichnete, war ein universaler Geist; Pythagoras, geb. um 570 v. Chr., hat sich über 20 Jahre lang in Ägypten aufgehalten und war auch eine Zeit lang in Babylonien, wo er ebenso Zugang erhielt zu den Mysterien-Weisheiten der Antike. Als 60-jähriger gründete er in Kroton (Unteritalien) eine Mysterienschule, einen philosophischen Orden, einen Tempel der Wissenschaft.

man darüber hinaus als Schöpfer der Kardinaltugenden[2]" bezeichnen. Die menschlichen Seelen und deren Tugenden, sowie Untugenden, wurden damals noch nicht isoliert betrachtet, sondern im Kontext ihrer Lebenszusammenhänge. Auch heute ist es wichtig, ethischen Fragen nicht nur einen Raum zu geben, sondern auch ein bestimmtes Maß.

Es geht um gesellschaftliche Fragen. Auf gewisse systemkritische Bemerkungen im Zusammenhang mit der heutigen „Krise" soll nicht verzichtet werden.
Es werden die Verhältnisse, die ein zeitgemäßes Miteinander ermöglichen, untersucht. Im Zusammenhang mit der Rückkehr des Neptuns in sein Domizil, dessen Beginn mit Februar 2012 zur Wirkung gekommen ist, wird man schön langsam mit Aspekten des menschlichen Mitgefühls, der brüderlichen oder schwesterlichen Liebe (= „Philadelphia") in Berührung kommen. Da stellt sich natürlich die Frage: Welche Einflüsse könnte die Tugend der Brüderlichkeit/ Schwesterlichkeit heutzutage ausüben und in welchem gesellschaftlichen Kontext kann der Geist von „Philadelphia", der bereits im Urchristentum als Tugend existiert hat, umgesetzt oder verwirklicht werden? Welche Voraussetzungen müssen erfüllt werden, damit es nicht nur bei einer Vorstellung bleibt?

---

[2] Der Begriff „Kardinal - Tugenden" stammt allerdings von Bischof Ambrosius (4. Jh. n. Chr.), der die 4 Haupttugenden von Platon so bezeichnete.

Einführung in die Welt der Zahlen

Vom Logos[3] und der Logik der Zahlen

„Die okkulte Zahlenlehre der Pythagoräer[4] war weder eine rein „wissenschaftliche" Mathematik - dies wohl auch, aber nicht ausschließlich - noch gar irgendeine abstruse orientalische Zahlenspekulation, wie dies namentlich in den üblichen Philosophie-Lehrbüchern immer wieder gesagt wird, sondern sie stellte eine echte esoterische Einweihungslehre dar, die der Schüler sich nicht durch Verstandeskraft, sondern durch geistiges Schauen aneignete."[5]

Mit Hilfe der Zahlen lassen sich wie in der Mathematik, die angeblich die reinste der Wissenschaften ist, fundierte Hypothesen und faszinierende Fragestellungen erzeugen. Dabei handelt es sich im Umfeld oder Gebiet der Zahlenmagie eher um geistige (um nicht gleich zu sagen spirituelle) Zusammenhänge, welche zumeist weder mit naturwissenschaftlichen Experimenten noch mit statistischen Methoden zu verifizieren sind. Auch ich habe experimentiert, freilich nicht nur innerhalb streng naturwissenschaftlicher Grenzen. Ohne Intuition und Inspiration wäre ich ganz bestimmt nicht auf so manche verblüffenden Zusammenhänge gekommen. Meine Erfahrung ist diesbezüglich folgende: Sobald man sich in ein bestimmtes Gebiet denkend vertieft und bereit ist, sich dem (höheren) Geist zu öffnen, kann man fast darauf vertrauen, dass irgendwann plötzlich eine Gewissheit - begleitet

---

[3] Unter „Logos" verstehe ich im klassischen Sinne eine den Kosmos durchwirkende Gesetzmäßigkeit, ähnlich wie bei Heraklit; hier ist also eher nicht das „Wort Gottes" aus dem Johannesevangelium gemeint, wenngleich der Begriff „Logos" immer schon eine Weite in der Auslegung gehabt hatte; darum hat auch Goethe (im ersten Teil des Faust) seine Hauptfigur nachdenken lassen über die einzelnen Übersetzungsoptionen von Logos: „Wort", „Sinn", „Kraft", „Tat"...
Platon meint im Theaitetos, dass nur ein Teil des Logos Gegenstand des Wissens sein kann, nämlich jener, der erklärbar ist. Daran möchte ich mich in meinen Ausführungen über die Zahlen im Großen und Ganzen halten; das soll heißen, dass ich über die quantitative Bestimmung der Zahlen hinausgehen will bis zu jenem Punkt der Gesetzmäßigkeit, wo der Sinn aufhört, erklärbar zu sein.

[4] Viel vom Wissensschatz, das dem Pythagoras zugeschrieben wird, geht aus dessen Schule hervor: Nikomachos´ Einleitung in die Arithmetik aus dem 1. Jh. n. Chr. wurde zur eigentlichen Hauptquelle der Zahlenlehre erhoben, die dann vor allem in der muslimischen Welt ausgebaut wurde: vor allem Jabir (Dschabir im dt.) und die anderen Sufi-Gelehrten des „Ikhwan as- Safa" haben die pythagoräische Vorstellungen von Zahlenqualitäten- und -symbole auf die kosmologischen Vorstellungen übertragen. Erst Jahrhunderte später gelangten diese „neo-platonischen" kosmologischen Vorstellungen- gepaart mit den mathematischen und astronomischen Erkenntnissen (z.B. Al- Biruni) in das europäische Abendland.

[5] Vgl.: Pythagoras: Künder ewiger Harmonie/ in: Manfred Ehmer: Weisheit des Westens, S.159/60

von einem bestimmten Bauchgefühl - über eine Erkenntnis auftaucht (Intuition) oder ein ganzer Satz eingeflüstert wird (Inspiration).
Freilich: Die Prüfung der in diesem Buch angeführten Ergebnisse ist sehr wohl über das analytische Denken verlaufen. Bei dieser Gelegenheit möchte ich Mathematiker und andere Wissenschaftler dazu einladen, sich mit ihnen kritisch auseinanderzusetzen und Stellung zu beziehen. Erst dann kann an diesem Konstrukt sicher weitergebaut werden.

Ich bin auf jeden Fall davon überzeugt, dass die Ergebnisse niemanden kalt lassen werden, sobald dahinter die Beweiskraft und ein gewisser Anteil des Logos von den Zahlen erkannt wird beziehungsweise eine nahezu bedeutungsschwangere Ahnung davon auftaucht, welche Felder und Möglichkeiten sich mit Hilfe der Ziffern und Zahlen eröffnen können - und zwar nicht nur im Bereich der Astrologie, wofür sich Mathematiker normaler Weise nur wenig erwärmen können.

Es mag der Fall sein, dass die angeführten Zahlenoperationen einem Mathematiker banal vorkommen, einem anderen (interessierten Laien) fast kompliziert erscheinen. Darüber würde ich mich nicht wundern, da diese Arbeit sich ohnehin in einem Grenzbereich zwischen Metaphysik und wissenschaftlich nachvollziehbarer Logik befindet. Wenn man ein wenig Geduld aufbringt und mitzudenken versucht, stellen die in diesem Buch angeführten Additionen, Multiplikationen und Rechnungen mit Quersummen normaler Weise keine schwierige Hürde dar. Daraufhin eröffnet sich das Feld, wo man vielleicht zu staunen beginnt und fasziniert ist… Nicht nur ein Astrologe, sondern auch jemand, der sich für die Logik der Zahlen oder dem Logos des Kosmos und deren Verhältnisse zueinander, deren Proportionen und so weiter, interessiert, wird möglicherweise bereits nach dem ersten Drittel dieses Buches denken: Erstaunlich, dass mit Hilfe der Zahlen eine klare geistige Struktur des Tierkreises erkennbar wird und der „Logos" zum Vorschein kommt, etwas, das kaum anders beschreibbar wäre als mit Chiffren (Ziffern).
Bei den Chiffren ist es wirklich fast so wie bei einem besonderen archäologischen Fundstück: Nach und nach entschlüsselt man den Sinn für allfällige Lebenszusammenhänge und die Bedeutung für das Ganze und vielleicht kommt man sogar darauf, dass es sich dort und da um ein so genanntes „missing Link" – um ein fehlendes Stück aus einer Kette - handelt, das die Lücken für vergangene Rätsel und Ungereimtheiten zu schließen vermag.

Auf diverse willkürliche Übersetzungen der Planeten - welche im Umfeld der Numerologie häufig aufgetaucht sind und einer seriösen Arbeit fast im Weg stehen - kann verzichtet werden.

Jene Zusammenhänge sollen bevorzugt werden, die klar aus den Wesen der Planeten und Zahlen hervorgehen als von Dingen zu fabulieren, die man nirgendwo bestätigen oder überprüfen kann. Die äußerst breit gefächerte esoterische Populär-Wissenschaft hat viel spekulatives Material bis zum heutigen Tag angesammelt und trägt fast schon Mitschuld daran, dass sich kaum noch ein Wissenschaftler für diese Themen ernsthaft interessiert. Zu Zeiten eines Keplers, Kopernikus´, ja sogar Newtons war das noch ganz anders: Da existierte ein alchemistischer Sektor, der noch Niveau hatte und den Wissenschaftlern Anregungen gab. Nicht nur dies: Teilweise waren diese Wissenschaftler (zumindest die oben angeführten) selbst Alchemisten!

Die Alchemie und die vier Elemente

Aus der Geheimlehre (= Esoterik) kennen wir den Begriff Alchemie[6] als Verschmelzung zweier gegensätzlicher Prinzipien, wie zum Beispiel Feuer und Wasser.[7]

Bereits die Griechen[8] waren auf der Suche nach einem elementaren Grundbestandteil des Universums. In der milesischen Naturphilosophie glaubte man, im Wasser sei alles vorhanden, was für das Leben nötig ist - was ja zum Teil stimmt... Später bei Heraklit „wurde das Feuer zum Urstoff erklärt".[9]

Der Vorgang alchemistischer Verbindungen (schöpferisch) zu erzeugen war in China genauso verbreitet wie im europäischen Spätmittelalter/Neuzeit. Für solche Verbindungen bedurfte es überall, sich Kenntnisse über irdische und kosmische Kräfte zu verschaffen und mit ihnen zu experimentieren. Dazu gehörte fast wie selbstverständlich, sich mit den Eigenschaften von Zahlen und

---

[6] Der Begriff stammt aus dem Arabischen: Al-himia beziehungsweise Al-kimia. Dessen Ursprung und Bedeutung ist noch ungewiss...

[7] Dies ist allerdings nur eine sehr grobe Vereinfachung der bereits in der antiken Alchemie immer wieder anzutreffenden Unterscheidungen von trocken und feucht einerseits und heiß und kalt andererseits; es war jedenfalls möglich, aus diesen vier Eigenschaften eine nähere Bestimmung der 4 Elemente (Feuer, Wasser, Erde und Luft) abzuleiten.

[8] Die griechischen „Alchemisten" unterschieden beim Opus Magnum (das große Werk) bereits die vier Phasen, Schwärzung (Nigredo), Weißung (Albedo), Gelbung (Citrinitas) und Rötung (Rubedo) - Diese Einteilung hat die gesamte Geschichte des Abendlandes überdauert, mit geringfügigen Abweichungen.

[9] Hans-Jörg Störig: Weltgeschichte der Philosophie, S. 119/120

Planeten auseinanderzusetzen, da sie bestimmte Gesetzmäßigkeiten des Kosmos zum Ausdruck brachten.

Als „lichte" Repräsentanten des Kosmos unterschiedlicher Qualitäten, die zu bestimmten Zeiten stärker oder schwächer werden konnten, erschienen die Planeten, denen man bestimmte Kräfte, Farben, etc. zuordnete und deren mikrokosmische Entsprechungen (Analogien) man in den chymischen (=chemischen) Elementen zu finden glaubte[10] -.

Zu Beginn der Neuzeit hatte in Florenz ein gewisser Marsilio Ficino damit begonnen, eine - gegenüber der mittelalterlichen Schicksalsbestimmtheitzeitgemäße Form der Astrologie[11] zu entwickeln. Ficino war einer an allem interessierter Universalgelehrter: Er übersetzte einige der wichtigsten Werke Platons vom Griechischen ins Lateinische und machte sie den humanistisch Gebildeten zugänglich, indem er die platonische Akademie in Florenz gründete; er war auch derjenige, der die „smaragdene Tafel" des Hermes[12] Trismegistos ins Lateinische übersetzte, auf der die 12 beziehungsweise 13 wichtigsten Punkte für die Erfüllung des alchemistischen, hermetisch wohl gehüteten Geheimwerkes angeführt waren. Somit ist in fast mehrfacher Hinsicht der Weg geebnet worden für die Ausbreitung der Alchemie in der Neuzeit. Sogar Isaac Newton hat einen Artikel über Hermes Trismegistos geschrieben und im 20. Jahrhundert hat der berühmte Erforscher des Unbewussten, C. G. Jung aus einem Satz der Tafel des Hermes das Gesetz der Analogie „Wie oben so auch unten" entnommen. Wenn wir Verbindungen zwischen Astrologie und Zahlen

---

[10] Mit dem Eisen wurde die Farbe Rot und der „rötlich leuchtende" Kriegsgott Mars in Verbindung gebracht, mit dem grünlichen Kupfer die Venus, mit Zinn der größte Planet Jupiter (=der Göttervater Zeus) und die Farbe blau; das schwere, schwarze Blei galt als Synonym des Saturn (das strenge Gesetz, der Tod), während das glänzende leuchtende Strahlen der Sonne natürlich mit der goldenen Farbe, hingegen das Licht des Mondes mit dem (silbrigen) Weiß assoziiert wurde, den Elementen Gold und Silber entsprechend. Das gesamte Spektrum wird bisweilen als Element des Mercurius (=Quecksilber) bezeichnet;

[11] „Durch seine Begegnung mit dem Corpus Hermeticum war er zu der Überzeugung gekommen, dass Bilder die Kraft haben, die Wirkungen des planetarischen Schicksals auf der physischen Ebene zu verändern oder zu beeinflussen". "Im Buch des Lebens zitiert Ficino begeistert jede Autorität auf dem Gebiet der Magie oder des neo- platonischen Denkens, die er finden konnte – Ptolemäus (dessen Tetrabiblos und Almagest die Grundlage der modernen Astrologie bilden), Plotinus, Iamblichos, Porphyrus, (dessen System der Häuserteilung noch heute in Gebrauch ist), Firmicus Maternus und natürlich Hermes Trismegistos". Liz Greene Schicksal und Astrologie, S. 187 /88

[12] Der römische Gott Merkur ist natürlich gleichbedeutend mit dem „Hermes"- dem Gott der „Reisenden" bei den Griechen; dahinter steckt in der für die Alchemie typische Grundidee, dass Hermes (wie der antike Götterbote) für sehr viele verschiedene Errungenschaften gesehen wird, die im wahrsten Sinn des Wortes ein Spektrum abdecken: Dies gilt umso mehr für den legendären Stammvater der Alchemisten „Hermes Trismegistos"(=der dreifach hohe), der im 2. Jh. n. Chr. in Alexandria gelebt haben soll. Fest steht jedenfalls, dass die Wurzeln des hermetischen Wissens, des „Corpus Hermeticum" in Ägypten zu suchen sind und dabei traditionell in Verbindung stehen zu „Thot", dem Seelenführer. Auch den Römern war noch ein synkretistischer Gott namens „Merkur- Thot" bekannt...

herstellen wollen, brauchen wir diese Vorstellungswelt, denn sie ist auch für uns ein Schlüssel zur Erkenntnis.

Darum sehe ich eine gewisse Notwendigkeit darin, den Strom der Alchemisten fortzuführen, Exoterik und Esoterik zu verbinden, geistige Impulse und Erkenntnisse zu entfalten, die auch einer gewissen Logik nicht entbehren...

Über den Stein der Weisen, über Transmutationen und das besondere Gold, das den Menschen unsterblich machen soll, über solche Stereotypen, die den Alchemisten immer wieder zugeschrieben werden, möchte ich eigentlich nicht referieren. Trotzdem können wir daraus erkennen, dass die Menschheit immer wieder einen besonderen Traum hat, der den wissenschaftlichen Geist herausfordert. Viele der kosmischen Rätsel sind noch immer nicht gelöst. Bis zum heutigen Tag beschäftigen uns die Fragen, welche geistigen Verbindungen, welche Energien existieren, und wie sie auf unser Leben und auf das Leben in der Welt einwirken.

Bereits die Pythagoräer stellten sich erwiesenermaßen die Frage, wie man neben der Quantität der Zahlen auch zu deren Qualitäten vordringen kann: „Ein traditioneller Weg dazu führt über die freien Künste. Drei von ihnen, das Trivium aus Logik, Rhetorik und Grammatik, decken die Gabe des Redens und Dichtens ab, während die übrigen vier, das Quadrivium, die Zahl selbst untersuchen (Arithmetik), die Zahl im Raum (Geometrie), die Zahl in der Zeit (Musik) und die Zahl in Raum und Zeit (Kosmologie)."[13]

Die vorliegende Arbeit hat ihren Schwerpunkt eindeutig in der „7. Kunst", der Zahl in Raum und Zeit und zwar in Verbindung zu den Planeten und dem Tierkreis.

Als wichtige Übersetzungshilfen zum Verständnis der Zahlen erscheinen uns die Qualitäten der entsprechenden Planeten, weil sie ohnehin im Inneren der menschlichen Seele wirken. Die gesellschaftlichen Verhältnisse kann man aus dieser Warte heraus besser erkennen, wenn man etwas von diesen Proportionen weiß...

Umgekehrt spielen die Zahlen im Zodiak (= Tierkreis) eine wesentliche Rolle und wenn sich im Lauf der Zeit der Aufbau des Tierkreises ändert, wie wir im Zusammenhang mit der neuen Ordnung sehen werden, ändern sich die Zahlenverhältnisse. Die später entdeckten, jenseits des Saturns gelegenen Planeten Uranus, Neptun und Pluto werden wir in unserer Analyse natürlich ebenso mit einbeziehen und in Ziffern übersetzen, und zwar ab dem 3. Teil dieses Buches.

---

[13] Miranda Lundy, in: Die Symbolik der Zahlen, S.34

Es macht Sinn, gleich zu Beginn einige Grundlagen voranzustellen, in der die Dominanz gewisser Zahlen im Zodiak sichtbar wird. Allgemein gelten die beiden Zahlen 3 und 4 als die wichtigsten Bestandteile des astrologischen Kreises, der aus 12 Zeichen besteht:

Zum einen haben wir die 4 Elemente (Feuer, Luft, Wasser und Erde), die Empedokles als „Wurzel aller Dinge" bezeichnet hatte - und zum anderen die 3 Qualitäten (kardinal, fix und flexibel). Aus dem Mischungsverhältnis der jeweiligen Elemente und Qualitäten lassen sich die 12 Tierkreiszeichen bilden: Das heißt, die spezifische Besonderheit jedes Zeichens ergibt sich aus der speziellen Mischung von einem der 4 Elemente mit einem der 3 Qualitäten. So ist zum Beispiel der Widder das kardinale Feuerzeichen, der Löwe das fixe und der Schütze das flexible (labile) Feuer-Zeichen.

Außerhalb dieser Einteilung würde man natürlich auch andere esoterische Bedeutungen für die Zahlen 3 und 4, die nicht direkt und unmittelbar mit dem Tierkreis im Zusammenhang stehen, anführen können. Jene Leser, die sich mit Spiritualität beschäftigen, werden schon öfter davon gehört haben, dass mit der Zahl 3 auch der (höhere) Geist, mit der Zahl 4 hingegen die Materie beziehungsweise das Materiell-Irdische assoziiert wird. Aber welche Zahl entspricht dem, was wir allgemein unter Seele verstehen? Dieser Spur nachzugehen bedeutet letztendlich, dass wir mit den beiden Anteilen Geist und Materie nicht auskommen werden. Astrologie und die Einzelkomponenten des astrologischen Systems sollen ja auch eine seelische Grundlage beinhalten, zumal gerade heute Astrologen in erster Linie versuchen, individuelle Ratschläge in seelischen Angelegenheiten zu erteilen. Wer sich in meinem Buch letzteres erhofft, wird wahrscheinlich enttäuscht sein, denn der Schwerpunkt, was das Seelenthema betrifft, liegt nicht im üblichen Schema astrologischer Ratgeber, sondern viel eher im ethischen Bereich: Unter dem Seelischen verstehe ich mehr im platonischen Sinne die menschlichen Seelentätigkeiten oder auch Seelenbewegungen, ferner auch die Seelenbestrebungen, womit der dynamische Aspekt - das Werdende und damit auch die Möglichkeit einer Seelenentwicklung - akzentuiert werden soll. So gesehen ist eine allgemein gültige und eindeutige Zahlenzuordnung des „Seelischen" zwar schwer zu treffen, aber das gleiche gilt mit Abstrichen letztlich auch für die beiden anderen Anteile Körper und Geist.[14]

---

[14] Trotz aller Bedenken möchte ich eine zahlenmäßige Zuordnung des „Seelischen" treffen und mir dabei bewusst sein, dass eine solche Zahl noch viel mehr bedeuten kann, weil das „Seelische" letztlich unbegrenzt ist und folglich nicht mit in einer einzigen Zahl ausgedrückt werden kann...

Im Epos „Psychomachia" von Prudentius (4. Jh.) [15] ist die Seele sowohl Kämpfende als auch Ziel des Kampfes. Am Ende der Psychomachia wird der Tempel in der Seele gebaut, in dem als Königin der Tugenden die Weisheit (Sapientia) wohnt.

Seelenentwicklungen

Den allegorischen Kampf zwischen Tugenden und Lastern, so wie er in Prudentius´ Werk „Psychomachia" (= Seelenkampf) beschrieben ist, hat Hildegard von Bingen im Mittelalter für ihr musikalisches Werk „Spiel der Kräfte" (Ordo Virtutum)[16] übernommen. Sie unterscheidet - in Anlehnung an Prudentius - folgende sieben Tugenden und Untugenden:

7 himmlische Tugenden	/	Untugenden
Demut (Humilitas)	/	Hochmut, Stolz
Mildtätigkeit (Caritas)	/	Geiz, Habgier
Keuschheit (Castitas)	/	Wollust
Geduld (Patientia)	/	Zorn
Mäßigkeit (Temperantia)	/	Völlerei
Wohlwollen (Humanitas)	/	Neid
Fleiß (Industria)	/	Faulheit

Die Serie der alten 7 Gestirne drängt sich hier als Hilfe für die Umsetzung der Tugenden auf: Von der (lichten) Sonne abwärts gehend bis hinunter zum (dunklen) Saturn. Dabei ist zu beachten, dass jeder Planet zwar eine bestimmte Tugend und eine Untugend repräsentiert, doch wäre es plump und zugleich sinnlos, würde man einen „Planet" gleichzeitig für eine Tugend und das gegenüberliegende Laster verantwortlich machen. Vielmehr gleichen die einzelnen Planeten mit ihren besonderen Qualitäten die durch Untugenden entstandenen Fehler oder das insgesamt entstandene Übermaß aus, indem sie davon ein positives Gegenstück hervorbringen. Doch ganz so einfach gestaltet

---

[15] Prudentius ist im anglikanischen Raum viel populärer: Empfehlenswert ist beispielsweise die Übersetzung von Pope: The Hymns of Prudentius (E- Book); des Weiteren die historische Arbeit von O´Sullivan: Early Medieval Glosses on Prudentius Psychomachia, (Leiden 2004)

[16] Näheres dazu bei Maura Böckeler: Aufbau und Grundgedanke des Ordo Virtutum der heiligen Hildegard (1923)

es sich auch wieder nicht: Aufbauend an Immanuel Kants Aussage, dass ohne guten Willen[17] alle anderen Tugenden „auch äußerst böse und schädlich werden", möchte ich zeigen, dass die Entfaltung einer bestimmten Tugend fast automatisch eine bestimmte Untugend mit sich zieht, sobald der gute Wille schwächer wird…

Dieses „Spiel der Kräfte" werden wir jetzt gleich näher zu beschreiben versuchen.

Sonne (Sternzeichen Löwe) - Region Herz: **Mildtätigkeit**

Ich strahle und bin gerne mildtätig gegenüber anderen Menschen; dabei bin ich allerdings egoistisch, so, dass der Wille nicht wirklich mit dem Herzen verbunden ist und so beginne ich immer mehr stolz zu werden über mich und meine „guten Taten": Hochmut entwickelt sich!
Dagegen hilft nur Demut…
Mütter tun oft mehr, als ihre Kinder zu erziehen und zu ertragen: Sie sind aufrichtig stolz auf sie und ziehen sie in Demut auf, sie tragen sie wirklich und sind dabei nicht einmal stolz auf ihre eigenen guten Taten! In Demut kann nur der Mond sein und er betreibt somit genau das Gegenteil von der Sonne, die immer strahlen will und allzu leicht dem Hochmut verfällt.

Mond (Sternzeichen Krebs) - Region Rücken, Schultern: **Demut**

Verhalte ich mich demütig, weil es von mir verlangt wird und meinem Rollenbild entspricht – oder weil ich es (aus dem guten Willen heraus) für richtig halte?
Ist ersteres der Fall, läuft der Mensch allzu rasch Gefahr, sich unterzuordnen; dies führt in weiterer Konsequenz zu Autoaggressionen: Dabei kann man sich selbst nicht mehr ertragen und aus dem entstandenen Frust isst man bald zu viel in sich hinein: Völlerei lautet die Gefahr – daran sollte man sich keinesfalls gewöhnen, sonst wird man krank !
Hilfreich ist in diesem Fall, auf die Vorzüge des Mercurius zu schauen, von dem man gut lernen kann, worin das richtige Maß liegt…

Mercurius (Sternzeichen Jungfrau) - Region Verdauung: **Mäßigkeit**

---

[17] Mit dem Aspekt des guten Willens bei Kant hat sich Toni Bäurich auseinandergesetzt, in: Der gute Wille bei Kants Grundlegung zur Metaphysik der Sitten (eBook /2005)

Die Jungfrau ist moralisch und vernünftig gesinnt, handelt nach dem Gewissen; daher fordert sie sich selbst des öfteren zur Mäßigung auf. Allerdings: Jemanden anderen etwas zuzugestehen, was man sich selbst nicht erlaubt, kann zu einem Problem werden. Auf einmal stellt sich die moralische Frage nicht mehr: Mit „gutem Gewissen" wird einem anderen Menschen nichts mehr gegeben. Das ist allerdings hartherzig und geizig! (Was hat Geiz mit Vernunft zu tun?)

Der Rat lautet daher: Schau´ auf die Sonne mit ihrer Freigebigkeit und Mildtätigkeit. – Geben ist Herzenssache und kein Akt der Vernunft oder eine Angelegenheit schlechten Gewissens!

Bis jetzt hat es diese Reihenfolge gegeben: Sonne - Mond - Mercurius - und wieder Sonne. Hier schließt sich der Kreis und weiter geht die Reis`:

Venus (Sternzeichen Waage, Stier) - Region Hals, Nieren: **Geduld**

Sie genießt den Frieden, die Harmonie und besitzt die Fähigkeit, einiges auf der Beziehungsebene auszuhalten; Waage-Zeichen sind beispielsweise extrem auf ein zivilisiertes Miteinander und auf Harmonie bedacht und darum ertragen sie in Beziehungen (= gezähmte Triebe) ziemlich viel; das Stier- Zeichen kann ebenfalls sehr lange geduldig bleiben und strahlt Ruhe aus, bis es wild wie ein Bulle (oder ein Widder bei den Waage-Zeichen) werden kann: Bei bestimmten Reizen können alle Sicherungen plötzlich wie weggeblasen sein und aus dem ansonsten friedfertigen Wesen wird ein unbeherrschbares Tier, das ohne Hemmungen losgeht: Im Triebhaften, im unberechenbaren Ergebnis dieser zügellosen Kraft erkennen wir die Wollust.

So seltsam das klingen mag, mit seiner zielgerichteten Energie ist es der Mars, der den Willen aufbringt, die Triebe zu zügeln und gegebenenfalls zu besiegen.

Mars (Widder, Skorpion) - Region Kopf, Geschlechtsorgane: **Keuschheit**

Der Sportler, der auf vieles verzichten muss, will nicht genießen, erst im Augenblick des angepeilten Zieles; mit seinem Gymnastik-Training ist er fast verwandt mit dem Asketen, der die Reinheit anstrebt. Der Wille, den Körper zu besiegen, mag o.k. sein, aber den Gegner ständig und dauerhaft unter Kontrolle bringen zu müssen und zu belauern, das ist zu viel. Askese ja, aber Loslassen ist mindestens ebenso wichtig. Wer das vergisst, wird immer wieder aggressiv und zornig!

Gegen Zorn hilft nur Geduld und den Keim davon können wir wieder bei der Venus (siehe oben) finden.

Damit schließt sich der Kreis ein zweites Mal und wir betreten ein weites Tal:

Jupiter (Sternzeichen Schütze) - Region Schenkel, Füße: **Wohlwollen**

Sein optimistisches Naturell macht es möglich, Ideen gegenüber offen zu sein, vor allem jenen gegenüber, die zu den eigenen Vorstellungen passen: Der naive Glaube an irgendetwas (zum Beispiel an das Göttliche) versetzt ihn in Jubelstimmung. Darin lässt es sich sinnvoll leben. Auch andere sollten so leben... Selbstverständlich meint er es nur gut, fühlt sich beschenkt und möchte auch den anderen beglücken. Er ist von sich so überzeugt, dass er keinen Rat brauchen kann; nachdem er ohnehin alles weiß, fragt er sich: Wozu soll ich mich anstrengen? Natürlich führt diese Einstellung zu (geistiger) Trägheit und Faulheit...
Saturn ist da ganz anders; er fordert Jupiter zu mehr Ernsthaftigkeit, Ausdauer und größeren Leistungen heraus:

Saturn (Sternzeichen Steinbock) - Region Knie und Waden: **Fleiß**

Jede Hürde erscheint als Herausforderung; ein von Saturn geprägter Mensch ist pflichtbewußt und der Ehrgeiz in Person. Er weiß Verantwortung zu tragen und mit seinem Fleiß schafft er dies auch, wenn er nicht gerade frustriert ist: Langsam und mühevoll hat er sich die Karriere-Leiter hochgearbeitet, doch nun muss er mit ansehen, dass weniger Qualifizierte von der Leitung begünstigt werden, die nicht einmal annähernd dieselben Leistungen erbracht haben. Nichts gegen Konkurrenz, aber wenn andere das nicht wirklich verdient haben... Verständlich sind sie ja, diese Neidgefühle, aber kombiniert mit der pessimistischen Moral, dass man mit mehr aufgebrachter Mühe zwar ein Anrecht auf mehr hätte, die Welt aber oft verkehrt läuft, bringt nichts außer Neid, und zwar gegenüber allem auf der Welt!
Hier hilft nur Wohlwollen, das wiederum aus der Sphäre des Jupiters kommt und dazu vielleicht ein klein wenig Optimismus, dass alles letztlich doch gut wird...

So sind wir am Ende der Reihe angelangt. Der Leser möge an dieser Stelle nicht darüber zürnen, dass ein paar Sternzeichen bei dieser Beschreibung nicht vorgekommen sind. In der klassischen Astrologie, die unserer älteren Ordnung entspricht, musste man nämlich mit 7 Gestirnen auskommen; davon waren Merkur, Venus, Mars, Jupiter und Saturn Herrscher von zwei Sternzeichen...

Allzu ernst war diese Gegenüberstellung von Planeten und Tugenden (Laster) ohnehin nicht gemeint - wie man vielleicht gemerkt hat - , aber vielleicht kann man sich jetzt ein Bild machen davon, wie die Qualitäten der Planeten untereinander zusammenarbeiten und sich gegenseitig ergänzen. Beim Wort „ergänzen" steht das Wort „ganz" drin und um die Bildung einer Ganzheit geht es ja nicht nur im astrologischen System, sondern auch bei der Seelenentwicklung:

Früher hätte möglicher Weise jemand gesagt: Wenn es mir gelingt, alle sieben Tugenden zu entwickeln, dann wandere ich durch die Sphären der sieben Gestirne. Ein der heutigen Esoterik Zugewandter würde wahrscheinlich umgekehrt sagen: Wenn ich alle sieben Planeten in mir erfahren kann -zum Beispiel über die 7 Chakren-, gehe ich den Weg der Ganzheit und Vollkommenheit! Ihn tangiert einfach weniger, ob es sich dabei um einen Weg der Tugenden handelt. Es sollte ihn aber berühren, denn ohne den Tugenden des Herzens und dem Mitgefühl für den anderen Menschen würde es in unserem globalen Zeitalter nur noch finsterer werden.

In den beiden letzten Teilen dieses Buches geht es um die Frage, was für die Zukunft der Menschheit in ethischer Hinsicht notwendig sein wird. Natürlich werde ich an dieser Stelle eingehender auf den Themenbereich menschlicher Tugenden und Lastern zurückkehren und dabei einen Ansatz versuchen, der die Seelenentwicklung mit einbezieht.

TEIL I

AUFBAU DES TIERKREISES

Die Zahlen der 7 Gestirne

Wir beginnen zunächst mit der so genannten alten Ordnung, welche mit sieben Gestirnen ausgekommen ist, das heißt mit den fünf Planeten und den beiden Himmelskörpern Sonne und Mond. Diese 7 „Planeten" bildeten die Grundlage für astrologische Berechnungen und Vorhersagen. Schon in den Keilschrift-Texten der Babylonier wurde sie erwähnt, die Kunst der persischen Magier, die von den antiken Zivilisationen (Griechen, Römern usw.) aufgegriffen und bis zur Neuzeit weiterentwickelt wurde: Es handelt sich um die Astrologie. Auch wenn die Methoden der Interpretation sich im Lauf der Zeit immer mehr verfeinert haben, so hielt sich das Grundmuster der alten Ordnung mit den sieben „Planeten" erstaunlich lange.

Im Jahre 1784 - knapp vor der französischen Revolution - hat der Astronom Herschel mit seinem besonderen Fernrohr den Planeten Uranus gefunden, während Neptun erst 1846 und 1930 der Zwerg-Planet Pluto entdeckt worden sind.
Diese drei Planeten wollen wir vorerst noch beiseite lassen und erst dann berücksichtigen, wenn wir uns mit der neuen Ordnung auseinandersetzen. Das heißt, wir konzentrieren uns im ersten Abschnitt auf die folgenden sieben „klassischen" Gestirne: Sonne, Mond, Merkur, Venus, Mars, Jupiter, Saturn und ordnen ihnen dabei die geraden und ungeraden Ziffern (frz. Chiffre) von 1 - 9 zu.

Ausgehend von der Yin/Yang - Lehre, bei der zwischen der aktiven und himmlischen (männlichen) Kraft Yang und der ruhigen, erdigen (weiblichen) Kraft Yin unterschieden wird, wollen wir diese beiden Kräfte auch bei den Zahlen anwenden. Pythagoras selbst hat die Einteilung in gerade und ungerade Ziffern als wesentlich hervorgehoben. Mehr noch: Ihm haben wir die folgende Zuordnung der Ziffern zu den Planeten angeblich zu verdanken[18].

---

[18] Bis jetzt weiß man leider noch nichts Genaues darüber, wie es zu dieser Einteilung gekommen ist und welche geheimnisvollen Gründe diesem System zugrunde liegen.

Grafik No. 1:

YANG (= ungerade Zahlen)   YIN (= gerade Zahlen)

           1 Sonne ☉   2 Mond ☽
           3 Jupiter ♃   4 Saturn ♄
                5 Merkur ☿
      9 Mars ♂   6 Venus ♀
      -----------   -----------
Summe: 13   12

Männliche Seite   Weibliche Seite

Als erstes wollen wir die beiden Hälften getrennt zusammenzählen und darauf hin die so genannte Quersumme bilden:
Die linke (Yang) Hälfte ergibt 13, die rechte (Yin) Hälfte 12.
Da der Planet Merkur (und somit auch die entsprechende Ziffer 5) eine androgyne Qualität besitzt, hat er hier in der Mitte eine Sonderstellung - dies, obwohl die 5 eigentlich eine ungerade Zahl ist!!
Dass die Summen 13 und 12 auf ihrer jeweiligen Seite ungerade (Yang) beziehungsweise gerade (Yin) geblieben sind, braucht uns noch nicht besonders zu verwundern. Staunen wird man erst, wenn man die Quadrate von 13 und 12, nämlich 169 und 144 bildet. Die Differenz dieser beiden Zahlen ist 25 - das ist die Summe von 13 und 12 und gleichzeitig das Quadrat der androgynen Zahl 5 in der Mitte! Wir haben also ein pythagoreisches Dreieck erhalten aus den Komponenten 5, 12 und 13 und dies zeigt uns bereits, dass die Zuordnung der Ziffern zu den Planeten ganz bewusst gewählt wurde. Im Folgenden werde ich dies verdeutlichen, diesmal im Zusammenhang mit den Quersummen, welche den besonderen Vorteil besitzen, eine Zahl auf eine Ziffer (unter 10) zu reduzieren:

Die magische Quersumme der linken Hälfte (von 13) ergibt: 1 + 3 = 4
Die magische Quersumme der rechten Hälfte (von 12) ergibt: 1 + 2 = 3

Mit den addierten Quadraten der beiden Zahlen 3 und 4 kommen wir ein weiteres Mal auf die Zahl 25: Mit 5 als Länge der Hypotenuse beim rechtwinkeligen Dreieck und den beiden anderen Knotenlängen 3 und 4 konnte der Lehrsatz des Pythagoras, der in Ansätzen bereits den Babyloniern bekannt war, in ganz vereinfachter Form dargestellt werden: $3^2 + 4^2 = 5^2$

Grafik No. 2:

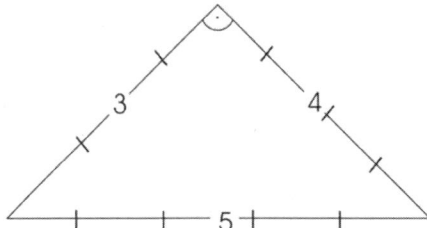

Das Quadrat von 5 erhalten wir nicht nur aus der Summe von 13 + 12, sondern auch aus der Summe der Quadrate der Quersummen von 13 und 12, von $3^2 + 4^2$! Solch ein Phänomen ergibt sich wohlgemerkt nicht automatisch: Wenn man von irgendwelchen (zwei) Zahlen die Quersumme bildet und diese danach addiert, kann zwar ebenfalls eine Quadratzahl herauskommen, doch die Wahrscheinlichkeit, dass diese dann gleichzeitig als Summe der beiden Ausgangszahlen aufscheint, ist äußerst gering.

Warum sich genau dies bei den beiden Zahlen 12 und 13 ergibt, erscheint fast wie ein metaphysisches Rätsel. Dem Ganzen liegt offensichtlich ein tiefes Geheimnis zugrunde, dem wir uns annähern wollen.

Dass die beiden Quersummen von 12 und 13, nämlich 3 und 4, in der Summe noch dazu die vollständige Anzahl der damals bekannten 7 „Planeten" ergibt, ist ein weiterer bemerkenswerter Faktor in diesem Zusammenhang. Mit diesen beiden Ziffern lassen sich ohnehin interessante Kombinationen herstellen: Entweder man verbindet diese beiden Zahlen als rechtwinkeliges Kreuz zu einem Plus oder als Schrägkreuz zu einem Mal:

4 + 3 = 7
4 x 3 = 12

Die 12 Tierkreiszeichen bestehen bekanntlich aus den 4 Elementen (Feuer, Wasser, Luft und Erde) und den 3 Qualitäten (kardinal, fest und veränderlich). Jedes der Tierkreiszeichen erhält dadurch seine eigene besondere Mischung - wie bei einem alchimistischen Experiment!

Wie wir gerade gesehen haben, kann sowohl die 7 wie auch die 12 aus den Ziffern 3 und 4 gebildet werden. Es ist daher anzunehmen, dass die 12 in einigen Punkten mit der 7 verwandt ist: Jede ist eine Ganzheit in der Zeit. Der Tierkreis mit seinen zwölf Zeichen und den sieben Planeten bilden das Um und Auf für die astrologischen Aussagen. Das Jahr hat 12 Monate, die Woche 7 Tage; beide Zahlen haben mit einem zyklischen, vollständigen Zeitablauf zu tun. Beispielsweise ergibt das Produkt aus 7 mal 4 jene Anzahl der Tage, die für einen Mondumlauf benötigt werden, nämlich 28....

Die Ganzheit von 7 und somit die Verwandtschaft zur 12 wird auch darin sichtbar, dass das 12. Haus (das Fische - Haus) des astrologischen Tierkreises im neuen System von einem Planeten beherrscht wird, dem die Zahl 7 zugeordnet wurde (dies ist der Planet Neptun; siehe Teil III).
In unserer ersten Grafik steht die 12 außerdem als Summe der von Yin dominierten Planeten, deren Quersumme die Ziffer 3 ist. Wie schaut es nun auf der Yang-Hälfte aus, welche Summe haben wir dort bekommen? Es ist die Zahl 13, von der wir bislang nur wissen, dass ihre Quersumme die 4, die Zahl der Materie, aber auch des Planeten Saturn ist...
Was wissen wir noch über die 13, jene Zahl, die eigentlich ein hervorstechendes Symbol für jenen Jesus Christus sein kann, der inmitten der zwölf Apostel das Zentrum darstellt? Nach längerem Nachsinnen über die Möglichkeit, dass Geheimnisse verschlüsselt nicht nur in den Quersummen, sondern darüber hinausgehend auch in den Quadraten (die Zahl 4 hat ja bekanntlich etwas mit dem Wort „Quadrat" zu tun) vorkommen könnten, entdeckte ich plötzlich die Lösung: $2^2 + 3^2 = 13$.

So einfach kann es manchmal sein: Während das weibliche Yin (2) plus das männliche Yang (3) zusammen die androgyne Zahl 5 ergibt, kommt man auf einer höheren Ebene, nämlich derjenigen der Quadratzahlen (das Quadrat von 2 plus dem Quadrat von 3), zur Zahl 13 und hier könnte man sogar sagen, auf dieser höheren Ebene - im Zentrum der Welt stehend - finden wir Christus - inmitten der zwölf Apostel.
Dies soll an dieser Stelle allerdings nur angedeutet werden, da ich in erster Linie die Fragestellung weiterverfolgen möchte, inwieweit bestimmte Quadratzahlen für das Verständnis des Gesamtsystems eine Rolle spielen. Insofern wird es sich als sinnvoll erweisen, sich die beiden folgenden Quadratrechnungen noch einmal anzusehen:

$2^2 + 3^2 = 13$
$3^2 + 4^2 = 25 \ (= 5^2)$

Es fällt auf, dass der Abstand beziehungsweise die Differenz der beiden Quadrat-Summen 25 und 13 wieder die 12 ist, die Zahl des Tierkreises! (Natürlich behalten wir dabei im Auge, dass dies gleichzeitig der Rest auf der Yin-Hälfte ist.)

25 - 13 = 12

Wenn wir in weiterer Folge von dieser Zahl 25 die Quersumme bilden, dann erhalten wir wieder die Ziffer 7, welche bereits aus der Addition der beiden Quersummen von 13 und 12, von 4 und 3 hervorgegangen ist...
Solche Möglichkeiten machen diese Angelegenheit logisch interessant und spannend zugleich, weil alles in besonderer Weise miteinander verknüpft ist.
Um den Zusammenhang noch einmal zu verdeutlichen, werde ich die Reihenfolge einfach umkehren: 3 + 4 = 7
Die Ziffern 3 und 4 sind die Quersummen, gewonnen aus der Rechnung:
12 + 13 = 25
Die Zahl 25 hat als Quersumme die Ziffer 7, aus der wir gerade die Summe von 3 und 4 gebildet haben. Nicht nur dies: 25 ist auch die Summe der beiden Quadrate von 3 und 4:
$3^2 + 4^2 = 5^2$

Der Kreis beginnt sich zu schließen...
Beim oben gelegenen geometrischen Gebilde (rechtwinkeliges Dreieck) lässt sich auf jeder Seite ein Quadrat (= gleichseitiges Viereck) zeichnen. Demnach haben wir folgende Ziffern indirekt mit dabei: Die 3 (= Dreieck), die 4 (= Viereck) und schließlich nimmt auch die 5 eine prominente Stelle ein, denn beim rechtwinkeligen Dreieck ist sie die Hypotenuse, beim Rechteck die Diagonale; sie ist sozusagen das vereinigende Dritte, aber auch der fehlende Dritte im Bunde. Darum: 3 + 4 + 5 = 12

Zum einen ist die 5 zwischen Himmel (3) und Erde (4) verankert und zum anderen hat sie Anteil an beiden: Geist und Materie!
In jeden Fall ist sie selbst ein (fehlender) Teil, eine ergänzende Verbindung...
Damit ist nicht nur die 5, sondern auch deren planetarische Entsprechung, Mercurius - beziehungsweise der griechische Hermes - in unser System integriert worden.
Das Planetensymbol des Merkur trägt tatsächlich als Einziges alle drei Grundprinzipien in sich: Körper (+), Seele (V) und Geist (O) ....
Das Plus (+) im unteren Bereich ist das Symbol für Erde, Materie, aber auch für das Kreuz, darüber befindet sich der Kreis (O) als Zeichen des unendlichen

Geistes und darauf thront wie bei der Göttin Isis (V) der Halbmond als Seelensymbol.

Diese Aufteilung wird uns im Lauf dieser Arbeit noch beschäftigen. Soviel sei aber bereits jetzt verraten: Die 4 ist die Zahl der Materie und der Verdichtung, die 3 ist die Zahl des Geistes und die 5 ist natürlich das Synonym für die (menschliche) Seele. In der Summe ergeben diese drei Ziffern eine harmonische, gleichsam kosmische Ganzheit, die Zwölf:

3 + 4 + 5 = 12

Ganz ähnlich verhält es sich bei dem nun folgenden Hexagramm, das aus zwei Dreiecken (Yang- nach oben gerichtet und Yin- nach unten) zusammengesetzt ist: In der Mitte desselben finden wir die Zahl 5, repräsentiert durch den androgynen Merkur - wie beim französischen Wort „Mercredi" für die Mitte der Woche (= Mittwoch).

Grafik No. 3:

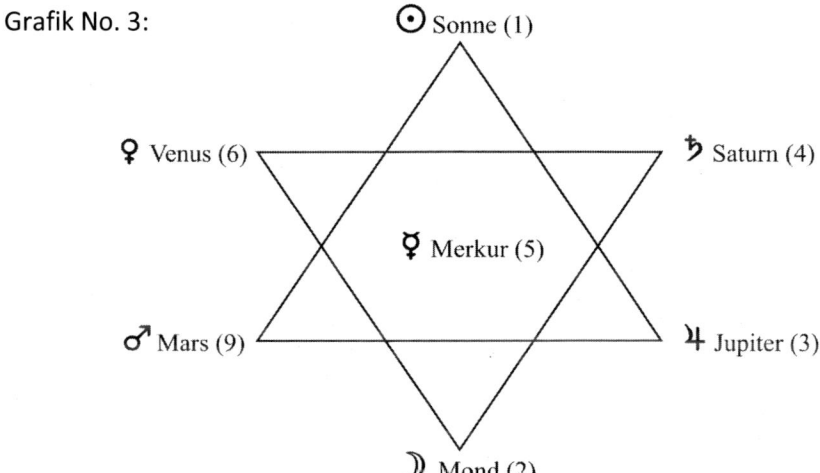

Das Hexagramm hat Besonderheiten aufzuweisen, von denen schon die Schüler des Pythagoras fasziniert waren: Zeigt das Dreieck mit der Spitze nach oben, symbolisiert es das männliche Prinzip (Flamme, Feuer, Zeugung...), zeigt das Dreieck mit der Spitze nach unten, symbolisiert es das weibliche Prinzip (Wasser, Kälte, Höhle,...) - dies wird uns von ihnen überliefert. Beide Prinzipien sind hier vereint in einem Symbol, das bereits der weise König Salomo zu seinem Siegel gemacht hatte.

„Das Wesentliche des Hexagramms ist ein Dynamisches! Es ist die Spannkraft, die 2 Dreiecke, das eine von unten mit der Spitze nach oben, das andere von oben mit der Spitze nach unten, wie zwei Welten sich durchdringend und genau mit ihren Mittelpunkten im harmonischen Ausgleich haltend, darstellt. Dieser gemeinsame Mittelpunkt zweier Dreiheiten, im Bilde des Sechssterns selbst nicht wahrnehmbar, ist das dynamische Wesen der Sieben."[19]

Die Betonung der Zahl 7 im Hexagramm ist auch deswegen so nennenswert, weil es im alten System genau so viele Planeten gegeben hat. Dass nun innerhalb des Hexagramms derjenige Planet den gemeinsamen Mittelpunkt einnimmt, der beide Dreiecks-Qualitäten von Yin /Yang zu vereinigen mag, erscheint aus dem oben gesagten als logisch und folgerichtig.

Dass die Seele mit der Zahl 5 sich zwischen Geist und Materie in der Mitte befindet, ist, so meine ich, ein treffendes Bild, um zu veranschaulichen, dass sie zwischen Geist und Materie hin und her pendelt, aber auch vermittelt. Darum ist der schnelle flüchtige Hermes - Mercurius der Haupt-Repräsentant beziehungsweise ein würdiges Symbol der Zahl 5. Auch den zahlenmäßigen Anteil sollte man dabei nicht außer Acht lassen: Mercurius bildet mit der Zahl 5 genau den komplementären Teil gegenüber der Ganzheit von 12!

$7 + 5 = 12$

Kommen wir nun zu den Quersummen des Hexagramms:
Yang-Dreieck /nach oben gerichtet: $1 + 9 + 3 = 13$ (- ungerade Zahl)   Q 4
Yin-Dreieck /nach unten gerichtet: $2 + 6 + 4 = 12$ (- gerade Zahl)   Q 3
Yin /Yang: 5 (- Mercurius in der Mitte..)   Q 5

                                                                        12

$4 + 3 (=7) + 5 = 12$

Die Gesamtsumme der drei Quersummen 4, 3 und 5 ist wieder die Zahl 12, die Zahl des Tierkreises!

Da wir bei der Zahl 12 gelandet sind, wollen wir nun auf den Aufbau und die Struktur des Tierkreises näher eingehen. Wir werden dabei auf einige grundlegende Verbindungen im Zusammenhang mit den Zahlen stoßen.

---

[19] Zit.; H. Hessenbruch: Geheimnisse und Wesen der Zahlen, S. 81

Die ältere Tierkreis-Ordnung

Der Tierkreis ist so geordnet, dass symmetrisch zur (Yin/Yang) Achse von Sonne (männlich) und Mond (weiblich) von oben nach unten jene Herrscherplaneten stehen, die der Sonne am nächsten stehen: Zuerst Merkur und Venus, dann die Erde - allerdings nur als gedachte Linie, da wir sie von der Erde aus nicht am Nachthimmel sehen können (deswegen kommt sie auch bei den Wochentagen nicht vor!)...; auf sie folgen in der unteren Hälfte die Planeten Mars, Jupiter und Saturn.

Die beiden Gestirne Sonne und Mond - mit den Ziffern 1 und 2 - werden den Tierkreiszeichen Löwe und Krebs zugeordnet, welche gleichzeitig die Domizile dieser Gestirne sind, während die Planeten im eigentlichen Sinne jeweils zweimal Herrscher eines Zeichens sind[20]: In der Nachthälfte (rechts) ist Merkur (Ziffer 5) Herrscher von den Zwillingen, in der Taghälfte von der Jungfrau. Die Venus (Ziffer 6) regiert Stier und die Waage, der Mars (Ziffer 9) den Widder und den Skorpion. Im alten System ist Jupiter (Ziffer 3) Regent der Fische und des Schützen, während sein Gegenspieler Saturn (Ziffer 4) die beiden unteren (benachbarten) Zeichen Steinbock und Wassermann regiert.

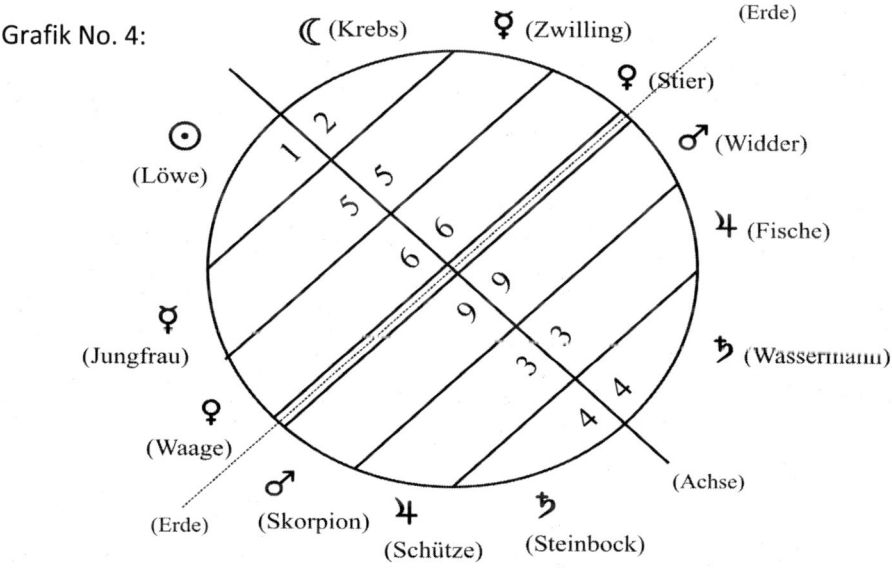

Grafik No. 4:

---

[20] Diese so genannte axiale Symmetrie der Domizile habe ich erstmalig bei Al Biruni´s Arbeiten gesehen /siehe: Wedding of Heaven and Earth in Astrology /in. S. H. Nasr: An Introduction to Islamic Cosmological Doctrines...

Wenden wir uns nun den zugeordneten Ziffern zu:
Die obere Hälfte (= oberhalb der gedachten Erdlinie) besteht aus folgenden Ziffern: 1, 2, 5, 5, 6, 6, d.h. einmal Sonne und Mond, zweimal Merkur, zweimal Venus; das ergibt in der Summe 25!!! Wenn wir den oberen Teil des Kreises entlang der Achse Sonne /Mond teilen, erhalten wir dabei folgende Hälften:

Taghälfte (= linke Seite):   1 + 5 + 6 = 12
Nachthälfte (= rechte Seite):   2 + 5 + 6 = 13
                             ----
                                25 = die Summe der oberen Hälfte

Ist das nicht erstaunlich? Hier ist nicht manipuliert worden. Es haben sich die beiden gleichen Summen wie bei unserer ersten Grafik von selbst ergeben, ohne dass es sich um die gleichen Planeten handelt: Dort waren Mars, Jupiter und Sonne (mit den ungeraden Ziffern 9, 3, 1) auf der hellen Yang-Seite und Venus, Saturn und der Mond (mit den geraden Ziffern 6, 4 und 2) auf der dunklen Yin-Seite und trotz dieser Unterschiede haben wir die selben beiden Summen 13 und 12 herausbekommen.

Kommen wir nun zur unteren Hälfte des Tierkreises: Hier ist die Summe der Zahlen für die jeweilige Tag- und Nachtseite gleich, da sie symmetrisch von den gleichen Planeten besetzt sind: Mars, Jupiter und Saturn (siehe Grafik).

Taghälfte (= linke Seite):   9 + 3 + 4 = 16
Nachthälfte (= rechte Seite) : 9 + 3 + 4 = 16

Mit der Zahl 16 erhält man jeweils 4^2. Auch das ist wieder nennenswert: Während in der oberen Hälfte des Tierkreises als Summe das Quadrat von 5 zu finden ist, haben die beiden unteren Hälften rechts und links das Quadrat von 4!

Grafik No. 5:

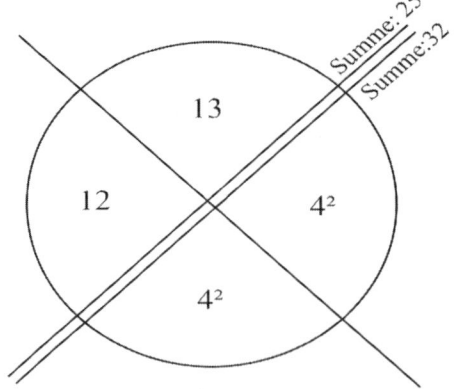

5^2 .... 12 + 13 = 25 (obere Hälfte)   Q 7

4^2 + 4^2 .... 32 (untere Hälfte)   Q 5

Nun wollen wir wieder den gesamten Kreis betrachten und diese beiden Quersummen zusammenrechnen: Es ergibt sich: 5 + 7 = 12! Das passt natürlich haargenau, wenn wir für das Ganze, also für alle 12 Tierkreiszeichen wieder die 12 herausbekommen!

Und wenn wir die beiden Hälften (25 und 32) des Tierkreises addieren, was so viel bedeutet, dass wir einfach alle Zahlen der Herrscherplaneten zusammenzählen, dann erhalten wir die Zahl 57. Deutlicher geht es fast nicht, würde ich sagen, denn wir haben es genau mit jener Zahl zu tun, die aus den beiden Bestandteilen 5 und 7 zusammengesetzt ist!

Es ist die Sieben, die bereits auf eine Ganzheit hindeutet, nämlich auf die Vereinigung von Geist und Materie…
Die Fünf - als Zahl der Seele – hat Anteil an beiden, am göttlichen Geist (1) und an der Materie (4), sie scheint zwischen diesen beiden Aspekten eine vermittelnde Kraft zu sein.
Nun wollen wir gleich prüfen, ob diese beiden Zahlen 5 und 7 auch bei den Kreuzen der Tierkreis-Achsen eine wichtige Rolle spielen:

Kardinal-Achse:

    Mond 2

Venus 6   +   Mars 9   Summe: horizontal 15
                         Summe: vertikal   6
    Saturn 4   gesamt: 21   Quersumme: 3

Fix-Achse:

    Sonne 1

Mars 9   +   Venus 6   Summe: horizontal 15
                         Summe: vertikal   5
    Saturn 4   gesamt: 20   Quersumme: 2

Veränderliche (flexible) Achse:

    Merkur 5

Merkur 5   +   Jupiter 3   Summe: Horizontal   8
                                      Summe: Vertikal   8
          Jupiter 3   gesamt: 16   Quersumme: 7

Betrachten wir die auf der rechten Seite angeführten Quersummen:
Bei der Kardinal-Achse ergibt sich die Ziffer 3, bei der Fix-Achse die Ziffer 2.
Zusammengerechnet ist dies: 3 + 2 = 5
Übrig bleibt dann die Ziffer 7 auf der flexiblen Achse. Wieder haben wir mit den beiden Zahlen 5 und 7 zu tun. Die Ganzheit von 12 erreicht man diesmal über folgende Etappe: Zuerst kommt man über 3 (Yang) + 2 (Yin) zur Summe 5 (Yin/Yang) und erst danach erreicht man das Endergebnis: 5 + 7 = 12

Als Gesamtsumme der Himmelskörper erhält man bei den Achsen natürlich wieder die Zahl 57, zusammengesetzt aus den drei Achsen-Kreuzen: 21 (kardinal) + 20 (fix) + 16 (flexibel). Eigentümlich ist nur, dass diese beiden Quersummen 5 und 7 wieder zu einer Ganzheit hinstreben und somit indirekt, wie von unsichtbarer Hand, die Gesamtsumme 57 erzeugen. Was steckt hier dahinter?
Das Besondere bei den Quersummen scheint ohnehin darin zu liegen, dass sie uns tiefere Geheimnisse zu offenbaren scheinen, indem sie uns Räume für sinnvolle Assoziationen eröffnen, aus denen wir eine dahinter steckende Idee erahnen können …
Im Augenblick kommt mir nur der Gedanke, dass die Planeten-Zeichen auf der Kardinal-Achse die Thesen bilden, während die darauf folgenden Zeichen auf der Fix-Achse die gegenläufigen Anti-Thesen darstellen und dieses Spannungsverhältnis fast automatisch eine Synthese erfordert, welcher offenbar der Zahl 5 innewohnt. Tatsächlich ist es so, dass diese Zahl erst bei der veränderlichen Achse sichtbar vorkommt, und dort gleich zweimal!!

Mit der Synthese-Thematik werden wir uns in den darauf folgenden Teilen ausführlicher beschäftigen müssen.
Bevor wir uns noch einen weiteren Schritt in die metaphysische Ebene hinein begeben, wollen wir uns einen kurzen Überblick über die bisherigen Rechnungen verschaffen und erst danach daran anknüpfen. Vor allem sollten wir uns noch näher mit den pythagoreischen Quadraten beschäftigen, um gewisse Gesetzmäßigkeiten des Tierkreises in Erfahrung zu bringen.

Kommen wir nun noch einmal zu den beiden Hälften des Tierkreises, 25 und 32.

Was ergibt sich aus der Differenz dieser beiden Hälften? Es ist die 7! Die Zahl 7 ist noch dazu die Quersumme der beiden Quadrat-Zahlen 16 und 25!

16 ist ja das Quadrat von 4, 25 das Quadrat von 5. Rechnet man nun das Quadrat von 3 dazu, also $3^2 + 4^2 + 5^2$ erhalten wir die Zahl 50, mit der Quersumme 5. Die Differenz des gesamten Tierkreises (57) minus der Summe aus diesen drei pythagoreischen Zahlen (50) ergibt am Ende noch einmal die 7. Zugegebener Weise war hier ein bisschen Lust am Rechenspiel dabei, aber wir sehen zumindest, wie stark die Zahl 7 im System der alten Ordnung mitwirkt und dies, wie wir gesehen haben, oft in Verbindung mit der Zahl 5 ...

Die Quersumme von 50 ist jedenfalls 5 und die Zahl 7 hinzugerechnet ergibt die Summe des Tierkreises: 5 + 7 = 12

Die gleiche Summe bekommen wir aus den Seiten des pythagoreischen Dreiecks:

3 + 4 + 5 = 12

Weiter oben haben wir aus den drei Ziffern 3, 4, 5 die Quadrate gebildet und es ergab sich die Zahl 50, eine ganz wichtige Zahl für einige gnostisch/ pythagoreische Gruppierungen:

„Also zuerst kommen sie (die Therapeuten - eine den Essenern verwandte Gruppierung) am Ende jeder siebenten Woche zusammen, denn sie verehren nicht nur allein die Periode der sieben Tage, sondern auch die Macht (oder das Quadrat der Sieben), da sie wohl wissen, dass die „Sieben" heilig und ewig jungfräulich[21] ist. Ihr Fest des siebenten ist daher nur ein Vorspiel zu dem Feste des fünfzigsten Tages, diese letztere ist die heiligste und natürlichste aller Zahlen."[22]

Wir sehen bereits, wie die Zahl 7 (der Wochentage) sich mit der 50 verbinden konnte.

Rein arithmetisch interessant ist auch, dass die Zahl 50 aus zwei Teilen zusammengesetzt werden kann, aus der Zahl 20 und der Zahl 30.

---

[21] „Pythagoras habe die Zahl 7 die ewig jungfräuliche genannt, weil sie weder irgendeine Zahl der Dekade (1-10) hervorbringe, noch selbst von irgendeiner hervorgebracht würde" vgl. George R. S. Mead, Die Gnosis, S.80

[22] Philo v. Alexandria berichtet in seinem bedeutenden Buch „De Vita Conemplativa" über die Therapeuten/in: George R. S. Mead. Die Gnosis, S.76

Philon von Alexandria sprach in diesem Zusammenhang von Dreiecksserien und Viereckserien:

```
                .                                          Dreiecke    3
              . .       . .          . .
            . . .     . . .        . . .
                                 . . . .

      1  +   3   +    6     +    10          =  20
```

```
                                    . . . .
                        . . .       . . . .
              . .       . . .       . . . .    Viereckе    4
            . .         . . .       . . . .    (Quadrate)

      1  +   4   +    9     +    16          =  30
                                           -----------     ----------
                                              50              7
```

Nun verstehen wir viel eher, warum aus 3 + 4 (= **7**) + **5** = 12 der Tierkreis (statt 3 x 4) erzeugt wird.

3 + 4 = 7 $3^2 + 4^2 = 5^2$ 12 + 13 = 25   Q 3 + Q 4 = Q 7
3 x 4 = 12
5 + **7** = 12

Die Gesamtsumme 57 für den gesamten Tierkreis der älteren Ordnung zeigt jedenfalls deutlich auf, wie stark auch die beiden Ziffern 5 und 7 die Qualität dieser Ordnung geprägt haben, nicht nur in der Summe, sondern auch in seinen Hälften:

32 = Q 5
25 = Q 7
Q 5 + Q 7 = 12

Da sich diese beiden Ziffern 5 und 7 sehr gut ergänzen, treten sie gerne gemeinsam in Erscheinung, wie wir im Laufe dieser Arbeit noch sehen werden. Im Zusammenhang mit der Zahl 57 gibt es noch etwas, das uns in Erstaunen setzen wird:

Wir nehmen alle Ziffern von 1- 9 zusammengerechnet und fügen anschließend die 12, die Zahl des Tierkreises, hinzu und schon kommen wir zur Gesamtsumme des Tierkreises in der alten Ordnung:

1 + 2 + 3 + 4 + 5 + 6 + 7 + 8 + 9 (= 45) + 12 = 57

Der Tierkreis besteht bekanntlich aus 12 Zeichen. Diese Zahl braucht man nur zur Gesamtsumme aller neun vorhandenen Ziffern hinzurechnen und man erhält eine Summe (57), deren Quersumme (5 + 7) so und so schon die 12 ergeben hat.

Nun werden wir ein weiteres Mal die Ziffern-Summe 45 bilden, diesmal mit Hilfe von Quadratzahlen und anschließend fügen wir wieder die 12 hinzu:

2 Quadrat + 3 Quadrat + 4 Quadrat + 4 Quadrat (= 45) + 12 = 57

Das bedeutet demnach: Alle Ziffern zusammengerechnet ergeben die gleiche Summe 45, wie wenn man diese Summe aus Quadraten zusammengesetzt hat. Warum ist dies so?
Wir wissen ja mittlerweile, dass auch die 13 eine besondere Stellung einnimmt innerhalb der pythagoreischen Quadrate: Sie ist die Summe aus 2 Quadrat + 3 Quadrat. Folglich hat fast jeder Viertel-Sektor des Tierkreises mit den Quadratzahlen zu tun:

        das rechte obere Viertel $2^2 + 3^2 =$ 13
        ein Viertel der unteren Hälfte $4^2 =$ 16
        das andere Viertel der unteren Hälfte $4^2 = 16$
        das übrig gebliebene obere Viertel   12

Die Zahl 12 könnte zwar ebenfalls als Potenzsumme dargestellt werden, doch halte ich es für übertrieben, die 12 als $2^3 + 2^2$ zu umschreiben. Für unsere vorhin getroffene Aussage ist dies ohnehin nicht von Belang, da wir zur Bildung der Ziffernsumme 45 die 12 ohnehin nicht benötigt haben, sondern erst anschließend, indem wir sie als Zahl des Tierkreises angefügt oder hinzugerechnet haben.
Es lässt sich jedenfalls deutlich erkennen, welch wichtige Rolle die pythagoreischen Quadrate für die erhaltenen Sektoren und in weiterer Folge für den Tierkreis spielen.
Genau in diesem Moment müsste eigentlich ein großes Aha-Erlebnis auftauchen, da die Summe der beiden unteren Sektoren natürlich ebenso eine Quadratzahl beherbergen müsste.

Wie wir wissen, hat die obere Hälfte 25 als Summe; ihre Quadratzahl lautet 5^2, also 5 hoch 2. Die untere Hälfte hat die Summe 32. Worin besteht hier die Besonderheit? Es ist 2 hoch 5, genau umgekehrt!

Grafik No. 6:

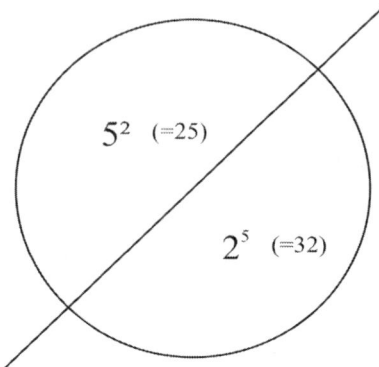

Somit ist auch die Einordnung der 32 in die Ordnung der Quadrate gelungen, und noch dazu auf welche besondere Art: Es steckt eine wunderbare Idee dahinter, die untere Hälfte mit den umgekehrten Einheiten zu bestücken, wenn ich so sagen darf. Es ist eine Spiegelung darin, ein Spiegel, den man allerdings erst finden kann, wenn man eine (Vor-)Ahnung besitzt und dann genauer hinsieht.

Nach all diesen sichtbar gewordenen Zusammenhängen sollte man vielleicht einmal ausprobieren, einen einzigen Planeten mit irgendeiner anderen Ziffer zu bestücken: Nehmen wir zum Beispiel für die Venus die Ziffer 7 statt der 6. Was ergibt sich daraus? Die 7 würde man dann sowohl im Zeichen Stier als auch in der Waage finden. Auf der oberen Hälfte würde man in der Folge als Planeten-Summe statt 25 (dem Quadrat von 5) die Zahl 27 herausbekommen, während sich auf der unteren Hälfte nichts ändern würde, d.h. an dieser Stelle hätten wir noch 32, beziehungsweise 2 hoch fünf.

Bei der Gesamt- Summe würde sich folgende Veränderung ergeben: Die Zahl 59 statt 57. In diesem Fall hätten wir also eine Gesamtsumme, die sich nicht mehr auf Quadraten aufbaut; außerdem würde deren Quersumme 11 (aus 5 + 9) kaum einen sinnvollen Bezug zu den zwölf Tierkreiszeichen ergeben. Wie man aus diesem Beispiel sehen kann, sind die Folgen und Auswirkungen einer einzigen Veränderung bereits relativ groß auf das Gesamtsystem. Sie können es ja selbst ausprobieren, indem sie irgendeinem Planeten eine andere Ziffer zuordnen...

Im nächsten Abschnitt möchte ich die Idee der Widerspiegelung aufgreifen und dabei vorausschicken, dass dabei noch wesentlicheres drinnen stecken könnte. Worum handelt es sich dabei?

Die Spiegelung

Entlang jener Achse, in der sich die Herrscherplaneten (Merkur, Venus, Mars, Jupiter und Saturn) gegenseitig spiegeln, nämlich derjenigen, die genau zwischen dem Löwe-Zeichen (Sonne) und dem Krebs-Zeichen (Mond)) durchgeht, sind starke Gegensätze bei den Elementen vorherrschend. Deshalb entsteht hier eine Art Hürde oder Trennwand, aus der wir zwei Hälften gewinnen können: Eine Taghälfte und eine Nachthälfte. Ich möchte sie als Sonnenhälfte und Mondhälfte bezeichnen, da die Hauptachse zwischen Sonne und Mond besteht.

Grafik No. 7:

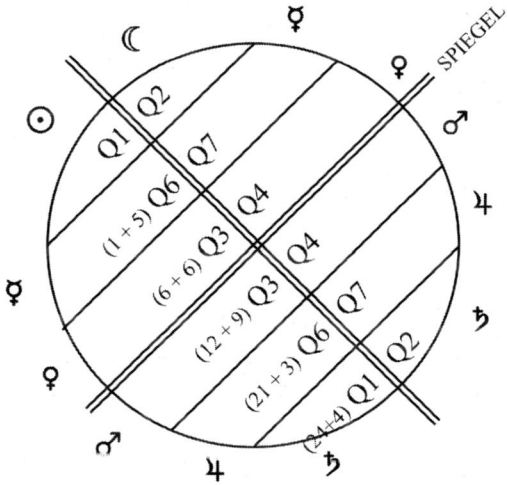

Nun kommt erst die eigentliche Entdeckung, die mit dem Thema der Spiegelung zu tun hat:
Wir bleiben zunächst auf der linken Sonnenhälfte und addieren hier die Ziffern der nächst folgenden Planeten. Der Sonne (1) rechnet man dem darauf folgenden Merkur (5) hinzu: Es ergibt sich die Zahl 6. Zu dieser Summe addiert man nun die Zahl der darauf folgenden Venus (6) und es ergibt sich als neue Summe die 12 und so fort. Alle Zahlen auf dieser Sonnenhälfte ergeben

jedenfalls die Zahl 28. Diese beim Zeichen Steinbock am unteren Ende gelegene Summe könnte man als eine Widerspiegelung der oben gelegenen Sonne mit der Zahl 1 sehen, denn 28 hat ja bekanntlich die Quersumme 1. Nun wollen wir uns einmal genauer die einzelnen Zwischensummen auf der Sonnenseite (links von der Hauptachse) ansehen:

Feld No. 1 Löwe – weil wir noch nichts dazu addiert haben - trägt die Zahl 1
Feld No. 2 Jungfrau .... (1 plus 5) .... die Zahl 6,
Feld No. 3 Waage .... (6 plus 6) .... die Zahl 12,
Feld No. 4 Skorpion .... (12 plus 9) .... die Zahl 21,
Feld No. 5 Schütze .... (21 plus 3) .... die Zahl 24,
Feld No. 6 Steinbock .... (24 plus 4) .... die Zahl 28

Als ich sah, dass die Zahl 28 mit der Quersumme 1 eigentlich die Zahl der Sonne widerspiegelte, ahnte ich intuitiv, dass auch bei den anderen Feldern sinnvolle Quersummen-Bildungen vorkommen könnten. Und siehe da: Auf einmal fand ich bei der unteren Hälfte die exakte Spiegelung der oberen Hälfte. Man braucht nur die Quersummen von Feld No 1 mit No. 6 vergleichen, Feld No.2 mit No.5 und Feld No.3 mit No.4:

	Feld No.1	1	
	Feld No.2	6	
	Feld No.3	3	.... (aus 12)
Spiegelung	---	---	---
	Feld No.4	3	.... (aus 21)
	Feld No.5	6	.... (aus 24)
	Feld No.6	1	.... (aus 28)

Der Spiegel befindet sich im Tierkreis übrigens dort, wo das Zeichen Skorpion beginnt, also im nächst gelegenen Haupt (Fix-) Zeichen nach dem Sonnen-Haus Löwe. Bei den beteiligten Feldern handelt es sich also um die beiden Trägerzeichen der Elemente Wasser (Skorpion) und Feuer (Löwe)...
Vis a Vis des Skorpions befindet sich das Zeichen Stier (als Träger des Erd-Elementes) und es wäre fast logisch, würde dort, auf der rechten Mondhälfte ebenfalls ein Spiegel zu entdecken sein.
Bei der nun folgenden Tabelle können wir sehen, dass die Summe 29 mit der Quersumme 2 (aus 9 + 2 = 11; weiters 1+ 1= 2) den Mond tatsächlich widerspiegelt.

Mondhälfte (rechts):	Feld No.1	2	(= Yin-Hälfte)
	Feld No.2	7	
	Feld No.3	4 …….. (aus 13)	
Spiegelung	---------------------------------		
	Feld No.4	4 …….. (aus 22)	
	Feld No.5	7 …….. (aus 25)	
	Feld No.6	2 …….. (aus 29)	

Auf der rechten Seite verhält es sich gleichfalls so, dass die Quersummen der einzelnen Summen sich spiegeln. Man könnte fast behaupten: Ohne Quersummen hätte man diese Spiegelpunkte gar nicht entdeckt.

Des weiteren ist nicht wirklich überraschend, dass hier wieder die Zahl 12 innerhalb der sonnenhaften Yang-Hälfte (Q 3) auftaucht und ebenso die 13 als Yin-Zahl der dunklen Yin-Hälfte (Q 4), da diese beiden Zahlen, wie weiter oben schon erwähnt worden ist, die Summen des oberen Sektors bilden. Auffällig ist allerdings, dass sie direkt vor dem Spiegel postiert sind (jeweils beim Feld No.3). Mehr noch: Die 12 und die 13 könnte man tatsächlich als „Spiegel-Zahlen" bezeichnen, denn es ist ein Faktum, dass deren umgekehrte Zahlen tatsächlich gespiegelte Quadratzahlen ergeben, im Vergleich zu der eigenen Quadratzahl:

12 zum Quadrat ist 144 --------- 21 zum Quadrat ist 441
13 zum Quadrat ist 169 --------- 31 zum Quadrat ist 961

Dieser Umstand ergibt sich nur bei diesen beiden Zahlen 12 und 13.
Dass in unserem Beispiel genau diese beiden Zahlen unmittelbar vor dem Spiegel positioniert stehen, sollte uns nicht nur zum Nachdenken sondern darüber hinausgehend zu weiteren Fragestellungen anregen.

Zunächst wollen wir an dieser Stelle zusammenfassen und dabei von der Addition der beiden „Spiegel- Zahlen" ausgehen:

12 + 13 = 25

Bei den Quersummen von 12 und 13 erhalten wir die Anzahl der 7 Planeten: Q3 + Q4 = Q7
Mit den beiden Zahlen 3 und 4 kann man aber ebenso den pythagoreischen Lehrsatz bilden und wieder erhalten wir die Summe 25: $3^2 + 4^2 = 5^2$

Diese drei aus dem pythagoreischen Lehrsatz entnommenen Zahlen 3, 4 und 5, welche wir zusätzlich mit den Attributen Geist, Körper und Seele bestückt haben, erweisen sich genau als Quersummen der drei Zahlen 12, 13, und 5. Dabei sollten wir noch eines berücksichtigen: Das nächste einfache pythagoreische Dreieck nach demjenigen, das die Seitenlängen 3, 4, 5 hat, ist genau jenes, welches aus den Seitenlängen 12, 13, 5 besteht!

Beim letztgenannten Dreieck kommt nun dies hinzu: Der Umfang (5 + 12 + 13 = 30) und die Fläche (5 x 12 : 2 = 30) sind gleich groß. Beide Male ergibt sich die Zahl 30.

Wir erinnern uns vielleicht daran, dass diese drei Zahlen 5, 12 und 13 ebenso die Summen der Planeten aus unserer allerersten Grafik gewesen sind. Die Zahlen dieses Dreiecks haben also auch viel mit dem Tierkreis (Zodiak) zu tun. Was wir allerdings bis jetzt verabsäumt haben und noch nicht angesprochen haben, ist der Bezug des Tierkreises zu der Zahl 30:
Jedes der Tierkreiszeichen setzt sich aus der Anzahl von 30 Tagen zusammen, darum haben die einzelnen Zeichen jeweils 30 Grad. In diesem Zusammenhang ist die spezielle Gliederung des astrologischen Tierkreises in Dekanaten und Dekaden erwähnenswert: Jedes einzelne Tierkreiszeichen, welches 30 Grad im Kreis besetzt, ist in drei Abschnitte oder Dekaden gegliedert, die nach jeweils 10 Grad in den nächsten Abschnitt (= Dekade) wechseln.
Auf die astrologischen Bedeutungen dieser einzelnen Dekaden einzugehen, würde uns allerdings zu weit von unserer Thematik wegführen, denn wir wollen noch mehr auf diese Zahl 30 eingehen. Sie bildet die Gesamtsumme der 7 klassischen Gestirne!

1(Sonne) + 2(Mond) + 3(Jupiter) + 4(Saturn) + 5(Merkur) + 6(Venus) + 9(Mars) = 30

Indirekt wird hier die Woche mit ihren 7 Tagen als auch das Monat mit seinen 30 Tagen in einer einzigen Rechnung wieder gegeben...!
Wenn man die sieben klassischen Gestirne nach ihrer mittleren Geschwindigkeit ordnet, erhält man dabei folgende („chaldäische) Reihe":

Grafik No. 8:   ☽   ☿   ♀   ☉   ♂   ♃   ♄
               Mond-- Merkur-- Venus-- Sonne-- Mars-- Jupiter-- Saturn
                2   5   6   1   9   3   4

„Die Ordnung der Planeten (Saturn, Jupiter, Mars, Sonne, Venus, Merkur, Mond) in diesem rein geozentrisch angelegten System steht im Einklang mit der späteren astral-theologischen Lehre der Babylonier vom Niederstieg der Seele zur Verkörperung durch die Planetensphären[23]. Überdies wird diese Planetenanordnung unterstützt durch den Nachweis des Aristoteles, wonach sich ein Planet umso langsamer zu bewegen scheint, je weiter er von der Erde weg ist."[24]

Die Sonne befindet sich hier im Zentrum, also an jener Stelle, wo man bei der Planetenreihe normalerweise die Erde positionieren würde. Tagesherrscher und Jahresherrscher waren in der alten Astrologie ebenfalls an der chaldäischen Reihe orientiert. Am bekanntesten und geläufigsten sind uns jedoch die daraus abgeleiteten sieben Wochentage.

Wenden wir uns der rechten Hälfte des Tierkreises zu (Grafik No. 4) und nehmen hier noch zusätzlich die (links gelegene) Sonne hinzu, dann ergibt sich von unten nach oben ebenfalls eine 7- stufige Leiter: Sie beginnt unten mit Saturn mit der Zahl 4 (Materie) und endet oben (Geist) bei den beiden oberen Lichtern Mond (Zahl 2) und Sonne (Zahl 1), deren Summe die Zahl des Geistes, die 3 ergibt (1+ 2 = 3).

Wahrscheinlich ahnen sie schon, worin der Rest besteht: Von unten nach oben finden wir die Planeten Jupiter (3), Mars (9), Venus (6) und Merkur (5), also: 3 + 9 + 6 + 5 = 23. Es ergibt sich als Quersumme die Seelenzahl 5!

Dabei kommen wir zu folgendem (dreistufigen) Aufbau:

      3   Geist = die Lichter Sonne und Mond

      5   Seelenbereich = Mercurius

      4   Materie = „Welt" (Saturn)

     12

Bei dieser „Himmelsleiter" als Weg nach oben sind einmal mehr die drei Zahlen 3, 4, und 5 und als Summe die 12, die Zahl des Tierkreises, vorhanden.

---

[23] Robert Powell: Zu einer neuen Sternenweisheit, Einführung in die hermetische Astrologie, S.132
[24] Vgl. Aristoteles, De Coelo II, S. 10.

Es lassen sich summa summarum 2 Wege herauslösen, die zur Ganzheit (die 12) hin zu streben scheinen: Der erste (und gleichzeitig übliche) Weg besteht darin, aus 3 x 4 das Produkt zu bilden; der zweite Weg baut sich langsamer auf und ist gewissermaßen subtiler: Er besteht quasi aus 2 Abschnitten: 3 + 4 = 7 und dann weiter 7 + 5 = 12!

Beiden Wegen ist gemeinsam, dass sie mit der 3 beginnen und mit der 3 enden, so ähnlich wie bei dem nahezu kryptischen Alpha-Omega Zeichen. Was soll das wieder bedeuten?

Tatsächlich wurde noch nicht angesprochen, dass es auch die Methode gibt, die Quersumme ein weiteres Mal zu bilden; das heißt man kann aus 12 noch einmal die Quersumme bilden und auf diese Weise erhält man am Ende wieder die 3!

Von den drei Grundbestandteilen des Tierkreises Geist (= 3), Körper (= 4) und Seele (= 5) habe ich schon gesprochen: In der Summe ergeben sie wieder die Zahl des Tierkreises, nämlich 12. Wenn ich den Weg der Vervollkommnung gehe, indem ich alle drei Grundprinzipien integriere und zu einem harmonischen Ganzen vereinige, begegne ich nicht nur dem Ende (= 12. Haus), sondern ebenso einem Neuanfang, der Neugeburt, die mit der Ziffer 3 assoziiert wird. In der ägyptischen Mythologie wurde der Sonnengott Osiris zerstückelt und aus seinen Bestandteilen setzte Isis, die Mondgöttin, ein neues Wesen zusammen, den Falkengott Horus. Natürlich entspricht dieser Mythos eher dem zweiten Weg, dem Weg, den die Eingeweihten zu beschreiten vermögen.

An dieser Stelle fortzusetzen würde zu weit von der Thematik wegführen; vorläufig zumindest. Zunächst scheint die Frage relevant zu sein, ob der gerade angesprochene Weg durch den Tierkreis auch anhand der Zahlen ablesbar ist. Ich behaupte, dass er sichtbar ist. Zumindest ist es mir gelungen, alle drei „pythagoreischen" Ziffern 3, 4, 5 als Grundbestandteile des Tierkreises heraus zu schälen. Dafür ist es nötig, den Tierkreis in drei Teile zu zerlegen. Bei zwölf Zeichen bedeutet dies, dass nach den ersten vier (mit den verschiedenen Elementen Feuer, Erde, Luft und Wasser) der zweite Abschnitt mit der gleichen Reihenfolge bei den Elementen darauf folgt; ebenso verhält es sich beim Übergang auf das letzte Drittel. Ich beginne also beim Frühlingspunkt im Sternzeichen Widder und entdecke dort den Planeten Mars mit der Zahl 9, der in diesem Zeichen sein Domizil hat; weiter geht es mit der Herrscherin von Stier, der Venus mit der Ziffer 6 und so fort...

Grafik No. 9:

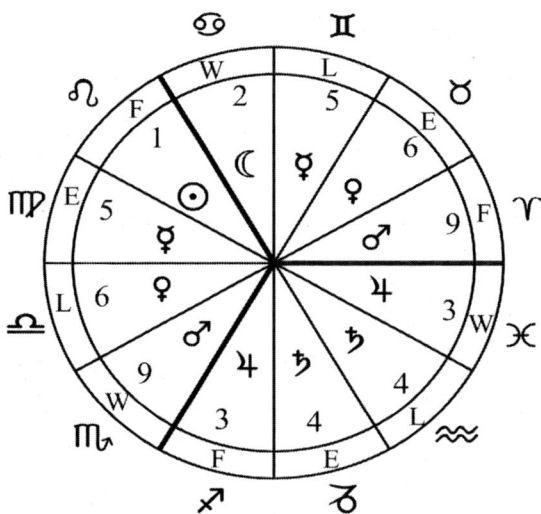

Das erste Drittel: 9 + 6 + 5 + 2 = 22 .... Quersumme ist 4
Das zweite Drittel: 1 + 5 + 6 + 9 = 21 .... Quersumme ist 3
Das dritte Drittel: 3 + 4 + 4 + 3 = 14 .... Quersumme ist 5

                       Gesamt: 57   Q............   12

Grafik No. 10:

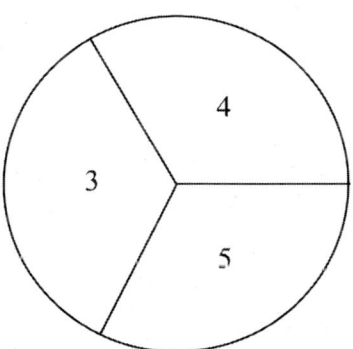

Bei den Quersummen haben sich also die drei Grundbestandteile 3, 4, 5 ergeben. Zwar ist die Reihenfolge nicht die gleiche, die ich zuvor als Weg beschrieben habe, aber sollte uns dies nicht weiter irritieren, denn die erste Schrittfolge mit der Ziffer 7 als Summe bleibt uns ja erhalten (weil 4 + 3) und erst dann folgt der nächste Abschnitt mit dem Schritt:
7 + 5 = 12. Letzteres wirkt nahezu wie ein Spiegel der Gesamt- Summe 57.

Dass die Summe von 5 und 7 gleichzeitig das Produkt aus 3 x 4 ist, verweist auf einen Gesamtzusammenhang: Aus 3 und 4 haben wir schon zu Beginn die pythagoreischen Quadrate gebildet, welche in der Summe das Quadrat von 5 ergeben. Diese Zahl 25 hat nun als Quersumme jene 7, die gleichzeitig die Summe von 3 und 4 ist. (Umgekehrt ließe sich sagen: 7 ist nicht nur die Summe von 3 + 4, der beiden Kantenlängen a und b des rechtwinkeligen Dreiecks, sondern auch die Quersumme des Quadrates von a und b.)

Noch dazu sind die beiden Ziffern 3 und 4 die Quersummen jener beiden Zahlen 12 und 13, die zusammen 25 ergeben, das heißt 5^2.

Nun wollen wir noch einmal zu den beiden Dreiecken zurückkehren: Beim ersten Dreieck ergibt sich aus den Knotenlängen 3, 4 und 5 die Zahl 12 als Umfang. Beim 2. Dreieck (12 - 13 - 5) ist es die Zahl 30. Worin liegt hier die Besonderheit? Man kann behaupten, im Unterschied zum ersten Dreieck wird hier nicht das Jahr (Zahl 12) sondern der Monat (Zahl 30) akzentuiert. Umgekehrt geht es beim ersten Dreieck offenbar mehr um eine Gesamtheit und nicht um ein einzelnes Zeichen mit 30 Grad.

Trotz der genannten Unterschiede zeigt sich jedoch, dass der Bezug beider Dreiecke zum System des Tierkreises stark vorhanden ist. Abgesehen davon wurde bei diesen beiden Dreiecken eine „Verwandtschaft" entdeckt, denn 3, 4, 5 sind genau jene Zahlen, die wir als Quersummen von 12, 13, und 5 herausbekommen.

Und da wir gerade bei den Quersummen sind: Die beiden Zahlen 30 und 12 haben sowieso die gleiche Quersumme, nämlich die Zahl 3, bemerkenswert deswegen, da es sich bei beiden um „3-Ecke" handelt...

12 = Q: 1 + 2 = 3
30 = Q: 3 + 0 = 3

Die Thematik von der Einheit, die nicht nur in der 12 enthalten ist, lässt uns also nicht ganz los! Man kann sagen, es gibt eine Einheit, die in der Dreiheit liegt (Trinität). Dennoch möchte ich einstweilen noch auf dem Boden der Tatsachen bleiben und philosophische Spekulationen nur begrenzt einsetzen. Genau genommen waren wir beim Dreieck: Es ist die erste Figur, die man auf der Ebene zeichnen kann. Platon meinte sogar, dass eine Fläche im Grunde genommen aus lauter Dreiecken besteht.

Das Dreieck als Basis

Gerade vorhin habe ich zu zeigen versucht, dass es sich bei der 3 um etwas ganz Grundlegendes handelt: Dies gilt auch für den Tierkreis und die Proportionen (Verhältnisse) innerhalb desselben. Als Zahl hat die 3 besondere Eigenschaften: Da gibt es zunächst einmal die so genannten Dreieckszahlen; sie werden eigentlich als Punkte dargestellt, die in jeder Reihe immer um 1 ansteigen und in der Form Dreiecke bilden...

Dies ist die berühmte Figur, die Tetraktys von Pythagoras:

```
            1
          1   1
        1   1   1
      1   1   1   1
```

Fachmännisch ausgedrückt ist die Tetraktys die Darstellung der vierten Dreiecks-Zahl und diese Zahl ist die 10, weil nach der letzten (= in diesem Fall vierten) Reihe alle Punkte zusammengezählt werden.
Der berühmte Mathematiker Karl-Friedrich Gauß hat herausgefunden, dass jede beliebige Zahl als Summe von höchstens drei Dreieckszahlen errechnet werden kann. Ein Beispiel: die Zahl 59 = 10 + 21 + 28
Man benötigt dabei eine Liste und weiß: 10 ist (wie oben) die vierte, 21 die sechste, und 28 die siebente Dreieckszahl und addiert diese anschließend.
Ein anderer berühmter Mathematiker, Iwan M. Winogradow, hat ein ganz ähnliches Beispiel mit Primzahlen gefunden: Jede ungerade Zahl, die allerdings groß genug sein muss, kann aus (höchstens) 3 Primzahlen zusammengesetzt werden! Zum Beispiel die Zahl 43 = 29 + 11 + 3

Dass die 3 selbst eine Primzahl ist, kommt in diesem Beispiel jedenfalls zur Geltung.
Auch wenn man kein Mathematiker ist, klingt da etwas an, wenn man von diesen Dingen, sprich Rechenbeispielen im Zusammenhang mit der Zahl 3 hört. Man spürt richtiggehend, dass die 3 (das Dreieck, ferner das pythagoreische Dreieck...) ein wichtiger Grundbaustein ist und in vielem drinnen steckt, so wie beim oben genannten Zitat, bei dem „das Dreieck in der Fläche" ist.
Da ist natürlich auch die spezielle Gliederung des astrologischen Tierkreises in Dekanaten und Dekaden erwähnenswert: Jedes einzelne Tierkreiszeichen,

welches 30 Grad im Kreis besetzt, ist in drei Abschnitte oder Dekaden gegliedert, die nach jeweils 10 Grad (...Tetraktys) wechseln.
Auf die Bedeutung dieser einzelnen Dekaden einzugehen, würde uns jetzt zu weit von unserer Thematik wegführen; allerdings ist mir etwas Wichtiges in den Sinne gekommen mit dem Dreieck 12, 13, 5, dessen Summe ja ebenfalls 30 beträgt.
Wir wissen ja mittlerweile, dass die Zahl 30 auch in Verbindung steht zu den 7 Planeten (chaldäische Reihe).

Darum wollen wir zuerst noch einmal zu den Hälften und Sektoren des Tierkreises zurückkehren:

Grafik No. 11:

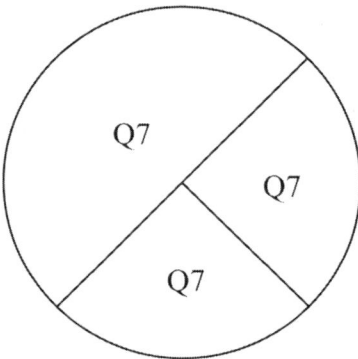

Die aus den beiden Hälften (12 und 13) entstandene Planetensumme der oberen Hälfte (= obere Halbkugel) ergibt 25. Die übrig gebliebenen Sektoren der unteren Halbkugel haben jeweils die Planetensumme 16. Sowohl von 25 wie auch von 16 ist die Quersumme 7! Somit erhalten wir letztlich drei Sektoren mit der Ziffer 7.
Das Produkt aus 3 mal 7 ist die gespiegelte 12, nämlich 21. Im Tierkreis haben wir diese Zahl bereits weiter oben[25] an jener Stelle finden können, wo der Sektor mit der Summe 12 widergespiegelt wurde. Dabei ist uns folgendes Merkmal aufgefallen:
Die Quadratzahl von 21 besteht aus der umgekehrten Quadratzahl von 12, nämlich 441.
Die 21 lässt sich in vielerlei Hinsicht als „Spiegel der 12" bezeichnen, und zwar im wahrsten Sinn des Wortes.

---

[25] Siehe Grafik No. 7

Darüber hinaus stehen beide Zahlen in einem ausgewogenen Verhältnis von Yin und Yang im wahrsten Sinn des „Wortes" (gemeint ist hier natürlich die Ziffer Eins und Zwei); dennoch gibt es den wesentlichen Unterschied, dass 12 eine gerade Zahl ist und die 21 ungerade!
Bei der Zahl 21 lässt sich sagen: 2 ist Yin, 1 ist Yang; ihre Quersumme ist 3.
Bei der Zahl 12 lässt sich sagen: 1 ist Yang und 2 ist Yin; ihre Quersumme ist 3.

Warum haben die beiden Zahlen auch die gleiche Ziffer 3 als Quersumme?
Die Differenz zwischen diesen beiden Zahlen beträgt 9. An dieser Stelle sollte einmal die Tatsache hervorgehoben werden, dass die Quersumme immer dieselbe bleibt, wenn der Abstand 9 beträgt! Das gleiche gilt natürlich für die Differenz von 25 und 16, den beiden Quadratzahlen von 5 und 4. Da die Differenz hier wieder 9 ist, muss die Quersumme dieselbe sein. Dass nun genau bei diesen beiden wichtigen Zahlen 25 und 16 die 7 als Quersumme auftritt, kann mit Logik nicht wirklich erschlossen werden. Mit Hilfe der Analogie (der Begriff leitet sich ebenfalls vom Begriff „Logos" her) lässt sich hier natürlich leichter eine Erklärung finden: 3 + 4 = 7

Bilden wir nun die Quadratzahlen hiervon:

$$3^2 \; + \; 4^2 \; = \; 5^2$$
$$9 \; + \; 16 \; = \; 25$$
$$Q\,9 \quad \; Q\,7 \quad \; Q\,7$$

Das ist natürlich kein schlüssiger Beweis dafür, dass die 7 genau dort in der Quersumme aufscheint, wo der pythagoreische Lehrsatz im astrologischen Kreis bestimmend mitwirkt. Dafür aber ist aus diesen Überlegungen heraus ein Aspekt sichtbar geworden, den wir vielleicht sonst nie gefunden hätten, nämlich dass die Ziffer 9 durch den Begriff „das Quadrat von 3" fast noch aussagekräftiger wird...
So gesehen, kann sogar die „berühmte" Zahl 12 als eine Addition von $3 + 3^2$ dargestellt werden. Wenn wir zu dieser Summe noch ein 3 zum Quadrat dazugeben, erhalten wir die Zahl 21, und wenn wir ein weiteres 3^2 hinzu addieren, kommen wir zur Zahl 30...
Und wo soll das Ganze hinführen?

Eine - aus 7 Stufen bestehende - Tabelle soll dazu eine Antwort geben:

3 (= „geistige" Grundlage)
12
21
30
39
48
57

Hier wird desweiteren ein Lebenszyklus aus 7 Schritten angezeigt, denn am Ende erreicht man die Zahl 57 (= die Summe des Tierkreises). Indirekt wird sichtbar, dass der Mensch in der Reihe alle 7 Planeten durchgeht; er betritt also 7 Stufen und wandert dabei durch den Tierkreis (Gesamtsumme 57)!
Die oben genannte 7-stufige Tabelle besitzt wohl nicht zufällig eine Ähnlichkeit mit der „chaldäischen Reihe", die ebenfalls aus 7 Schritten aufgebaut ist.
Bei der Darstellung der Wochentage hat sich bewährt, die chaldäische Reihe als 7-Stern innerhalb eines Kreises darzustellen.

Grafik No. 12:

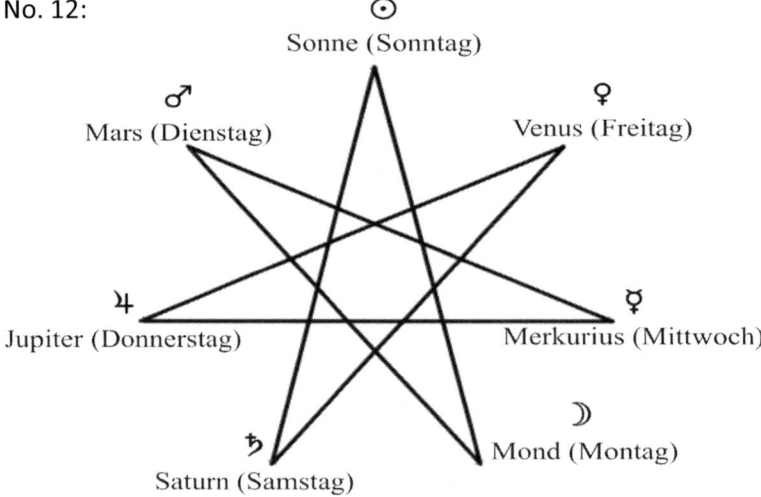

Versuchen sie einmal, den Linien mit dem Finger zu folgen und sie werden höchstwahrscheinlich bemerken, dass sie immer jeden 3. Planeten im Uhrzeigersinn angesteuert haben.
Der Siebenstern der Wochentage ergibt sich tatsächlich so, dass die Reihenfolge der Tage einem 3-er Rhythmus folgt. Beginnen wir zum Beispiel oben an

jener Stelle, wo die Sonne steht, bei Sonntag: Dass man nach insgesamt drei Runden wieder beim Sonntag (= Beginn der Woche) landet, ist wohl nicht zufällig. Das heißt, hier liegt wieder eine starke Betonung der Zahl 3 vor. Nicht nur, weil man jeden 3. Planeten im Uhrzeigersinn als Wochentag erhält, sondern weil man insgesamt 3 Runden gehen muss...

An dieser Stelle sollten wir uns noch einmal mit der Zahl **30** (Q= 3) auseinandersetzen, weil sie erstens die Summe der 7 Planeten (Wochentage) darstellt und zweitens sowohl die Fläche wie auch die Summe des Dreiecks 12-13-5 bildet.
Auffällig ist, dass sie sich im Zentrum der 7-stufigen Reihe befindet, fast um ihre besondere Stellung zu unterstreichen, die sie ohnehin schon innerhalb der 7-stufigen chaldäischen Reihe bezieht.
Zahlenmäßig ist das Besondere daran auch, dass dieser Weg, oder Kreis im übertragen Sinn, fast aus lauter Dreiecken besteht, denn alle in der oberen Tabelle angeführten Zahlen lassen sich durch 3 teilen. Doch woher weiß man das eigentlich? Es gibt ein Gesetz, das besagt Folgendes: Wenn die Quersumme einer Zahl durch 3 teilbar ist, ist auch die Zahl selbst durch 3 teilbar. Bei diesem Beispiel weiß man ja tatsächlich, dass bei all diesen angeführten Zahlen die Quersumme 3 ist, da die erste Zahl der Reihe die 3 ist und die darauf folgenden Zahlenabstände immer 9 betragen, beziehungsweise 3 x 3 oder 3^2. Das heißt, die auf der Tabelle angeführten einzelnen sieben Schritte bestehen letztlich nur aus Additionen des Dreifachen von 3 beziehungsweise aus Additionen von 3 zum Quadrat. Es zeigt sich letztlich, dass die einzelnen Schritte bis hin zur Gesamtsumme des Tierkreises allein mit Hilfe der Zahl 3 gegangen werden können.
Nun verstehen wir, warum die Zahl 3 als Grundbaustein des Tierkreises betrachtet werden muss! Und vielleicht besteht hier auch eine Antwort auf die Frage, warum die beiden Dreiecke 3, 4, 5 (mit der Summe 12) und 5, 12 ,13 (mit der Summe 30) Summen ergeben, die sich wieder auf 3 reduzieren lassen.

Der 3 entspricht übrigens nicht nur das aufwärts gerichtete Dreieck als Yang-Symbol des Feuers, sondern auch dem Herrscher des Feuerzeichens Schütze, dem Jupiter. Dieser benötigt fast genau 12 Jahre für eine Runde durch den Tierkreis. Zur Erinnerung: Die Differenz zwischen 12 und 3 beträgt 3^2 oder 9. Das Schütze-Haus ist das 9. Haus! Soviel dazu...
Am Ende dieses Abschnittes sei noch ein Aspekt erwähnt, der uns auch im Zusammenhang mit den Achsen begegnet ist:

Die Dreiheit in der Aufteilung des Tierkreises in einen
        a) kardinalen (= beginnenden) Teil,
        b) einen festigenden (fixen) Teil
        c) in einen veränderlichen (flexiblen) Teil

Jetzt wird es aber Zeit, sich mit der Zahl 7 näher zu beschäftigen: Nach der Tradition der altorientalischen Kulturen ist sie neben der 3 die bedeutendste der heiligen Zahlen.

Die sieben Stufen

Entlang der Wirbelsäule befinden sich die sieben Energiezentren (Chakren); auch diese haben eine kosmische Entsprechung:
„Die Sonne bildet das Herz (12-blättriger Lotos); die Hauptesregion wird gebildet von Saturn oberhalb des Scheitelpunktes (8-blättriger Lotos), Jupiter an der Stirnwurzel (2-blättriger Lotos) und Mars im Kehlkopfbereich (16-blättriger Lotos). Vom Herzen abwärts kommen in der Nabelgegend Merkur (10-blättriger Lotos), im Beckenbereich Venus (6-blättriger Lotos) und im Genitalbereich der Mond (4-blättriger Lotos) hinzu"[26].

Die sieben Planeten Sonne, Mond, Merkur, Venus, Mars, Jupiter und Saturn sind nicht nur Regenten bestimmter Tierkreiszeichen und Tagesherrscher von Wochentagen; sie werden mit den sieben antiken Tönen auf der Lyra, mit den sieben Mineralien unserer Erde in Verbindung gebracht, mit Körperregionen des Menschen, und, wie wir bereits weiter vorne sehen konnten, mit menschlichen Tugenden und - seit der Antike - mit den sieben freien Künsten. Des Weiteren gibt es die sieben Lebensalter und dementsprechend auch die sieben Sakramente, den siebenarmigen Leuchter (Menorah) bei den Juden und die sieben Siegel in der Apokalypse des Evangelisten Johannes.

Es ist die oben genannte chaldäische Reihe der Planeten, welche von Babylon ausgehend sich auch nach Indien verbreiten konnte und schon sehr früh mit den sieben Stufen der seelischen Entwicklung (Evolution) assoziiert wurde; sie ist somit das geistige Vorbild für die Initiation eines Adepten geworden. Die sieben Einweihungsstufen im Mithraskult, einer römischen kosmologischen Religion des Lichts mit ursprünglich persischen Wurzeln, können hier als ein

---

[26] Vgl. Robert Powell. Zu einer neuen Sternenweisheit, Einführung in die hermetische Astrologie, S.169

treffendes Beispiel erwähnt werden, weil die sieben verschiedenen Weihegrade, nämlich Rabe - Braut - Krieger (Soldat) - Löwe - Perser - Sonnenläufer - Vater (Magier) - mit den sieben Gestirnen gleichgesetzt wurden. Die Stufenleiter, die ein Initiierter emporsteigt, wurde als „Himmelsleiter" betrachtet, weil der Eingeweihte jeweils eine Seelenreise erlebt im Zusammenhang mit einem Gestirn.

Auch im Leben nach dem Tod kommt man mit den Sphären der sieben Gestirne in Berührung; es ist praktisch die Umkehrung dieses Weges.

„Die Vorstellung, dass die Seele bei ihrem Niederstieg vom Himmel die Eigenschaften der Planetensphären annimmt, die sie durchwandert, bevor sie in ein leibliches Dasein eingeht und dass sie nach dem Tode ihre Himmelsreise in die entgegen gesetzte Richtung mit gegenteiliger Auswirkung vollführt - dies leitet sich aus denselben religiösen Kreisen her, in denen sich auch die Lehre vom Wandel der Seele durch die Sphären entwickelt hat: die späte Astral-Theologie Babyloniens."[27]

Dass diese Kette von Planeten (= die Stufenleiter) mehr als die Hälfte des Tierkreises ausmacht und die Ganzheit von 7 ermöglicht, während auf der anderen Seite (der dunklen Seite) 5 Zahlen (= Planeten) übrig bleiben, erscheint mir als ein weiterer wesentlicher Punkt.

Im Gegensatz zum Begriff Evolution könnten wir hier den Begriff Involution (= Rückbildung) verwenden.

Es stellt sich dann die Frage, welche Zahl der Rest vom Gesamtkreis, also die Involution der chaldäischen Reihe ausmacht: Die Differenz von 57 und 30 ist die Zahl 27:

Fast automatisch fällt uns da das Produkt von 3 x 9 ein und die Tatsache, dass auch bei der Zahl 27 die Zahl 3 das Grundgerüst bildet: **3^3** - die Kubik-Zahl...

Bei der oben genannten chaldäischen Reihe ist diese Dreiheit auch aus einer anderen Perspektive interessant: Links und rechts vom „Sonnen-Zentrum" stehen jeweils drei Planeten. Achten sie dabei auf die Summen, die hier zum Vorschein kommen:

---

[27] Hans Levy, Chaldean Oracles and Theurgy, S. 146

2 (Mond) + 5 (Merkur) + 6 (Venus) = 13
9 (Mars) + 3 (Jupiter) + 4 (Saturn) = 16

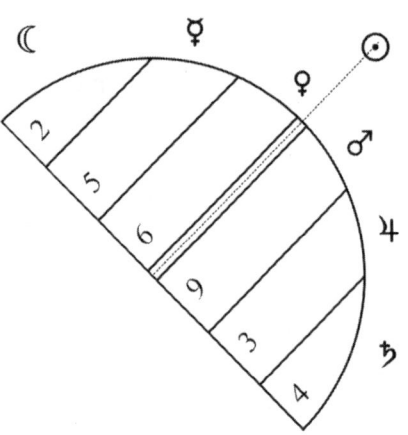

Grafik No. 13:

Wir befinden uns hier auf der dunklen
(rechts gelegenen) Mondhälfte.
Da die Summen sich wieder als Quadratzahlen
darstellen lassen, ergibt sich als Gesamtsumme
der Mondhälfte eine Zahl, die aus Quadraten
zusammengesetzt ist:

Grafik No. 14:

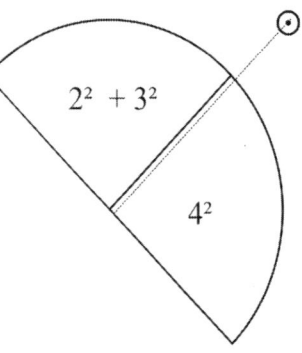

$13 = 2^2 + 3^2$
$16 = 4^2$

29

Die Zahl 29 ist demnach:
$2^2 + 3^2 + 4^2$. Was für eine Zahl!

Kommen wir nun zur Sonnenhälfte:

1 (Sonne) + 5 (Merkur) + 6 (Venus) = 12 $12 = 3^2 + 3$
9 (Mars) + 3 (Jupiter) + 4 (Saturn) = 16 $16 = 4^2$

                                                  28

Die Sonnenhälfte hat zahlenmäßig etwas mit dem Mond zu tun, mit dessen 28-
tägigen Zyklus.
Teilen wir die 28 durch 4 Teile, erhalten wir wieder die Sieben: 28 : 4 = 7
Die Siebener Reihe, die sich im siebenarmigen Leuchter der Juden manifestiert,
soll zurückgehen auf die Vierteilung des Mondumlaufs, der innerhalb von 28
Tagen aus vier Phasen besteht[28].

---
[28] Siehe dazu: Knaurs Lexikon der Symbole; Abschnitt: Die Zahl Sieben, S. 400

Nehmen wir 3^2 als Basis und addieren die beiden Zahlen 7 und 12 hinzu, kommen wir ein weiteres Mal zu dieser Zahl 28, die ebenso wie die beiden Zahlen 7 und 12 eine Einheit bildet, da ihre Quersumme 1 beträgt, so wie: 10, 19, 28, ... 100 !

Aber es gibt noch etwas Interessantes zu berichten, was schon wieder mit der verflixten Sieben zu tun hat: Die Zahl 28 ist nicht nur das Vierfache von 7, sondern auch die 7. Dreieckszahl:

Dreieckszahlen:
1.)   1
2.)   1 1   Zahl 3
3.)   1 1 1   Zahl 6
4.)   1 1 1 1   Zahl 10
5.)   1 1 1 1 1   Zahl 15
5.) 1 1 1 1 1 1   Zahl **21**
7.) 1 1 1 1 1 1 1   Zahl **28**

Damit sind wir thematisch der Zahl **21** näher gerückt, welche der Ausgangspunkt des „Spiegels" gewesen ist. Im Zusammenhang mit der Zahl 3 und der Zahl 7 ist sie sowieso nennenswert, denn sie stellt das Produkt dieser beiden Zahlen dar. Mit 21 Jahren ist man „normalerweise" erwachsen, doch weitere sieben Jahre später, mit 28 Jahren, kündigt sich zumeist eine erste Krise an: Diese hat nämlich auch mit dem Saturn-Zyklus zu tun, der nach ca. 29 Jahren wieder an jene Stelle kommt, wo Saturn zur Zeit der Geburt gestanden ist. In der alten Ordnung findet man ihn am unteren Ende als Herrscher zweier Tierkreiszeichen, nämlich von Steinbock (auf der Sonnen-Hälfte) und Wassermann (auf der Mond-Hälfte), wo er die Reihen beider Hälften beschließt: Links mit der Zahl **28** und rechts mit der Zahl **29**. Das heißt, auch hier kommt es zu einem vorläufigen Ende, zu einer Art Wiedergeburt. Es wird schon einen guten Grund haben, warum die Geburt Christi (Weihnachten) mit der Zeit des Winterbeginns im Steinbock korreliert, an dem Saturns Herrschaft beginnt.

Jesus von Nazareth wird erst im Alter von **30** Jahren von Johannes getauft und kann sich nun mit dem heiligen Geist verbinden; erst von diesem Augenblick an „inkarniert" er sich vollkommen...

Die Zahl **30** signalisiert die Vollkommenheit der planetarischen Reihe und ihr letztes (und gleichsam oberstes) Glied, Saturn (der Vater im Mithras-Kult) mit der Umrundungszahl **29** liegt knapp davor...

Dem Saturn begegnet man jedoch als erstes, wenn die Seele wieder langsam auf die Erde niedersteigt:

Beim Inkarnieren erwirbt sich die Seele
„Verstand"................. in der Saturnsphäre,
„Tatkraft".................. Jupitersphäre,
„Kampfgeist".................. Marssphäre,
„Vorstellungskraft".................. Sonnensphäre,
„Leidenschaftlichkeit".................. Venussphäre,
„Fähigkeit zum Mitteilen".................. Merkursphäre,
„Wirksamkeit des Formens von Körpern"... Mondsphäre

Die eben genannte Aufstellung geht zurück auf den Neo-Platoniker Macrobius (ca. 4. Jh. n. Chr.)
Sie gibt uns eine gute Gelegenheit, wieder zu der oben genannten „Stufenleiter" zurückzukehren. Dabei werden wir die Stufenleiter gegen den Uhrzeigersinn drehen, dass sie dort zu stehen kommt, wo die elementaren Gegensätze fast ebenso stark sind wie bei der Sonne/Mond Achse; d.h. verschoben um 90 Grad nehmen wir nun den zwischen dem Feuerelement Schützen und dem benachbarten Wasserzeichen Skorpion gelegenen Ausgangspunkt und ziehen von dort die Leiter Richtung Stier (Erde)-rechts und Zwillinge (Luft) -links.

Grafik No.15:

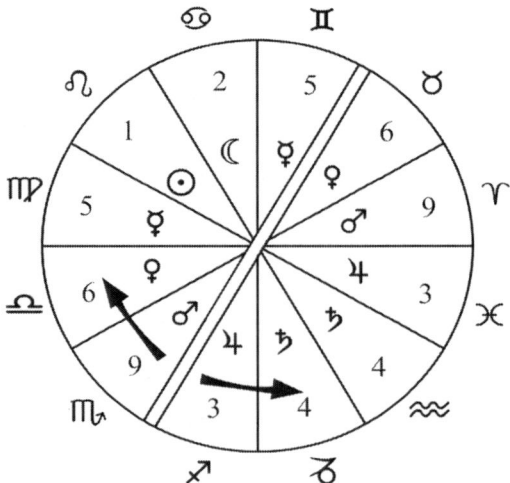

9 + 6 + 5 + 1 + 2 + 5 = **28**

3 + 4 + 4 + 3 + 9 + 6 = **29**

Was zeigt sich hier? Drehen wir die Leiter um 90 Grad gegen den Uhrzeigersinn, ergeben sich wieder die Summen **28** und **29**! Man sieht, wie ausgewogen das System ist, wenn es in seiner Querlage zu den gleichen Summen kommt. Bemerkenswert ist außerdem, dass die Differenz zwischen den Hälften (29- rechts und 28 - links) bei der gedrehten Leiter nicht durch den zahlenmäßigen Unterschied von Mond (2) und Sonne (1) zustande gekommen ist, denn diese beiden Gestirne befinden sich ja auf einer Hälfte (links) ! Es gibt noch einen wesentlichen Unterschied und der ist vielleicht weittragender als es den Anschein hat: Die Leiter besitzt keine Ziffern-Reihenfolge, bei der sich die jeweiligen Nachbarn zu Quadratsummen zusammenfassen lassen (folglich ergibt sich nirgendwo ein Markierungspunkt, wo sich die Erde befindet).
Woran das liegt, kann ich im Augenblick jedoch nicht beantworten...

Nehmen wir lieber noch einmal die Ergebnisse der ursprünglichen Leiter her und versuchen, eine Schlußfolgerung aus den zahlenmäßigen Übereinstimmungen herauszuschälen...
(siehe Grafik, No.13 und 14)

Rechte Hälfte:
Die ersten drei Gestirne (Saturn, Jupiter und Mars):
$4 + 3 + 9 = 16 \ (= 4^2)$

Die restlichen drei Gestirne (Venus, Merkur und Mond):
$6 + 5 + 2 = 13 \ (= 2^2 + 3^2)$

Linke Hälfte:
Die ersten drei Gestirne (Sonne, Merkur, Venus):
$1 + 5 + 6 = 12 \ (= 3^2 + 3)$

Die restlichen drei Gestirne (wie gespiegelt): Mars, Jupiter und Saturn:
$9 + 3 + 4 = 16 \ (= 4^2)$

Die Ergebnisse lassen sich folgendermaßen darstellen:

```
16.........13         29
      ><
12.........16         28
```

Addiert man die Diagonalen, tauchen sogar wieder die bekannten Summen 32 und 25 auf (siehe Grafik No.5).

Deren Quersummen 5 und 7 haben einerseits mit der Gesamtsumme 57 zu tun, andererseits ergeben sie in der Summe die Zahl des Tierkreises, die 12, welche sich sicher nicht zufällig aus den beiden Zahlen 1 (Yang) und 2 (Yin) zusammensetzt! Diese Perspektive haben wir zwar schon besprochen, doch erachte ich es für wichtig, hier noch einen Aspekt der Thematik von Licht und Finsternis ergänzend einzubringen:

Bei der Grafik No.15 wollen wir uns zunächst den gesamten oberen (lichten) Bereich ansehen, der vom Frühlingspunkt des Sternzeichens Widder bis zum Herbstpunkt von 0 Grad Waage reicht:
9 (Mars) + 6 (Venus) + 5 (Merkur in Zwilling) + 2 (Mond) + 1 (Sonne) + 5 (Merkur in der Jungfrau). Auch hier ist die Summe wieder **28** (!) - dies, obwohl wir uns in diesem System außerhalb der „chaldäischen Leitern" befinden! Die andere (= untere) Hälfte ergibt natürlich die passende Ergänzung zur Gesamtsumme, nämlich **29**.

Quersummen:
Die Quersumme von 28 ist die Sonnenzahl **1**. Nehme ich hingegen die untere (dunkle) Hälfte her, erhalte ich 29 mit der Mondzahl **2** (als Quersumme von 11). Die Zahlen beschreiben somit sehr gut die beiden Jahreshälften als zwei verschiedene Zeiten: Eine sonnendurchflutete helle (Yang) Zeit der Aktivität und eine nach innen gewandte Zeit der Reflexion und Zurückgezogenheit (Yin).
Sie mögen vielleicht in diesem Moment daran zweifeln und berechtigt dagegen halten, es könnte sich in diesem Fall um reinen Zufall halten, dass sich das so zahlenmäßig ergibt. Sie brauchen sich keine Sorgen machen, denn es hat sich dafür noch ein weiteres Indiz für die These ergeben, dass beim Tierkreis auch ein Antagonismus von Licht und Dunkel mit im Spiel ist. Dies möchte ich im Folgenden darlegen:
Feuer und Luft gehören zur Yang- Qualität. Nehmen wir zuerst die Ziffern der drei Planetenherrscher des Feuers her, nämlich Mars (9) für den Widder, Sonne (1) für den Löwen und Jupiter (3) für den Schützen. Was ergibt sich als Summe der drei Feuerzeichen?

9 + 1 + 3 = 13.

Als nächstes nehme ich die drei Herrscherplaneten des Elementes Luft her, nämlich Merkur (5) für die Zwillinge, Venus (6) für die Waage und Saturn (4) für den Wassermann (...nach der alten Ordnung) und wir erhalten als Summe:

5 + 6 + 4 = 15.

Abschließend lässt sich die Summe für die Yang-Zeichen bilden:
13 plus 15 ergibt wieder **28** und die 1 ist die Quersumme hiervon! Die 1 ist YANG und außerdem die Zahl der Sonne, des Lichts.
Für die Yin-Seite erhält man automatisch die Differenz aus Gesamtsumme (57) minus der Zahl 28, d.h. auch hier bekommen wir wieder die Zahl **29** (oder: 14 + 15) mit deren Quersumme 2. Der Mond ist das dunkle YIN und trägt die Zahl 2.

Grafik No. 16:

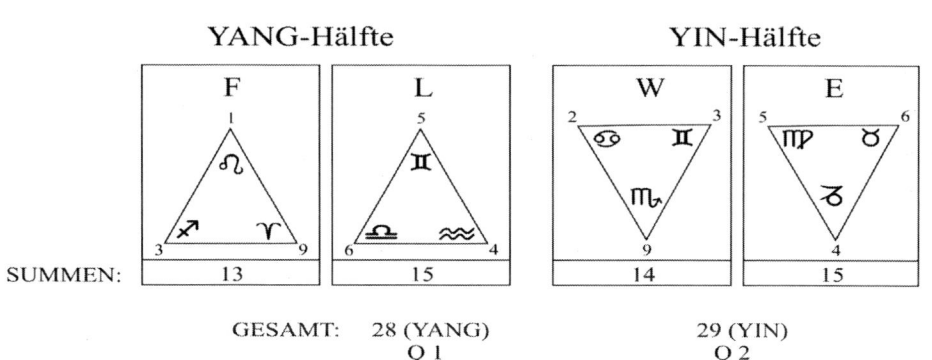

TEIL II

DIE „QUINT-ESSENZ" DER 5

Das magische Quadrat

Grafik No. 17:

Magisches Quadrat
auf Schildkrötenpanzer:
Lo-Shu (aus China)

4	9	2
3	5	7
8	1	6

Bei diesem magischen Quadrat aus China, das ungefähr 4 Jahrtausende alt ist und auf einem Schildkrötenpanzer abgebildet ist, steht die 5 eingebettet in der Mitte eines 3-er „Kästchens". Sie bildet das Zentrum und das nicht nur für die ungeraden Zahlen, sondern auch für die geraden Zahlen! In China hatte man zur 5 schon immer ein besonders gutes Verhältnis. Man denke nur an die fünf Wirkkräfte: Feuer (Licht), Wasser, Erde, Holz (Luft) und Metall. Sie sind bereits im I Ging - im Buch der Wandlungen - tragende Säulen des Orakel-Systems.
„Die 5 Wirkkräfte stellen die im Universum wirkenden grundlegenden Kräfte dar. In Verbindung mit den Zeichen sind sie die Grundlage aller Horoskope"[29]
Da es sich um beweglich fließende Kräfte handelt, die sich gegenseitig in Wirkung und Gegenwirkung stärken oder schwächen, passt hier auch der Begriff „Energie" (= das chinesische Schriftzeichen hing).

Im „Buch der geheimen Ergänzungen" von Yin Fu Ging finden wir folgenden Weisheitsspruch als Absatz:
>Der Himmel hat 5 Gewalttäter[30]
>Wer sie erblickt, wird blühen
>Die 5 Gewalttäter sind im Ich
>Wer sie wirken lässt im Himmel
>Bekommt das Weltall in die Hand
>und die Natur wird aus dem Ich geboren

Das oben abgebildete magische Quadrat[31] kannten auch die Araber und nannten es Feuer-Quadrat. Das nach oben gerichtete Dreieck im Hexagramm versinnbildlicht tatsächlich das (aktive) Geist-Prinzip, mit dem das Feuer-

---

[29] Jean-Michel de Kermadec, Das große Buch der chinesischen Astrologie, S.53
[30] Gewalttäter heißen die atmosphärischen „Einflüsse, weil jeder auf Kosten des anderen sich durchsetzt; auch die 5 Planeten können damit gemeint sein" S. S.16 Anm.2 v. Richard Wilhelm/in.: Liä Dsi: Das wahre Buch vom quellenden Urgrund.
[31] Eine Vielzahl verschiedener magischer Quadrate wurde aus diesem Vorbild von den Arabern entwickelt...

Element gerne in Verbindung gebracht wurde, daher passt auch hier die Zahl 3 sehr gut. Dieselbe Zahl trägt außerdem der Planet Jupiter, der das Feuerzeichen des Schützen dominiert.

Typisch für ein magisches Quadrat ist, dass in allen Richtungen (d.h. auch diagonal) die gleiche Summe herauskommt. Beim magischen „Lo-Shu-Quadrat" ist in allen Richtungen 15, also 3 x 5, die Summe. Um dieses Ergebnis erzeugen zu können, müssen tatsächlich 3 Kästchen vorhanden sein und die 5 muss immer in der Mitte stehen!
Die Gesamtsumme aus allen neun Ziffern ist logischerweise 3 x 15, also 45.

Als nächsten Punkt möchte ich die Thematik mit den Ziffern (von 1- 9) ein weiteres Mal berühren, und zwar im Zusammenhang mit einem Modell, auf das ich mehr oder minder zufällig gestoßen bin, nachdem ich mich mit dem magischen Quadrat auseinandergesetzt habe. Ich bin mir sicher, dass es dazu beitragen kann, die Struktur und vielleicht auch die dahinter stehende Idee der Aufteilung von Zahlen im Tierkreis näher zu bringen, damit wir uns weitere Einblicke verschaffen können über den maßgebenden Anteil der Zahlen gegenüber den planetarischen Zuordnungen. Die Planeten selbst werden dabei vorläufig beiseite gelassen, denn nur so kann der strukturbildende Anteil der Zahlen stärker zum Vorschein kommen...
Wir nehmen die 5 als androgyne Ziffer in einer mittleren gesonderten Position und tragen links von ihr die Ziffern 1 bis 4 und rechts die anderen vier Zahlen, also 6 bis 9, ein:

1 - 4 (links)   5 (Mitte)   6 - 9 (rechts)

Wenn wir diese Zahlengruppen nach dem Prinzip von Yin und Yang zerlegen, ergibt sich darauf hin folgendes Bild:

Yang	YIN		Yang	YIN
1	2		7	6
3	4		9	8

5 (Yin /YANG)

Bei dieser Einteilung ist - abgesehen von der Zahl 5 in der Mitte - eine obere und eine untere Reihe zu sehen: In der oberen Reihe sind genau jene Zahlen und deren planetarischen Entsprechungen, welche bei unserer Ausgangs-Grafik in der oberen Hälfte des Tierkreises waren, nämlich die 1 (Sonne), die 2 (Mond) und die 6 (Venus), während in der unteren Zeile jene Zahlen zu finden sind, die auch im Tierkreis in der unteren Hälfte des Tierkreises waren:
3 (= Jupiter), 4 (= Saturn) und 9 (= Mars).

Offensichtlich hat sich hier dasselbe Ordnungsprinzip im Tierkreis durchgesetzt. Aber welcher Sinn mag diesem innewohnen?
Bevor ich hier einen voreiligen Interpretationsversuch unternehme, möchte ich noch einmal darauf hinweisen, dass von der Antike bis hinauf zum 18. Jahrhundert eben nur 7 „Planeten" bekannt waren, was zur Folge hatte, dass nicht allen neun Ziffern ein Planet zugeordnet werden konnte. In der alten Ordnung bleiben daher zwei Ziffern unbesetzt. In der obigen Tabelle sind dies die 7 in der oberen Zeile und die 8 in der unteren. Dabei habe ich mir erlaubt, folgendes Experiment auszuprobieren: Bildet man aus diesen beiden Ziffern die Summe, erhält man die Zahl 15, nämlich 7 + 8 = 15. Dieselbe Summe erhält man auch, wenn man die beiden anderen Zahlen auf dieser Hälfte, nämlich 9 und 6 (Mars und Venus entsprechend) addiert! Dabei würde man vielleicht auf diesen Gedanken kommen: Dasjenige Thema, welches durch die beiden Planeten Mars und Venus zum Ausdruck kommt, nämlich „die" Beziehungs-Thematik an und für sich, von Frau und Mann, soll in einer anderen Weise noch einmal zum Vorschein kommen... Damit würde indirekt die Wichtigkeit des Beziehungs-Themas in der Welt der Zahlen sichtbar werden. Diese Behauptung - so verlockend sie klingen mag - liegt jedoch zu sehr im spekulativen Bereich. Die Methode des Zusammenzählens der beiden diagonal gelegenen Hälften führt uns dafür auf eine viel versprechende Spur, die nicht nur mit der Struktur des Tierkreises, sondern auch stark mit der Zahl 5 zu tun hat, von der wir ja ausgegangen sind:

Auf der linken Hälfte ergeben die Additionen aus den Ziffern der beiden Diagonalen, also bei 1 -- 4 beziehungsweise 2 -- 3 jeweils die gleiche Summe, nämlich 5! Damit wird auch klar, dass wir sowohl auf der linken als auch auf der rechten Seite ein Vielfaches der 5 herausbekommen, eine Ziffer, die ohnehin schon explizit in der Mitte gestanden ist!

Grafik No.18: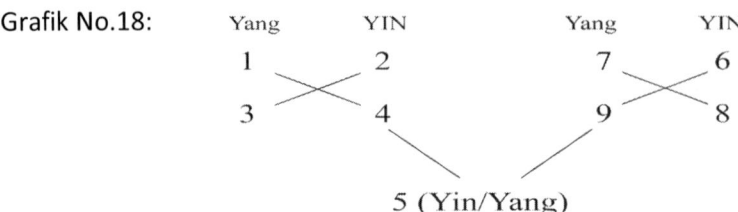

Die Diagonalen in unserem oberen Modell haben ja ebenfalls immer die 5 als Basiszahl.

```
1 + 4     3 + 2     7 + 8     9 + 6
------    ------    ------    ------
1 x 5     1 x 5     3 x 5     3 x 5
```

Man kann die 5, die Mitte zwischen 1 - 10, die Zahl der Finger einer Hand hernehmen, um ihr zu sagen: Du bist die **Quintessenz**!
Zählt man die ersten 5 Zahlen zusammen, erhält man 15, was das Dreifache von 5 ist; auch die restlichen Ziffern ergeben 15, wenn man sie in folgender Reihenfolge zusammenzählt: 6 + 9, beziehungsweise 7 + 8.
So bekommen wir die Zahl 15 einerseits als 3 x 5 (was in unserem Modell zweimal vorkommt), und anderseits als Summe der ersten fünf Ziffern: 1 + 2 + 3 + 4 + 5.

Nun wird es Zeit, zusätzlich die Planeten zum Zuge kommen lassen: Die fünf Gestirne Sonne, Mond, Jupiter, Saturn und Merkur bilden die gleiche Summe 15, wie wenn man die restlichen zwei Planeten Venus und Mars addiert:

```
Sonne - Mond              1 + 2 =  3
Jupiter - Saturn          3 + 4 =  7
Merkur     ..........         5 =  5
                              ........
Mars - Venus              6 + 9 = 15
```

Was geschieht aber, wenn man bei unserem weiter oben angeführten Modell in beiden Reihen die Zahlen der entsprechenden Planeten addiert?

```
1 + 2 + 6 =  9    (1. Reihe)
3 + 4 + 9 = 16    (2. Reihe)
-----------------------
              25
```

Wieder erhält man Quadratsummen! Die 9 ist das Quadrat von 3 und darunter die 16 das Quadrat von 4. In der Summe ergeben sie bekanntlich das Quadrat von 5! Wir kennen die Rechnung bereits: $3^2 + 4^2 = 5^2$

Des Weiteren fällt auf, dass hier wieder die gleichen beiden Ziffern 16 und 25 auftauchen, so wie bei den beiden Hälften des Tierkreises der alten Ordnung! Dieselben Planeten-Ziffern 3, 4 und 9, die in der Summe 16 ergeben, finden wir tatsächlich auch bei der unteren Hälfte des Tierkreises. Bei der Zahl 25 liegt der Fall jedoch anders: Sie erhält man einerseits als Gesamtsumme dieser beiden Zeilen, und andererseits als Summe der oberen Hälfte des Tierkreises, die - von links nach rechts - aus den Ziffern 6, 5, 1, 2, 5, 6 zusammengesetzt ist. Außergewöhnlich ist, dass man zweimal die gleiche Zahl 25 erhält, obwohl sie aus ungleichen Komponenten besteht. Diese Zahl lässt sich ohne weiteres zu einem zentralen Grundbestandteil des Systems reduzieren, nämlich auf die Zahl 5. Daraus könnte man schließen, dass die Quintessenz tatsächlich die 5 ist, aber was bedeutet dies im Grunde genommen? Ich wage es auszusprechen: Die 5 ist der Mensch selbst! Darum dreht sich der Tierkreis mit seinen 4 Elementen und seinen 3 Daseinsformen um ein Zentrum im Kreis und dies ist das Bild des Menschen. Deshalb hat der Mensch das Bedürfnis, dieses Bild zu deuten, im Bestreben, sich selbst zu erkennen. (Astrologie, Horoskope...)

„Am Menschen drücken sich die Zahlen und ihre Verhältnisse aus und er selbst bringt sie auch wieder hervor. Das heißt, der Mensch ist Ausdruck des Verhältnisses von Kosmos und Zahl und gleichzeitig jener, der das wieder neu hervorbringt"[32]

Die Synthese-Zahl 5

Der Tierkreis ist ein sehr anschauliches Beispiel, wie man sich die 5 als gedachtes Zentrum eines Kreises vorstellen kann, vor allem wenn man sich das Grundgerüst, bestehend aus den Herrscherplaneten der Fixzeichen - Sonne für den Löwen, Venus für den Stier, Mars für den Skorpion (Adler) und Saturn für den Wasserträger - her nimmt. Dann ist die 5 Quintessenz im wahrsten Sinn des Wortes.

---

[32] Anna Maria Jonny, die den Großteil dieses Buches korrigiert hat, sprach diesen Satz ganz spontan aus, nachdem sie „Der Mensch zwischen Kosmos und Zahl" als Buchtitel vorgeschlagen hatte. Längere Zeit blieb dies der „Arbeitstitel" dieses Buches.

Grafik No. 19:

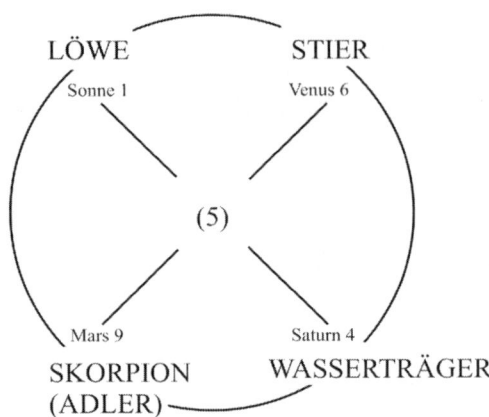

Als Regenten der Zeichen bilden Sonne und Saturn ein Gegenüber mit den Ziffern 1 und 4, Mars und Venus mit 9 und 6. In den beiden Diagonalen ergibt sich: 1 + 4 = 5 bzw. 9 + 6 = 15; d.h. immer kommt ein Vielfaches der 5 heraus! Das gleiche Prinzip dieser diagonal gegenüberliegenden Zahlen haben wir ja auch in unserem Modell vorgefunden

Die Summe der Planetenzahlen der Fix-Achse, die natürlich ebenso aus den vier Elementen besteht, ist **20**. Diese Zahl werden wir weiter unten als „Kosmos" bezeichnen.
Wenn man die ersten vier Dreieckszahlen addiert, also 1 + 3 + 6 + 10, erhält man die gleiche Summe.
Die 20 bekommt man noch dazu aus der Summe aller geraden Ziffern (zwischen 1 - 10): 2 + 4 + 6 + 8 = 20.
Separiert man die 5 aus der Serie der ungeraden Ziffern, dann ergibt sich (aus: 1 + 3 + 7 + 9) ebenfalls die Zahl 20. Es ist genau diese Ziffer 5, die man als Quintessenz erhält, wenn man die Summe 20 durch die 4 (Elemente) teilt:

20 : 4 = 5

Die 4 Tierkreiszeichen Löwe, Stier, Skorpion (Adler) und Wassermann (bzw. Wasserträger) können praktisch als die Archetypen der 4 Elemente betrachtet werden und sie wurden nicht von ungefähr zu einem häufig verwendeten Symbol für die Welt, für den Kosmos….
Als fixe Zeichen im Tierkreis stellen sie nicht nur **die** Repräsentanten der vier Elemente, der vier Richtungen des Himmels dar, sondern sie stehen in gleichsam mikrokosmischer Weise - mit den seelischen Eigenschaften von Menschen - in Beziehung (= 4 Grundcharaktere des Menschen):

Choleriker	Feuer….	Löwe	Sonne	1	……..	Markus
Phlegmatiker	Erde….	Stier	Venus	6	……..	Lukas
Sanguiniker	Luft…	Wassermann	Saturn	4	……..	Matthäus
Melancholiker	Wasser…	Skorpion (Adler)	Mars	9	……..	Johannes

In der Kulturgeschichte des christlichen Abendlandes wurde es zu einem beliebten Motiv, die vier Positionen der Fix-Zeichen des Tierkreises mit den vier Evangelisten Markus, Lukas, Mathäus und Johannes (in dieser Reihenfolge) als Hauptmarkierungspunkte zu verknüpfen, die - wie die vier Himmelsrichtungen - rund um eine zentrale Sonne, den Christus kreisen. (Auch dieses Motiv kennen wir aus den vielen Kunstwerken in Kirchenbauten...)

Diese Reihenfolge bewegt sich im Uhrzeigersinn, weil der Weg der Sonne - von der Erde aus betrachtet - ebenso von links nach rechts verläuft. Sie entspricht auch der Reihenfolge der Evangelien im Neuen Testament.

Bei all diesen Gegenüberstellungen geht es um das Zentrum. Das sollten wir im Auge behalten, denn jenes macht die 5 aus!

Auch bei den 5 platonischen Körpern (Tetraeder, Hexaeder oder Würfel, Oktaeder, Dodekaeder und Ikosaeder), die Platon im „Timaios" zur Erklärung der 4 Elemente und der Weltschöpfung herangezogen hat, geht es letztlich um den „Kosmos", das 5. „Element" in der Mitte. Der letztgenannte Körper, der Ikosaeder, hat wohlgemerkt 20 (dreiecksförmige) Seitenflächen und es ist dieser, dem man diese Mitte zuweisen kann - als Quintessenz sozusagen!

Die Zahl 20 ist noch dazu die Summe aus den ersten 4 Dreieckszahlen (1 + 3 + 6 + 10)

Die anderen Körper haben folgende Seitenflächenanzahl:

Tetraeder-	Feuer-	4
Hexaeder (Würfel)	Erde -	6
Oktaeder-	Luft -	8
Dodekaeder –	Wasser -	12
Summe (F – E – L - W)		30

Bei diesen 4 platonischen Körpern ergibt sich erstaunlicherweise die gleiche Summe 30, wie wenn man alle 7 Planeten (chaldäische Reihe) addiert: 1 + 2 + 3 + 4 + 5 + 6 + 9 = 30 beziehungsweise die ersten 4 Quadrate zusammenrechnet: $1^2 + 2^2 + 3^2 + 4^2 = 30$

Zu dieser Summe können wir abschließend noch die 20 Seitenflächen des fehlenden Ikosaeders - als Sinnbild des Kosmos - hinzurechnen, d.h.: 30 + 20 = 50!

Ob Zufall oder nicht: Dieser Summe sind wir bereits begegnet, als wir die Summe der pythagoreischen Seiten bestimmen wollten: $3^2 + 4^2 + 5^2 = 50$

„Die Zahl 50 gründet sich auf die Proportion der Seiten des vollkommen rechteckigen Triangels, des berühmten Pythagoreischen Dreiecks, das Plato so oft erwähnt."[33]

Die Quersumme von 50 ist jedenfalls 5.

So haben wir ein weiteres Mal die 5 als unsichtbare Mitte stehen, ähnlich dem Alpha-Omega Prinzip: Am Ende erhalten wir wieder die Ausgangszahl, schließlich handelt es sich ja um 5 platonische Körper!

In diesem Zusammenhang möchte ich noch etwas Spitzfindiges ergänzen: Die beiden Körper Ikosaeder und Dodekaeder beziehen sich wechselseitig aufeinander:

Der Ikosaeder hat 12 Ecken und sein Dual (Pendant), der Dodekaeder besteht aus 12 regelmäßigen 5-Ecken. Dies ist gewiss ein bemerkenswerter Aspekt im Zusammenhang mit der Thematik von der Ganzheit (die Zahl 12) und der Quintessenz (die Zahl 5).

Daneben gibt es noch etwas zu berichten: Die Moleküle des Wassers bilden ein Fünfeck! Somit steht der Dodekaeder tatsächlich mit dem Wasserelement in Verbindung. Ähnliches können wir auch über den Ikosaeder berichten, denn man kann das Wasser als ein flüssiges Kristallgitter betrachten, das aus biegsamen Ikosaedern besteht! Die Idee des Wassers als zentraler Bestandteil des Kosmos war ja bereits in der Naturphilosophie von Milet angelegt, wie wir eingangs schon erwähnten.

Die Zahl 5 hat jedenfalls eine Seelen-Energie, aus der das kosmische Leben - wie bei einer Zeugung - hervorzugehen scheint. Ähnlich der androgynen Wesenhaftigkeit des Hermes-Merkur kann die ungerade 5 himmlisch (männlich) oder irdisch (weiblich) sein. Im hebräischen Alphabet entspricht der Buchstabe He der Zahl 5 und wurde im Alten Testament sowohl dem männlichen Abram (+ He = Abraham) als auch der weiblichen Sarai (* He = Sarah) beim Bund der Beschneidung hinzugefügt.

Auch der biblische Baum des Lebens wurde mit der Zahl 5 in Verbindung gebracht, im Gegensatz zum Baum der Erkenntnis, der mit der Zahl 4 (Gut - Böse) assoziiert wird.

---

[33] George R.S. Mead: Die Gnosis. Fragmente eines verschollenen Glaubens. S.80

In der Genesis (2,.3) hat die Zahl 5 mit der Welterschaffung zu tun, nämlich „mit der 5 schuf er sie" - sie hat etwas besonderes, sie ist nicht nur „Bund" der Beschneidung, sondern vor allem Verbindung[34].

Dabei geht es um die Verbindung der Sonne (des Lichts des Tages), der männlichen „1", mit der „weiblichen" Welt (der Nacht), die mit der Zahl 4 ausgedrückt wird.

Parallel dazu sollten wir eines nicht unerwähnt lassen: Das Kreuz-Motiv, das den Kreis in vier gleiche Hälften teilt. Hier ist das Irdische sichtbar, das aus den beiden Balken Zeit (waagrecht) und Unendlichkeit (senkrecht) besteht. In der Mitte dieses Kreuzes - im Schnittpunkt - hat sich die 1, die Einheit hinein gesenkt, die Manifestation des göttlichen Ursprungs. In fast allen christlichen Kirchenbauten kann man am Kreuz als zentralen Fixpunkt den gekreuzigten Jesus Christus finden. In Teil I haben wir Christus mit der Zahl 13 in Verbindung gebracht, weil sie die Summe aus 2 zum Quadrat + 3 zum Quadrat ist; wenn wir nun diese Quadrate wieder weglassen, ergibt sich aus 2 + 3 wieder die Zahl 5. Christus ist nicht von dieser Welt, sondern hier auf der Erde Mensch geworden und daher nicht als Gott (1) gestorben, sondern **in** der Zeit, d.h. am Kreuze (4). Auf der anderen Seite ist er in den letzten Jahren seiner Lebenszeit, nach der Taufe durch Johannes[35], nicht mehr Jesus von Nazareth gewesen, sondern wirkte durch den heiligen Geist; In der Person des Christus hat sich Gott durch seine Liebe geopfert und sollte ewig leben. Auch die Thematik der Ewigkeit steckt im Symbol des Kreuzes.

Ein besonders schönes Bild davon finden wir bei einigen Bruderschaften der Rosenkreuzer, die in der Mitte des Kreuzes eine 5-blättrige Rose als Zentrum der Liebe und der Erkenntnis haben.

Rosenblütler wie der Apfel bringen in ihrem Kern (= Core) tatsächlich ein Pentagramm (einen Fünfstern) zum Vorschein. Ebenso sind die meisten Blüten Fünfsterne. Man hat den Fünfstern gerne mit der Schönheit der Venus in Verbindung gebracht. In Wirklichkeit ist darin die Göttin Kore (= Core) oder Persephone zu finden - im Herzen der Erdmutter Demeter (= die Göttin der Kornähre) ruhend. Dieser Komplex gehört daher eindeutig zum Tierkreiszeichen Jungfrau. Der Herrscher dieses Zeichens ist eben Mercurius.

---

[34] Das Symbol des Götterboten Hermes, der rasche Verbindungen zwischen dem Oben und dem Unten herstellt, tritt hier abermals zutage.

[35] Johannes der Täufer dürfte ein Essener (= Essäer) gewesen sein, bei denen es starke Ähnlichkeiten in den Lebensregeln gab zu den pythagoräischen Gruppen. Es gab auch hier die 10 Stufen (der Tetraktys); die letzte und höchste bestand bei den Essenern darin, Kranke zu heilen und Tote zu erwecken. „Kurz, sie strebten danach, sich durch Reinheit zu einem Tempel für den heiligen Geist herzurichten und mit Hilfe desselben Seher und Propheten zu werden" Zit.: George R.S. Mead: Die Gnosis vgl. S. 125 /26

Die Freimaurer haben diesen Aspekt offensichtlich erkannt, denn bei ihnen steht das Pentagramm (als fünfte Wissenschaft der heiligen Geometrie - siehe Vorwort) für Vernunft, das Maß und den Wahrheit suchenden Geist.
Die Betonung der Mitte zwischen 1 und 10, der Zahl 5, des Planeten Hermes-Merkur als Vermittler zwischen Gegensätzen, zwischen oben und unten, begleitet uns immer wieder im Laufe dieser Arbeit; dies ist mir - wie man vielleicht schon bemerkt hat - ein großes Anliegen, vor allem wenn es um das richtige Maß geht.

Nicht von ungefähr gibt es auch 5 (konfuzianische) Tugenden, die da lauten: Menschlichkeit, Gerechtigkeit, Sitte, Wissen und Wahrhaftigkeit...
Und beim fünften Buddha geht es nicht nur darum, ichbezogene Handlungen zu transzendieren, sondern eine Synthese zu erzeugen.

Auch im Folgenden geht es um eine Synthese:

Yang-Hälfte	1 (Sonne)	6 (Venus)	Yin-Hälfte
	9 (Mars)	4 (Saturn)	
	---	---	
	10 5 10		
	(Mercurius)		

So lässt sich die Ziffer 5 relativ leicht mit dem Begriff der Synthese belegen, die Hermes-Mercurius repräsentiert.
Wenn man die beiden Yang-Ziffern zusammenzählt: 1 + 9 = 10, so bildet die 5 den Mittelwert. Zählt man die beiden anderen Yin-Ziffern zusammen, nämlich 4 + 6 = 10, so ist die 5 abermals die Mitte; d.h. immer kommt ein Vielfaches der 5 heraus! Und wenn wir alle Teile (inklusive der Mitte) zusammenrechnen, erhalten wir wieder 25, das Quadrat von 5! Diese pythagoreische Summe hat sich bekanntlich aus den Quadraten von 3 und 4 ergeben.

Interessant ist nun, dass auch in astronomischer Sicht der Planet Merkur zwischen Sonne und Mond, also den beiden Hauptgestirnen zu vermitteln scheint, weil er zu ihnen in dem gleichen proportionalen Verhältnis steht:
Er ist viermal schneller als die Sonne und dreimal langsamer als der Mond.

Grafik No. 20:

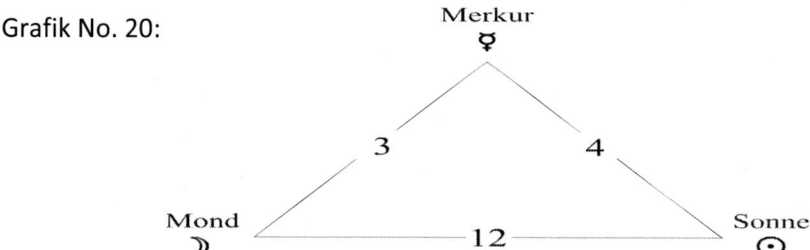

In dieser Grafik kommt wieder einmal zum Vorschein, welch wichtige Position Mercurius im Tierkreis einnimmt, denn 3 x 4 ergibt ja die Zahl des Tierkreises, die 12. Außerdem ist mit dem Mond (auf der linken Seite) das archetypisch Weibliche und mit der Sonne das archetypisch Männliche zu finden, wovon der Mercurius die androgyne Mitte bildet.

Dennoch muss an dieser Stelle bemerkt werden, dass auch der Merkur 2 Seiten besitzt, wie sie im Zwilling ohnehin - quasi naturgemäß - zum Ausdruck gelangen kann, nämlich eine Tag-Seite in der Jungfrau und eine Nacht-Seite, wenn er Herrscher der Zwillinge ist.

Diese zweifache Qualität von Tag und Nacht wohnt natürlich auch den anderen Planeten inne: Venus ist Herrscherin im erdigen Zeichen Stier und im luftigen Zeichen Waage, Jupiter ist Herrscher im feurigen Widder und im wässrigen Fische-Zeichen usw.

Ein Problem könnte sich ergeben, wenn man ein einzelnes Tierkreis-Zeichen nach dem Yin/Yang-Prinzip interpretiert und abhängig davon die Qualität des Herrscherplaneten abzuleiten versucht: Wenn man zum Beispiel Venus als männlich, als yangbetonte Kraft ansieht, weil sie das luftige Waage-Zeichen beherrscht. (Ein luftiges Zeichen wird ja tatsächlich mit der Yang-Kraft assoziiert). Dabei wird aber ganz außer Acht gelassen, dass die Venus im Erdzeichen Stier die gegenteilige Färbung hat. Das Sternzeichen sollte eben nicht überbewertet werden, es ist eher die Kulisse, der Bühnenhintergrund, die umgebende Atmosphäre, aber nicht der Darsteller selbst.

So wie Menschen zwei „Seelen" in ihrer Brust haben, besitzen Planeten zwei verschiedene Seiten und dennoch sollte man dabei nicht aus den Augen verlieren, dass Planeten wie Mars und Jupiter einen yang-haften Charakter darstellen; Venus und Saturn sind dagegen yin-betont.

Freilich muss auch der jeweilige Hintergrund berücksichtigt oder miteinbezogen werden: Der Widder-Mars zum Beispiel, ist eher ein feuriger Geist, das heißt spontan, mitunter auch kämpferisch veranlagt. Der Skorpion-Mars ist hingegen eher subtil triebhaft und vorsichtiger, d.h. vom Wasser-Element hat er zwar einen nicht unermesslichen Anteil an Yin-Kräften und gleichsam eine Färbung abbekommen, doch bleibt er männlich, weil er das im Mythos ist! Das gleiche gilt für die Venus: Auch sie bleibt weiblich, selbst wenn sie aus dem yang-betonten Luftzeichen Waage kommt.

Die Synthese dieser beiden Kräfte wiederum, der Merkur, verhält sich in den Zwillingen eher männlich und, wie der Name schon aussagt, in der Jungfrau eher weiblich. Mercurius kann beides sein oder beide Kräfte in sich vereinigen, das heißt von androgyner Natur sein.

Die Sonne (männlich) mit der ungeraden Zahl 1 und der Mond (weiblich) mit der geraden Zahl 2 geben jedenfalls allen anderen Planeten die Richtschnur vor. Darum beherrschen diese beiden Himmelskörper wie Archetypen des Männlichen und des Weiblichen jeweils nur ein Zeichen im Tierkreis: Als Pole stehen sie nebeneinander und bilden eine Spannung in den benachbarten Zeichen Löwe und Krebs; diese Spannung wird im benachbarten Zeichen Jungfrau durch die androgyne, vermittelnde Art des Hermes-Merkur (5) gemildert bzw. entschärft, weil beide Kräfte vermischt werden und eine neue Synthese daraus entwickelt wird:

1 (Sonne) zum Quadrat + 2 (Mond) zum Quadrat = 5 (Hermes-Merkur)!!

Die Synthesen des Hermes-Merkur gleichen aber ebenso die anderen Spannungen aus, die zwischen den yang-bestimmten und den yin-bestimmten Himmelskörpern existieren...

3 (Jupiter) zum Quadrat + 4 (Saturn) zum Quadrat = 5 (Hermes-Merkur)
zum Quadrat

Zum Vergleich wenden wir uns der allerersten Grafik zu. Achten sie nun besonders auf die an der rechten Seite angeführten Summen:

Yang-Hälfte	Yin-Hälfte	
Sonne 1	Mond 2	$1^2 + 2^2 = 5$
Jupiter 3	Saturn 4	$3^2 + 4^2 = 25$

Merkur 5	Zwischen - S.:	$10 + 20 = 30$
Mars 9	Venus 6	$9 + 6 = 15$
		---------------
		gesamt: 45

Die Zahl 45 bekommt man auch als Gesamtsumme, wenn man alle 9 Ziffern addiert, wie weiter oben schon angeführt worden ist (siehe magisches Zahlenquadrat):

1 + 2 + 3 + 4 + 5 + 6 + 7 + 8 + 9 = 45

Auch hier wird die Gesamtheit (der Ziffern) erzeugt, obgleich bei diesem Beispiel nur sechs „Planeten" an der Gesamtsumme beteiligt sind.
Von der Zahl 5, der Zahl der Synthese, scheint in der alten Ordnung alles abzuhängen, denn alle Summen bilden hier ein Vielfaches der 5, nämlich:

$$\begin{aligned}
5 &\ldots\ldots 1 \times 5 \\
15 &\ldots\ldots 3 \times 5 \\
30 &\ldots\ldots 6 \times 5 \\
45 &\ldots\ldots 9 \times 5
\end{aligned}$$

(Sogar die Zwischensummen 10 und 20 könnte man hier anführen).
Auffällig ist, dass innerhalb dieses Systems die beiden Planeten Mars und Venus nicht zum Quadrat genommen wurden. Die Sonderstellung dieser beiden Planeten werden wir daher im Folgenden berücksichtigen.
Ein Ausschnitt aus der oberen Grafik fördert noch zusätzliche interessante Ergebnisse ans Tageslicht: Richten sie ihren Blick dabei auf die Diagonalen. In deren Schnittpunkt sitzt Mercurius mit der Zahl 5.

Grafik No. 21:

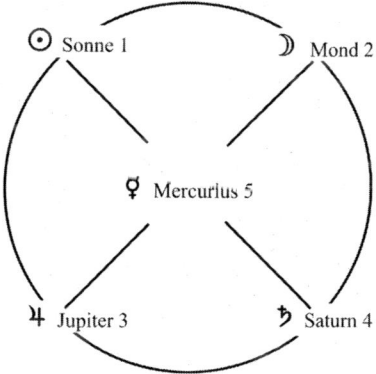

Die diagonal gelegene Mischung von YIN/YANG von
Sonne/Saturn ergibt: 1 + 4 = 5
…………………………………….. …………. Jupiter/Mond ergibt: 3 + 2 = 5

Bei der nun folgenden Grafik werden dieselben 5 Gestirne in den Tierkreis hineingesetzt:

Grafik No. 22:

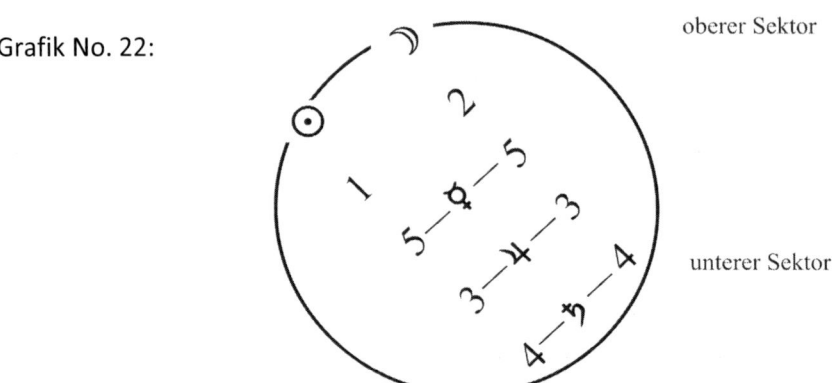

oberer Sektor

unterer Sektor

Was kann man hier erkennen?
Im oberen Sektor befinden sich als Symbole der hellen Jahreszeit (Sommermonate der Sternzeichen Löwe und Krebs) die beiden Lichter Sonne (1) und Mond (2) und im unteren Sektor - in der dunklen Jahreszeit (Dezember, Jänner, Februar) - die beiden Planeten Jupiter (3) und Saturn (4). Dass sich Merkur mit der Zahl 5 auch hier in der Mitte befindet und hier eine vermittelnde Aufgabe erfüllt zwischen den Polen von Licht und Finsternis, wird besser sichtbar, wenn man die dazwischen liegenden Ebenen von Venus und Mars einstweilen beiseite lässt.

Nun wollen wir das vorige Schema wieder in eine Rechenoperation übertragen und dabei können wir sofort entdecken, dass die weiter oben angeführten Diagonal-Summen (von der Grafik No. 21) wieder auftauchen.

die äußeren (= außen gelegenen) „Lichter"......: 1 (Sonne) + 4 (Saturn) = 5
die inneren Lichter .... :   2 (Mond) + 3 (Jupiter) = 5

                           Summen: 3   + 7   = 10

Zum Abschluss nehmen wir die Summe von Mars und Venus her:

$$9 \text{ (Mars)} + 6 \text{ (Venus)} = 15$$

Gesamtsummen :   12   + 13   = 25

Wir sind jetzt dort angekommen, wo wir am Anfang waren, nämlich beim metaphysischen Rätsel von 12 und 13 und dem pythagoreischen Dreieck, das sich aus den Quersummen 3, 4, und 5 zusammensetzt.

Polaritäten

Was gibt es nun inhaltlich über die verschiedenen Polaritäten zwischen den Planeten zu sagen?
Zunächst ist es wichtig, die Stellen zu erkennen, wo sie existieren:
Während sich die vertikale Polarität wie gesagt zwischen Licht (oben) und Finsternis (unten) bewegt, also zwischen Sonne/Mond einerseits und Jupiter/Saturn andererseits, finden wir in der horizontalen genau genommen drei Polaritäten, nämlich 1.) die Polarität von Sonne und Mond 2.) die Polarität von Mars und Venus und 3.) die Polarität von Jupiter und Saturn. Die Polaritäten nehmen dabei von oben nach unten hin immer mehr ab, d.h. sie werden immer schwächer. Während also zwischen Sonne und Mond ein starker Gegensatz von Aktivität (Yang) und Passivität (Yin) vorherrscht, ist derjenige zwischen Venus (Frau) und Mars (Mann) eher ein gewisser Unterschied, eine Ergänzung, die sich im wahrsten Sinn des Wortes befruchtend auswirken kann. Die Ziffer 9 ist jedenfalls der männliche Mars-Planet und die Umkehrung der Neun, die 6 ist natürlich der weibliche Planet Venus. Addieren wir nun das männliche Prinzip des Mars (9) mit dem weiblichen Prinzip der Venus (6), ergibt sich daraus wieder ein Vielfaches des „Hermaphroditen" Merkur (5):
6 + 9 = 15 (oder 3 x 5)

Die Spannung zwischen Mars und Venus ist nie so groß wie diejenige zwischen Sonne und Mond, wo sich das Feuer des Löwen und das Wasser des Krebs-Zeichens als nahezu unvereinbare Gegensätze zeigen. Venus und Mars stehen wie Frau und Mann gegenüber, sie ergänzen sich gegenseitig und das kommt in allen Zeichen, die sie beherrschen, zum Vorschein: Als Planetenherrscher

begegnen sich die beiden entweder zwischen den Elementen Erde und Wasser (Venus in Stier und Mars im Skorpion) oder zwischen Luft und Feuer (Venus in Waage und Mars im Widder).
Bei Jupiter (Weite) und Saturn (Tiefe) ist der Gegensatz noch geringer: Bei ihnen braucht man fast nicht mehr an den Begriff der Polarität zu denken oder zu sprechen. Zumindest muss man sich nicht wundern darüber, dass das Ereignis einer Konjunktion von diesen beiden Kräften bei Astrologen als absolut Heil bringend und wohltuend für die Menschheit gesehen worden ist (Eine solche Konstellation soll es zur Zeit der Geburt Christi gegeben haben...).

Bei den soeben angesprochenen Planeten liegen die Widersprüche und Spannungen eher im internen Bereich von Jupiter und Saturn. Das kann man sogar der Grafik entnehmen: Gegenüber der Polarität von Sonne (Feuerzeichen Löwe) und Mond (Wasserzeichen Krebs) am unteren Ende, befinden sich die von Saturn dominierten Zeichen Wassermann (Luftzeichen) und Steinbock (Erdzeichen). In der alten Ordnung war Saturn somit Herrscher in jenen beiden Zeichen, die in der klassischen Astrologie als „unverträglich" gelten, weil Erde und Luft nicht harmonieren. Bei Jupiter ist dies ganz ähnlich, denn auch er war einst Herrscher zweier „unverträglicher", oder besser grundverschiedener Zeichen: Schütze (Feuer) und Fische (Wasser).

Interne Spannungen werden durch die Zusammenarbeit der beiden Kontrahenten Jupiter und Saturn gemildert. Beide helfen einander, wenn sie miteinander in Beziehung treten: Als Vermittler steht hier die innere Vernunft, die dafür sorgtt, dass jeder in ausgewogener Weise seine Anlage entfalten kann. Es ist wie bei Qi Gong: Geist (3 - Jupiter) und Körper (4 - Saturn) in Einklang zueinander zu bringen.
Die Synthese der 5 verhilft dazu, dass Jupiter und Saturn kooperieren können, denn allzu selten kann es wirklich zu einer Konjunktion kommen: Mit Hilfe des Denkens und der inneren Vernunft vermag Mercurius sie auf eine andere Ebene zu bringen...

+ Ernsthaftigkeit (4^2)   + Optimismus
                                                    (Glaube) 3^2

         Synthese Merkurius...... 5

- pessimistische Sichtweise   - dogmatisch leichtgläubig

Anlage des Saturns: Grenzen ziehen/ Anlage des Jupiters: Offenheit

Links finden wir die saturnische Denkweise, rechts die joviale (dem Jupiter entsprechende) Denkweise:

Mercurius, die Synthese, verhilft hier indirekt zu einer Veredelung jener Eigenschaften von Saturn und Jupiter, die bereits von vorneherein gegeben waren, aber in Gefahr geraten sind, in extremer Weise gelebt zu werden. Nehmen wir zum Beispiel die Fähigkeit Saturns, Grenzen ziehen zu können und die Fähigkeit Jupiters, für alles offen zu sein. Beide Prinzipien lassen sich durchaus vereinigen. Es kommt im Leben auch auf die entsprechende Situation an und genau dafür steht Mercurius: Er ist flink genug beim Denken, um situationsadäquat reagieren zu können und besitzt eine gesunde Portion Vernunft. Zusätzlich muss gesagt werden, dass er imstande ist, jenseits von gängigen Moralvorstellungen zu handeln, ob es Glaube (Jupiter) ist oder Tradition (Saturn), er kann sie respektieren, identifiziert sich aber nicht damit. In seinem Denken ist er frei und somit ist auch dafür genug Platz, Paradoxien zu denken wie zum Beispiel die Verbindung von „Geschlossenheit" und „Offenheit". Er weiß, dass das Leben nicht nur aus geordneter Entwicklung hervorgeht, sondern auch aus Chaos; Gegensätze spielen für ihn kein unüberwindbares Hindernis.

Nehmen wir nun aber Saturn (Steinbock) als warnendes Gegen-Beispiel: Für ihn ist bald einmal irgendetwas ein moralisches Hindernis, für ihn ist bald einmal irgendwo eine schmerzhafte Grenze im eigenen Leben zu finden, das ihn daran hindert, sich zu entfalten. Es ist zumeist der interne Kampf, den Saturn mit sich selbst führt, der ihn auf Dauer frustriert. Dies ist dann fast wie beim so genannten Burnout-Syndrom: Wenn mangelnde Akzeptanz der eigenen Leistungen erlebt wird, steigen die Anforderungen und der Druck mehr leisten zu müssen und gleichzeitig das Gefühl, es nicht mehr auf Dauer zu schaffen. Auf das eigene Seelenwohl (der Mond vis-a-vis im Krebs) zu achten, wird verzichtet, auch weil das starke Über-Ich solche Gefühle nicht zulässt und niederhält. So verschärft sich die Situation der seelischen Anspannung. Die Lebenskräfte werden schwächer und der Mensch wird krank, weil die Seele aufbegehrt und Ruhe einfordert. Wenn ein Mensch selbst in dieser Situation gegen die Krankheit aufbegehrt, dann kann es geschehen, dass er sich nicht mehr regeneriert...

Es gibt solche sich negativ verstärkende Kreisläufe, die in Verbohrtheiten münden. Umgekehrt kann aus wechselseitiger Befruchtung ein Quantensprung werden, wenn mithilfe Merkurs das richtige Maß gefunden wurde: Wenn (auf der Seite Saturns) Konzentration und Ausdauer und (auf der Seite Jupiters) der lebensbejahende Glaube daran, dass man Berge versetzen kann in einem ausgewogenen Verhältnis bestehen, dann kann man bald mit eigenen Leistungen zufrieden und glücklich sein. Wenn Realität und Idealität gleichberechtigt in die (Arbeits-) Prozesse miteinbezogen werden, stimmen die Proportionen. Für beides muss immer Platz sein: Für die Tiefe (Saturn) und für die Erhöhung (Jupiter) und derjenige, der darauf schaut, ist der Vertreter der inneren Vernunft (Mercurius).

Das richtige Maß entsteht durch wechselseitige Befruchtung; dies gilt nicht nur für Venus und Mars, sondern auch für das Verhältnis zwischen Jupiter und Saturn: Als ein Beispiel, wie das Geistige auf das Materielle einwirken kann, möge der Satz dienen, dass der Glaube Berge zu versetzen mag.
An dieser Stelle möchte ich allerdings nicht die Überlegenheit des Religiösen postulieren. Es soll nur ja keine dogmatische religiöse Richtung propagiert werden, sondern vielmehr ein mögliches Potential dargestellt werden, wie ein Mensch bewusst seine geistigen Fähigkeiten einsetzen kann, um besser mit den materiellen Hindernissen fertig zu werden - samt der optimistischen Einstellung, die darin besteht, sich dem göttlichen Willen (im sufistischen Sinne) anzuvertrauen. Wenn ein Adept andererseits sich mit Bescheidenheit, Ausdauer, und regelmäßigen Übungen daran macht, seine Triebseele zu reinigen und sein körperliches Verlangen unter Kontrolle zu bringen, dann ist dies als ein Beitrag zu verstehen, den Saturn liefern kann für den Seelenreifungsprozess, für das innere Wachstum...

Insofern war es nach der Entdeckung der Planeten Uranus und Neptun durchaus folgerichtig, ihnen jene Plätze zu überweisen, die bei den Planeten Jupiter und Saturn eine interne Spannung bewirkt hatte und im Gesellschaftlichen immer stärker geworden war: Im Luftzeichen Wassermann kam Uranus zum Zug, im Wasserzeichen Fische der Neptun. Die Welt ist damit auch komplexer und komplizierter geworden - wie wir noch sehen werden.

TEIL III

ÜBERGÄNGE

Das veränderte Weltbild

Die neue Ordnung hat sich keineswegs auf einen Schlag von einem Tag auf den anderen durchgesetzt, im Gegenteil: Schritt für Schritt, also in der Art eines Prozesses, bis ins letzte Jahrhundert hinein, dem plutonischen Zeitalter. Die Veränderungen haben naturgemäß stark mit den Entdeckungen der Planeten Uranus, Neptun und Pluto (in dieser Reihenfolge) zu tun. Des Weiteren mit der Einführung des kopernikanischen Weltbildes und den dazugehörenden Erfindungen und technischen Errungenschaften (zum Beispiel Fernrohr: Herschel). Es beginnt eigentlich damit, dass der Mensch immer weniger in der Mitte der Welt zu stehen scheint, wie es im geozentrischen Weltbild zum Vorschein gekommen ist. Auch in anderen Forschungsgebieten der Wissenschaft verliert der Mensch als Gattung zunehmend an Bedeutung: In der Evolutionslehre von Charles Darwin geht der Mensch aus einer biologischen Entwicklungskette hervor und ist nicht mehr, wie die christliche Kirchendoktrin es immer darstellte, die Krone der göttlichen Schöpfung...

Einige Jahrzehnte später muss der vernunftbegabte Mensch erfahren, dass er über sein Denken weniger Bewusstsein hat als ursprünglich angenommen: Die menschliche Psyche hat quasi einen riesigen Eisberg des Unbewussten unter sich (Psychoanalyse). Die plutonischen Kräfte sind ja tatsächlich zum großen Teil unbewusst und trotzdem sind sie es, die auf der emotionalen Ebene mitbestimmen.

Pluto und Skorpion: Für jeden Menschen erfolgt an dieser Stelle ein (kritischer) Übergang vom Individuellen ins Gesellschaftliche hinein. Die darauf folgenden Zeichen repräsentieren das Gesellschaftliche: Schütze, Steinbock, Wassermann und Fische. Darum sind auch die Herrscherplaneten dieser Zeichen jene, die - nach dem ptolemäischen Weltbild am weitesten von unserer Erde - nach dem kopernikanischen System von unserer Sonne entfernt sind: Jupiter, Saturn, Uranus, Neptun und Pluto.
Dass gerade der am weitesten entfernte Pluto direkt auf die Venus, dem erdnächsten Planeten folgt, verdeutlicht um so mehr, wie stark der Einschnitt im persönlichen Werdegang ist, wenn ein Individuum, das sich eben erst in Frieden und Harmonie (Waage) befunden hat, herausgerissen wird und sich so ähnlich fühlt wie nach einem Sprung ins kalte Wasserbad. Das ist wahrlich kein sanfter Übergang, wenn der Mensch mit den unterirdischen plutonischen Kräften konfrontiert wird, von denen er normalerweise nichts versteht. Auch Persephone (lat. „Proserpina"), die Tochter der Erdmutter Demeter wurde im

griechischen Mythos mit einer solchen Erfahrung konfrontiert: Pluto, der Herr der Unterwelt entführt sie und lässt sie erst wieder zu ihrer Mutter zurück ans Tageslicht, sobald sie ihm das Versprechen gibt, dass Persephone in der dunklen Hälfte des Jahres in der Unterwelt bleiben kann und für die Erde Sorge trägt. Offensichtlich wird hier auf die Verantwortung (aber auch Verlässlichkeit) angespielt, die ein jeder für das gemeinsame „Unterirdische" zu tragen hat, und zwar nicht nur bezogen auf das Stoffliche, sondern im Besonderen auch für das Schattenreich der Seele, für das Unbewusste, das wie ein Eisberg in die Tiefe hineinragt. Ob Zufall oder nicht: Die ersten Arbeiten über das seelisch Unbewusste wurden ungefähr zu jener Zeit veröffentlicht, als die Forschungen über den neu entdeckten Kontinent, die Antarktis begonnen hatten. Ein Schüler von Sigmund Freud, der Schweizer C. G. Jung, sprach erstmalig von einem kollektiven Unbewussten - ziemlich genau zeitgleich mit der Entdeckung des Klein-Planeten Pluto. Nur 10 Jahre darauf wurde das radioaktive Plutonium (1940) entdeckt....

Die gesellschaftlichen Triebkräfte basieren auf dem kollektiven Unbewussten und diese stellen eine Macht dar; vor allem wenn es Individuen gibt, die sich dieser Kräfte bedienen...

Darüber sollte sich jedes Individuum heutzutage bewusst sein: Wenn man in das Gesellschaftliche hineinkommt, dann spielen Machtmechanismen immer eine gewisse Rolle und jeder Einzelne ist dazu aufgefordert, auch das Böse in sich zu erkennen. Ohne soziale Kontakte und Gemeinschaften würde es kein Böses geben. Und so wird vielleicht verständlich, warum jeder Mensch in seiner eigenen Seelentiefe damit konfrontiert wird und etwas opfern muss, wenn er im Miteinander Glück erfahren möchte. Hier liegt letztendlich auch der Schatz verborgen, der, wenn er bemerkt und gehoben wird, als Reichtum der Seele empfunden werden kann.

Während sowohl der Zusammenhang zwischen den Entdeckungen des Fernrohrs und dem uranischen Geist der Aufklärung als auch der von der Entdeckung des seelisch Unbewussten mit den plutonischen Kräften offenkundig sind, gibt es einen Erklärungsbedarf bei der Entdeckung von Neptun: Was hat dieser mit der Darwinschen Evolutionslehre zu tun?

Vor Kurzem wurde eine gemeinsame Abstammung von Tier und Pflanze gefunden: Es sind die Pilze, deren größte Vertreter (Riesen-Hallimasch) sogar mehrere Kilometer Ausdehnung haben können und somit die größten Lebewesen darstellen. Eine Frage dazu: Kann man Riesen- Hallimasche zu den größten Tieren oder Pflanzen zählen? Worauf ich hinaus will, ist folgendes: Selbst zwischen Tier und Pflanze gibt es einen fließenden Übergang, nichts ist absolut voneinander getrennt – es ist klar, dass sich damit weder die klassische Naturwissenschaft noch die dogmatische Kirche anfreunden konnte!

Aus eigener Erfahrung erkennen Menschen bereits, was sie von anderen Lebewesen und anderen Menschen unterscheidet, aber gleichzeitig entdecken sie (am anderen Ende) wieder das Gemeinsame, das Kontinuum...
Der Mensch stieg ja nicht nur vom Baum herunter, damit er aufrecht gehen kann (mechanistische Betrachtungsweise), sondern stammt vom „metaphysischen Baum" der Erkenntnis ab - mit dem er ebenso verwandt ist. Natürlich wird hier eher eine Seelenverwandtschaft angesprochen, die von einer Idee getragen ist, welche von einer gemeinsamen geistigen Natur ausgeht. Die mystische Einheit aller Lebewesen ist es letztendlich, die uns zurückkehren lässt zu den Anfängen, auch zu denen des religiösen Empfindens, zu jenen Frühformen der Religionen, wo man sich vielleicht wirklich alles „beseelt" vorgestellt hatte: Tiere; Pflanzen, Steine.... Das lateinische Wort „Anima" bedeutet „Seele" - mit dem Sammel- Begriff „Animismus" wollten die Ethnologen ungefähr zur Mitte des vorigen Jahrhunderts den Ursprung der Religion bezeichnen, wofür sie sich auf einmal zu interessieren begannen. Zu dieser Zeit wurde auch der Planet Neptun entdeckt: Er wird oft mit der Vorstellung von spirituellen Beziehungen in Verbindung gebracht und mit dem Menschen, der als Medium zu seiner höheren Natur steht. Spiritistische Sitzungen wurden fast zu einer Modeströmung, so wie unsere heutigen esoterischen Trends. So verschieden diese Strömungen auch sein mögen, in allen finden wir dieses neugierige Suchen nach einer glückselig machenden Einheit, in der Widersprüche und Spannungen aufgelöst werden sollen. In Europa und Amerika haben zuvor die christlichen Religionen diese Sehnsüchte abdecken können. Schön langsam - so wie es eben die Art des Meeresgottes Neptun ist - hat er diese alte Dominanz der Religion abgelöst und weggeschwemmt. Nicht von ungefähr deckt sich das sogar mit der Erfahrung, die die Kirche mit der Evolutionslehre 20 Jahre später gemacht hat. Während es im christlichen Mittelalter noch kein Thema war, sich überhaupt die Frage zu stellen, ob man außerhalb des Christentums spirituelle oder mystische Erfahrungen haben kann, hat sich das Bild vor nicht allzu langer Zeit total verändert: Hier die offizielle Religion (Schütze) als Stütze der gesellschaftlichen Beziehungen, dort (in den Fischen) mystische oder ekstatische Erfahrungen, die jenseits irgend einer religiösen Zugehörigkeit passieren können. Dies ist möglicherweise der Hintergrund, warum an dieser Stelle ein anderer Planetenherrscher als Jupiter benötigt wurde, da letzterer eher die traditionellen rechtlichen Bindungen (wie zum Beispiel die Kirche) verkörpert hat.

Dem Planeten Neptun kommt in unserer heutigen Zeit tatsächlich eine besondere Rolle zu:

1.) Er hat seit seiner Entdeckung im Jahre 1846 genau einmal den Tierkreis durchwandert und steht jetzt, im Jahr 2012 (!), wieder an der Stelle, als er entdeckt wurde - nämlich im Tierkreiszeichen Fische, wo er unter dem Namen des römischen Meeresgottes Neptun Regent geworden ist.
2.) Da der Frühlingspunkt in unserer Zeit noch immer in den Fischen zu finden ist, weist er bereits darauf hin, dass es heutzutage gerade auf das richtige Verständnis der Qualitäten dieser Achse und ihrer Planetenherrscher ankommt, um daraus etwas entwickeln zu können. (siehe Kap. V und VI)
Es ist daher nahe liegend, für die Menschen Handlungs- und Denkweisen zu finden, die mit der Neptun-Thematik und dem Zeichen der Fische im Einklang stehen. Die Idee ist ja nach wie vor, dass der Mensch sich in Harmonie mit dem Kosmos und dessen Kräfte befindet...

Neptun ist der neue Regent im Fische-Zeichen geworden, wo einstmals Jupiter-Zeus Herrscher gewesen ist. Nun regiert hier dessen kongenialer Bruder, der Meeresgott Poseidon...

Jene Achse, die am ehesten Veränderungen zulässt (= flexible Achse), hat in der alten Ordnung die 7 (- aus der Zahl 16) erzeugt. Hier wurde bereits der „Same" gelegt für den neuen Planeten, der die Zahl 7 auf dieser Achse tragen wird. In unseren Tagen werden wir dazu aufgefordert sein, den angelegten Keim zur Entfaltung zu bringen.

Die Zahl 7 hat von der Stimmung etwas mit der Sehnsucht nach einer ursprünglicher Einheit (der Zahl 1) zu tun, mit Verschmelzung mit dem Göttlichen. Die Ganzheit von 7 und somit die Verwandtschaft zur 12 wird erkennbar gemacht durch den Umstand, dass Neptun mit der Zahl 7 das 12. Haus (= das Fische Haus) beherrscht. Hier wird die Rückkehr zur 1, zur Einheit und zum 1. Haus letztlich vorbereitet. Im Ozean (des antiken Meeresgottes Poseidon) als jener Ort, wo die Vielzahl der Flüsse zusammenlaufen, trennende Unterschiede aufgehoben werden und der Tropfen Wasser sich mit dem vereinigt, was er schon immer gewesen ist. Dies alles wurde zu einem Sinnbild der Mystiker für die Rückkehr zur ursprünglichen Einheit.

Neptun oder Poseidon ist der Herrscher der Gezeiten, der zyklisch wiederkehrenden Rhythmen. Wie wir schon gehört haben, werden Zyklen oft mit der Zahl 7 in Verbindung gebracht: die 7 Wochentage; der Mond-Zyklus (7 x 4 Tage); letztlich wird die Einheit betont, die im Kreis enthalten ist - im Gegensatz zu einer Geraden und zur chronologischen Zeit, die von Saturn und der Zahl 8 beherrscht wird.

Ähnlich wie im Kult des Dionysos sind die Beziehungen der Menschen zu einem (vorgestellten) göttlichen Wesen von mystischen - mitunter auch trunkenen - Erfahrungen gekennzeichnet. Symptomatisch für das 12. und letzte Zeichen ist ja gerade, dass nach der persönlichen Entfaltung und der gesellschaftlichen Integration das Individuum sich wieder zu lösen beginnt und sich in Richtung Vereinigung mit einem höheren Selbst bewegt, daher spielt hier - im Zeichen der Fische - die Mystik eine Rolle im Zusammenhang mit der Auflösung des Egos.

Weg der Ganzheit

Merkur 5 ------------------------ Neptun 7   (Fische-Haus No. 12)

Die letzte Achse mit dieser Konstellation verweist auf eine Vollkommenheit und Ganzheit: 5 + 7 = 12. Hier liegt die Erfüllung eines Auftrags, eines Werdegangs, der zu einem vorläufigen Ende kommt und zugleich einen Neubeginn, einen neuen Zyklus eröffnet!

Der Mensch in seiner allgemeinen Natur als ein Wesen, das denken kann, ist in der 5 wiederzufinden (siehe Zeichnung von Leonardo da Vinci), zusammengesetzt aus den Yang- und Yin-Komponenten 3 und 2:
3 +2 = 5
Die 7 hingegen ist mehr die Zahl der Initiierten, jener Menschen, die über das allgemeine Mensch-Sein hinausgewachsen sind, bewusster leben und gelernt haben, mit den Aspekten des Geistes (3) und der Materie (4) in einer besonderen Weise umzugehen. Der Mensch auf dieser Stufe ist sich seiner „göttlichen Herkunft" bewusst: Mithilfe seines „Wesens", das in seinem göttlichen Selbst steckt, wird es einem solchen Menschen ermöglicht, sich als göttliche Wesenheit zu betrachten bzw. als jemand, der dem Göttlichen näher gerückt ist. Das einzige, wonach er sich noch sehnt, ist die mystische Vereinigung mit dem Göttlichen. Allerdings muss gesagt werden, dass die 7 auch grundsätzlich (zum Beispiel bei Betonung dieser Geburtszahl) auf eine mystische Veranlagung verweist und dies heißt noch lange nicht, dass derselbe

Mensch sich zu einem Initiierten entwickeln wird. Wer sich seiner Anlage gemäß nicht weiterentwickelt, wird wohl oder übel in irgendwelchen Träumen und Sehnsüchten hängen bleiben und unterliegt sogar der Gefahr des Realitätsverlustes, wenn Einbildungen, Sinnestäuschungen oder Suchtmittel bestimmend werden...

Wichtig und hilfreich ist dann auch die Einbeziehung der gegenüberliegenden Jungfrau (Planetenherrscher Merkur mit der Zahl 5), die dem Menschen - neben den analytischen Fähigkeiten - eine Portion praktischer Vernunft mitgeben kann. Wir sehen, man muss immer das Gesamte berücksichtigen: Einseitigkeiten können gefährlich sein, gerade bei der Zahl 7! Natürlich verbirgt sich in allen Zahlen und Planetenzeichen letztlich eine doppelte Qualität, doch gerade bei der Zahl 7 liegt Aufstieg und Fall so eng beieinander...

Der persönliche Eigennutz ist gerade jenen Menschen, die von einer besseren Welt träumen und in der Praxis oft fürsorglich und hilfsbereit sein können, am wenigsten bewusst. Es fehlt zumeist an (kritischer) Selbstreflexion, vor allem an Genauigkeit.

Der Weg der Initiation hat aber viel mit dem bewussten Aufgeben persönlicher Vorlieben und egoistischer Bedürfnisse zu tun, die auf dem Weg hinderlich werden können, wenn man die Kraft der Hingabe an ein höheres Selbst entwickeln will..

Diese Kraft der Hingabe hat natürlich eindeutig Yin-Charakter. Sie kann mit der Kraft des Mondes assoziiert werden, der das Sonnenlicht widerspiegelt, mit der Qualität des Zuhörens, der Empathie und des Mitgefühls und natürlich ebenso mit der fürsorglichen Mutter, die sich ganz den Bedürfnissen des Kindes widmet und sich danach orientiert. Es ist die Zahl 2, die Zahl des Zweifels, die „Zweiung" oder Gabelung, die hier aufgezeigt wird und letztlich doch glücklich enden kann. Es ist ja bekannt, dass Zweifel gegen alles, was vielleicht im bisherigen Leben angenehm gewesen ist, zunächst einmal unangenehm erlebt werden kann. Auch eine Mutter nimmt so manche Beschwerlichkeit in Kauf und orientiert sich am zukünftigen Wachstum des Kindes.

Ein Initiierter ist gewachsen an den Prüfungen und erledigt seine Aufgaben ebenfalls in Demut und Hingabe: $5 + 2 = 7$

In mikrokosmischer Hinsicht ist die 7 die Summe aus Geist (3) und Materie (4), aber der Mensch (5) muss einen anderen Weg beschreiten, um zur 7 zu gelangen: Er muss den Weg der Hingabe gehen...

Die 7 kann allgemein als „Treffpunkt" der makrokosmischen Kräfte (3 x 4) mit den menschlichen Fähigkeiten und Eigenschaften gesehen werden, die den entwickelten Menschen zum „Wesen" (3 + 4) formt; insofern ist sie imstande dazu, den Makrokosmos zu „widerspiegeln".

Wir wollen diesen Aspekt noch genauer gegenüberstellen:

(makrokosmischer) astrologischer Kreis 12 = 3 x 2 x 2 = die 3 Qualitäten (kardinal, fest und veränderlich) x 2 Yang-Zeichen (Feuer, Luft) x 2 Yin-Zeichen (Erde, Wasser)

(mikrokosmischer) initiierter Mensch 7 = 3 + 2 + 2 = der Mensch als Summe von Yin und Yang (5) + 2 (Hingabe)

Die Differenz von 12 und 7 ist jedenfalls wieder der Mensch (5), d.h. der Mensch ist das ergänzende Glied zwischen Makro- und Mikrokosmos, zwischen Himmel und Erde. Bedenken wir ferner: Ohne den Menschen gibt es tatsächlich nicht die Idee von Makro- und Mikrokosmos und die Widerspiegelung des letzteren gegenüber dem ersteren.

Zum wahren Menschen wird der initiierte Mensch wieder, wenn er ausgleichend wirkt und sich - aus dem Göttlichen heraus - dem Menschen zuwendet und sich in aktiver Hingabe um die menschlichen Belange und die Welt kümmert; d.h. nach der langen Phase der Aufgabe und Abstinenz von allerlei weltlichen Aufgaben, bei der die aktive Hingabe an das Göttliche gefördert wurde, kehrt dieser nun zurück in die Welt und bringt Segen. Die Zweifel an der Welt waren ein wichtiges Gut, doch nach der Rückkehr sind sie hinfällig geworden.

Wenn wir 7 Zeichen durchwandert haben, kommen wir zu jenem Zeichen, das vom „Stirb und Werde"-Thema (Haus 8) des Skorpion-Zeichens durchdrungen ist.

„Und solang du das nicht hast,
Dieses: Stirb´und werde!
Bist du nur ein trüber Gast
Auf der dunklen Erde"[36]

J. W.Goethe, der den Skorpion als Aszendenten (mit dem Sonnenzeichen Jungfrau) im Geburtshoroskop hatte, beschäftigte sich nicht nur im „Faust" mit den seelischen Abgründen und dem notwendigen Opfer, die sich letztlich als positiver Werdegang herausstellen.

Bereits in den antiken Mysteriendramen wurden die Eingeweihten mit den gefahrvollen chthonischen (unter der Erde befindlichen) unterirdischen Kräften konfrontiert, vor allem innerhalb des Demeter-Persephone-Komplexes.

---

[36] J.W. Goethe: West-östlicher Diwan, S.21. An dieser Stelle bezieht er sich einmal mehr auf ein Gedicht des persischen Mystikers Hafiz

Die Erdgöttin Demeter lässt sich veranschaulichen als Tag-Herrscherin des Erdzeichens Stier; vis-a-vis im Skorpion verlangt der Herrscher der Unterwelt (früher der im Wasser-Zeichen Skorpion befindliche Mars), der letztlich nichts anderes als ein Bruder dieser Göttin ist, seinen Tribut beziehungsweise sein Opfer, indem er die im Herbst-Zeichen Waage befindliche „Tochter" (= verwandte Venus auf der Nachthälfte) für sich beansprucht, zumindest für die Zeit, wo die Samen über den Winter auf das zukünftige Wachstum vorbereitet werden; auch diese Periode gehört zum Wachstumszyklus des Lebendigen dazu. Auf den Menschen bezogen bedeutet dies: Will man wirklich ganz werden, dann gehört auch dieser Abschnitt dazu; im Spätherbst und Winter scheint alles zu ruhen, die Kräfte werden mehr nach innen gerichtet. Dies ist aber eine wichtige Vorbereitung auf die helle Periode der Aktivität: Man muss ins Reine kommen mit sich selbst, sich verschließen. Erst danach ist man reif für Wachstum und Entwicklung.

Der Initiierte, der die Dunkelheit durchschritten ist, hat sich von den Zwängen des alten Skorpions (Antares = der andere Mars mit der Ziffer 9) gelöst und ist aufgestiegen in lichtere Gefilde: Er ist zum Adler geworden. Dies ist die Erklärung, warum der Evangelist Johannes an dieser Stelle den Adler als Symbol hat. Dieser Doppel-Aspekt wurde sogar durch eine sensationelle Entdeckung unterstrichen: 1978 wurde nämlich ein Begleiter bzw. Trabant des Planeten Plutos gefunden mit dem Namen „Charon" (= der antike Fährmann in der Unterwelt), der übrigens fast ebenso groß wie Pluto ist. Seither wird das Pluto-Charon System als Doppelstern betrachtet.
Genau genommen ist der Adler jedoch der vollkommene Gegensatz zu den chthonischen Erdkräften, egal ob diese mit dem Gott der Unterwelt oder seinem Fährmann Charon in Verbindung gebracht werden. Dieser hat eindeutig einen Bezug zu den Kräften des Lichts. Gerade in diesem Zusammenhang sollten wir auch berücksichtigen, dass die Zahl 10 für diesen Bereich eine wunderbare Entsprechung sein kann - nämlich zu den Lichtkräften der Sonne, die mit der Zahl 1 und der Yang-Kraft assoziiert wird. Die Quersumme ist bei beiden die 1 und der maßgebliche Unterschied liegt in der Ziffer 0, die als letzte Ziffer dazu gekommen ist und den Aspekt des „Stirb und Werde" am besten veranschaulicht. Man beachte auch, dass die Kreisform der Null imstande ist, Kreisläufe aufzuzeigen so wie diejenigen, die wir soeben angesprochen haben...

Die Initiierten haben wir mit der Zahl 7 in Verbindung gebracht: Es ist höchst interessant zu verfolgen, dass die beiden gegenüberliegenden Planeten Venus (Demeter) und Pluto ebenfalls diese Quersumme ergeben:

Pluto 10---Venus 6   10 + 6 = 16   (Q = 7)
(Skorpion)   (Stier)

Nehmen wir nun die beiden anderen (Fix -) Zeichen her:

Sonne 1-- Uranus 4   1 + 4 = 5   (Q = 5)
(Löwe)   (Wassermann)

Hier haben wir quasi den Lichtbereich vor uns, der am 20. Jänner beginnt und am 20. August zu Ende geht (der meteorologische Sommer endet ungefähr an diesem Datum).
Beide Teile ergeben erst das vollständige Gerüst des Jahreslaufes, das durch die 12 Monate zum Ausdruck gelangt. Tatsächlich können wir in der Summe die 12 finden:

7 + 5 = 12

Ich erachte diese Rechnung auch als ein wichtiges Argument, um die Zuordnung der Zahl 10 für den Planeten Pluto zu nehmen. Erstens: Die oben thematisierte Forderung nach Ganzheit, die bei den antiken Mysterien-Spielen im Zusammenhang mit dem Kreislauf der Göttin Natura steht, wird mit der Zahl 12 vollkommen umschrieben. Zweitens: In den Mysterien-Dramen geht es um die Einweihung und jene Menschen (Zahl 5), die diese Passage überschreiten, müssen zuerst an der Welt zweifeln (Zahl 2) und ihre Verbindungen lösen, ihre „Tode" sterben, bevor sie neu (als Initiierte) geboren werden.

5 + 2 = 7

Das Ego-Opfer macht sie seelisch reich und reif zugleich (Zahl 7). In der lichten Periode werden sie wieder als Menschen (Zahl 5) erkennbar sein, mit dem kleinen Unterschied, dass sie wirklich dazu befähigt sind, die Sorge um das menschliche Wohl zu tragen, zuzuhören usf.

7 - 2 = 5

Merkur 5 ------------------------ Neptun 7   (Fische-Haus No. 12)

Wir wissen mittlerweile, dass die letzte Achse mit dieser Zahlen- Konstellation auf eine Vollkommenheit und Ganzheit verweist:
5 + 7 = 12.
Hier liegt die Erfüllung eines Auftrags, eines Werdegangs, der zu einem vorläufigen Ende kommt und zugleich einen Neubeginn, einen neuen Zyklus eröffnet!
Gegenüber der Vielfalt des Mensch-Seins (5) in der Jungfrau steht die Einheit (7) in den Fischen oder eine Ganzheit, die von wiederkehrenden Zyklen geprägt ist.
Vergleichsweise dazu steht Merkur viel näher zu den alltäglichen Ereignissen und Belangen; beinahe könnte man sagen: Durch ihn vollzieht sich die Alchemie des Alltags.

Gibt es dennoch etwas, was alle drei Planeten (Jupiter, Neptun, Merkur) gemeinsam haben?
Ja, vor allem sind sie als Herrscher der so genannten flexiblen Zeichen zu finden: Merkur ist wie gesagt Herrscher der Zwillinge und der Jungfrau, Jupiter ist Herrscher des Schützen und Neptun der neue Herrscher der Fische geworden (zuvor Jupiter). Alle drei Planeten bilden ein gemeinsames Achsenkreuz, nämlich das der Denk-Achse.

Ansätze für ein neues Denken

Denkensarten:
Das Denken ist reflexiv, schaut zurück und nach vor, flexibel eben und kommt daher bei den beweglichen Zeichen vor; es ist der Geist (Mercurius), der sich rasch verflüchtigen kann...

Abhängig von den vier Elementen unterscheiden wir idealtypisch folgende vier Arten des Denkens: luftig, erdig, feurig und wässrig

1.) luftiges Denken (Zwillinge): oberflächlich, leicht und schnell, kühl-humorvoll, schlau berechnend, kalkulierend, praktisch, magisch
2.) erdiges Denken (Jungfrau): logisch-analytisch und sorgsam genau, ins Detail gehend, kleinlich, bedächtig, der Umwelt entsprechend angepasst, praktisch
3.) feuriges Denken (Schütze): schwärmerisch-naiv, religiös-dogmatisch, ideenreich, visionär
4.) wässriges Denken (Fische): holistisch (ganzheitlich) orientiert, grenzenlos, mitfühlend, mystisch

Bei den gegenüberliegenden Zeichen sind die Kräfte sympathisierend, das heißt, es gibt ein Gegenüber, das zwar anders ist, doch bleibt es jeweils innerhalb einer Qualität von Yin und Yang. Zum Beispiel die Yin-Qualität der Achse Jungfrau-Fische: Beides zu vereinigen, sowohl logisch-analytisch als auch holistisch denken zu können wäre eine wünschenswerte und zu entwickelnde Eigenschaft. Wer beides gut kann, wird nicht einseitig; außerdem beugt sie vor gegen die Kehrseiten der jeweiligen Qualitäten.

Die Achse Jungfrau-Fische:

Das Denken in Verbindung mit Herz steht der Ratio, dem Verstandeswissen, welches die Gabe der Unterscheidung besitzt, gegenüber. Daraus kann sich die Synthese einer höheren Form der Vernunft (= Fische/Jungfrau) - ein Denken, in dem Weisheit liegt - entwickeln.
Die Vielfältigkeit des Merkur (des griechischen Hermes), der als einziger alle drei Komponenten von Seele, Körper und Geist in seinem Zeichen versammelt, steht also als kontroverser, letztlich aber ergänzender Part dem Prinzip der Einheit gegenüber. Es ist nahe liegend zu glauben, dass die Vielfalt des Menschen, seine Spezialisierungen, sein Unterscheidungsvermögen und sein gesunder Zweifel dem Menschen bewusst gemacht hat, dass er letztlich im getrennten Sein lebt. Im Menschen entsteht irgendwann ein Drang, dieses Gefühl des Getrennt-Seins zu überwinden und in einem anderen Menschen und letztlich in sich selbst das (göttliche) Wesen zu entdecken. Das heißt, auch von dieser Seite geht ein Impuls dazu aus, im gegenüberliegenden Prinzip Ergänzung zu finden: Er muss die in der Jungfrau fast naturgegebene Skepsis überwinden und die Liebe zu sich selbst erfahren um so die (bereits vorhandene) Einheit in sich selbst zu entdecken. Ein liebenswerter Umgang mit sich selbst und die Liebe zum anderen soll entwickelt werden. Sie ist die darunter liegende Basis, um überhaupt eine sinnvolle Verbindung zwischen

den beiden Polen aufrecht zu erhalten und die beiden ethischen Prinzipien in der Praxis leben zu können. Die Elemente sind wie gesagt weder gut noch böse; es kommt darauf an, ihre Qualitäten so zu entfalten, dass sie gut werden und dazu gehört auch, das gegenüberliegende Zeichen mit einzubeziehen und das rechte (auch der Situation adäquate) Maß zu finden. Das ist mitunter gar nicht so eine leichte Aufgabe, wie man meinen möchte…

Sich selbst zu erkennen ist den (gegenüberliegenden) Gegensatz zu erkennen, welches zumeist als eine willkommene Ergänzung zu den bisherigen Erfahrungen betrachtet werden kann. In diesem Feld kann die Selbsterkenntnis letztlich wachsen und gedeihen. Außerdem: Selbsterkenntnis und Bewusstsein über die eigenen Entwicklungsmöglichkeiten sind Aspekte, die das Menschsein im eigentlichen Sinne ausmachen. Die innere Vernunft mit der Zahl 5 kann diesbezüglich als Instanz dafür betrachtet werden, solche für Menschen mögliche Potentiale für sich zu erkennen. Dies kann durchaus auch als Aufforderung für die Zukunft verstanden werden.

Diejenigen Zeichen aber, die vom gleichen Planeten beherrscht werden, haben so oder so etwas Gemeinsames, oder mit anderen Worten ausgedrückt, eine gemeinsame Herkunft oder Identität. Merkur ist wie gesagt ein Planet, der sich wie das Quecksilber rasch in einen anderen Zustand (von flüssig in gasförmig) verwandeln kann. Der sowohl im Zeichen Zwillinge als auch im Zeichen Jungfrau stehende Merkur reagiert stark auf Umweltbedingungen (= situationsadäquat) und ist auf die Realität bezogen praktisch veranlagt. Trotz dieser Verwandtschaft besteht ein Spannungsverhältnis zwischen ihnen. Sie nerven sich gegenseitig. „Die Jungfrau" ist „dem Zwilling" zu bedächtig langsam und sorgenvoll-kleinlich, der Zwilling ist der Jungfrau zu oberflächlich sorglos und kühl-kalkulierend. Aber wie kommt es dazu? Schließlich haben wir es doch in beiden Fällen mit Merkur zu tun?

Die plausibelste Antwort, die ich darauf geben kann, hängt wiederum mit dem oben Gesagten stark zusammen, nämlich, dass ein Zeichen auch aus dem gegenüberliegenden Zeichen einen Einfluss erhält: Der Zwilling aus dem Schützen, die Jungfrau aus dem Zeichen der Fische (und natürlich auch umgekehrt): Die leichte und humorvolle Art zu denken ist einerseits charakteristisch für das Luftige, das in den Zwillingen so oder so vorhanden ist und zusätzlich erhält es Nahrung und wahrscheinlich auch Bestätigung aus dem vis-a-vis gelegenen naiv-optimistischen Naturell des Schützen. Die übertrieben sorgsame, fast schon fürsorgliche Komponente bei der Jungfrau wird dagegen aus dem Zeichen der Fische genährt und bestätigt. Insgesamt hält so jedes

Zeichen seine eigene Art zu denken für richtig und was daraus entsteht, kennen wir immer wieder: Streit, im Zusammenhang mit Besserwisserei; vielleicht auch wechselseitig Geiz. Man sieht, wie wichtig es wäre, unabhängig von den jeweiligen Prägungen durch Sternzeichen Bewusstsein über sein eigenes Denken zu erlangen, wie ich es oben schon angedeutet habe. Wenn man es geschafft hat, bewusst über den eigenen Garten hinaus zu schauen und auch die Ansicht des gegenüberliegenden Mitbewohners anzuerkennen, ist schon viel erreicht. Die Selbsterkenntnis ist nicht umsonst Basis eines Weltverständnisses, allerdings muss auch jenes erst im Alltag erprobt werden.

Grafik No. 23:

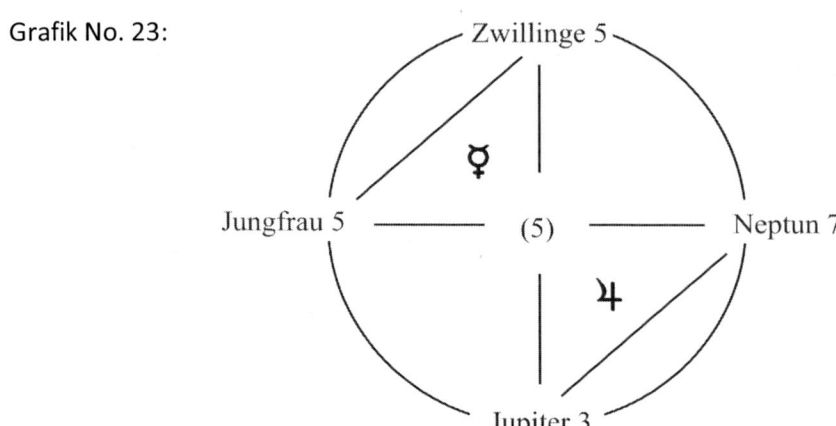

Die Zeichen der Denk-Achse repräsentieren natürlich auch eines der verschiedenen Qualitäten Feuer, Erde, Wasser und Luft. Wollen wir den Median (= Mittelwert) ausrechnen, dann brauchen wir nur die Summen der 4 Planeten addieren und durch die 4 Qualitäten dividieren. 20 : 4 = 5 . So haben wir (als Quintessenz) wieder die 5:

$$\text{Merkur } 5 + \text{Merkur } 5 = 10$$
$$\text{Neptun } 7 + \text{Jupiter } 3 = 10$$
$$\text{Summe: } 20$$

Die Ziffer 5 bildet sich indirekt in der Mitte als die Hälfte von 10 und als Viertel von der Gesamtsumme, zusammengesetzt aus den 4 Elementen Feuer-Erde-Wasser-Luft.

Auch beim magischen Quadrat befindet sich die 5 in der Mitte, und in unmittelbarer Nachbarschaft davon, rechts und links von dieser Zahl, befinden sich die Zahlen 3 und 7 ...Alle drei Zahlen kann man also nicht nur in unserer Grafik (No. 23) entdecken, sondern befinden sich zentral in der mittleren Reihe des magischen Quadrates. Im astrologischen Kreis dürfte es sich demnach um drei Synthese-Zahlen handeln.

Werfen wir einen kurzen Blick in das neue System, wo alle neun Ziffern mit einem „Planeten" ausgestattet sind. Zentral in der Mitte befinden sich die drei Synthese-Ziffern. Sie erfüllen die Aufgabe, ausgleichend zwischen These (Yang) und Anti- These zu wirken, wie wir noch sehen werden.

Synthese- Zahlen

YANG	YIN	
Sonne 1	Mond 2	Zwischensumme: 3 (= 1 mal 3)
Merkur 5		
Mars 9	Venus 6	Zwischensumme: 15 (= 5 mal 3)
Jupiter 3		
Uranus 4	Saturn 8	Zwischensumme : 12 (= 4 mal 3)
Neptun 7		

Yang- hafte   Yin- hafte
Thesen: 14   Anti-Thesen: 10

Synthesen: 15   Summe gesamt: 45

Als Summe der drei Synthese-Zahlen ergibt sich in der Mitte die Zahl 15 - dieselbe Zahl, die man beim magischen Quadrat in allen Richtungen erhält. Zu ihr könnte man natürlich ebenso sagen:
3 x die 5. Weiter oben habe ich schon öfter Beispiele erbracht, dass die 5 die eigentliche „Synthesezahl" ist und die Mitte bildet. Dies haben wir vor allem

beim magischen Quadrat klar erkennen können. Bei diesem nun vorliegenden Modell landet die 15 als Summe in der Mitte - und zwar genau zwischen den beiden Zahlen 14 und 16. Auf der rechten Seite, als Summe der Gegensätze von Mars und Venus, kann man die 15 noch einmal finden, und zwar als Teilsumme. Zählt man dort noch die beiden restlichen Zahlen 3 und 12 zusammen, ergibt sich 15 sogar ein drittes Mal. Man kann also sagen, wir haben insgesamt dreimal die 5 x 3 herausbekommen!

Wenn also alle Indikatoren so deutlich darauf hinweisen, dass 3 x die Ziffer 5 gegeben ist (= 15), kann es sich um einen weiteren Hinweis handeln, dass es bei der Ziffer 5 um eine Synthese und Vermittlung von Gegensätzen (Yin/Yang) geht. Natürlich kann gerade in diesem Beispiel das Umgekehrte auch nicht ausgeschlossen werden, nämlich dass die Zahl 15 (umgekehrt) als 5 x 3 gesehen wird, denn die 3 kommt in diesem Modell tatsächlich fünf Mal vor!

Man bedenke, dass die 3 ohnehin eine Lösung zweier Gegensätze anstrebt. Die Hypotenuse, welche wir mit der 5 und den Planeten Merkur assoziiert haben, ist ja immerhin die dritte Linie des Dreiecks.

Es kommt noch ein an dieser Stelle gewöhnungsbedürftiger Faktor hinzu: Die 3 repräsentiert außerdem den Planeten Jupiter, der in unserer Grafik als weiterer „Synthese"-Planet angeführt ist. Wenn wir uns nun im Bereich des Jupiters befinden, sind wir wohlgemerkt bereits jenseits der persönlichen Beziehungen von Venus und Mars, egal, ob im Schützen oder nach dem alten System in den Fischen. Mit Jupiter erweitern wir unseren geistigen Horizont, dies bedeutet auch, dass Beziehungen über gewöhnliche Kontakte und Bekanntschaften hinausgehen. Sie sind geistiger Natur und beruhen stärker auf spirituellen Beziehungen zu etwas Höherem (zum Beispiel Gott- Sohn- heiliger Geist =Trinität): Im Schützen setzt man sich und eine bestimmte Gruppe von Menschen in Bezug zu einem höheren Ideal und begründet dieses häufig auf einer Religion, einer Ideologie oder einem geistigen Weltbild, was – gesellschaftlich gesehen - oft in einer Organisation oder Institution rechtlich verankert wurde.

Die Auflösung polarer Gegensätze geschieht jedenfalls immer in Verbindung mit einer Überschreitung von gewissen Grenzen. Noch weiter weg als bei Jupiter ereignet sich die Überwindung der Gegensätze, die sich zwischen Saturn und Uranus ereignen und in die Synthese des Neptun münden...

Der neu entdeckte Planet (1846) mit der Zahl 7, verkörpert also ein weiteres Mal eine Synthese, die offensichtlich aus dem Spannungsverhältnis von Saturn und Uranus notwendig wurde.

Merkur 5 ------------------------ Neptun 7 (Fische-Haus No. 12)

Diese Achse, die die letzte und 6. Achse des astrologischen Speichenrades im Tierkreis darstellt und das 6. Haus mit dem 12. Haus verbindet, besitzt sogar zwei Syntheseplaneten als Herrscher, nämlich Merkur und Neptun. Beide haben sie dieses besondere Mischungsverhältnis von Yin und Yang, weder weiblich noch männlich - in sich vereinigt. Der erdige Charakter der Jungfrau und die Wasserqualität der Fische verweisen auf die weibliche Qualität, jedoch besitzen sie auch männliche Eigenschaften darin, dass sie beide ungerade Zahlen sind. Aus 12, der Summe dieser beiden Synthese-Planeten, können wir die Quersumme bilden und wir erhalten wieder die Zahl 3! Es gibt also einen starken Zusammenhang zwischen der 5, der 7 und der 3, denn die Summe aus den ersten beiden Zahlen ergibt am Ende die Quersumme 3!
Wie wir weiter oben schon erkennen konnten, bleibt die 5 dennoch Grundlage der anderen Synthesen, was schon allein dadurch zum Ausdruck kommt, dass die 5 sich auch im magischen Quadrat im Zentrum befindet. Links und rechts von ihr befinden sich die beiden anderen ungeraden Zahlen 3 und 7. So gesehen bleiben von den ungeraden Ziffern nur zwei Zahlen übrig, die keine Synthesen- Zahlen sind: die 1 und die 9.
Es drängt sich an dieser Stelle eine neue Einteilung auf, die sich am magischen Quadrat und den Synthese-Zahlen orientiert:

A) Gerade Zahlen: 2 4 6 8   Yin-Summe: $20 = 4 \times 5$
B) Synthese-Zahlen: 3 5 7   Synthese-Summe: $15 = 3 \times 5$
C) Ungerade Zahlen   1............9 Yang-Summe: $10 = 2 \times 5$

Auf der rechten Seite können wir sehen, dass sich alle drei Summen auf der Zahl 5 aufbauen. Zusätzlich ergibt die in der Mitte stehende Synthese-Summe 15 genau die Hälfte der beiden außen stehenden Yin- (20) und Yang-Summen (10):
Diese Gesamtsumme 30 ($4 \times 5 + 2 \times 5$) erhält man übrigens auch, wenn man die Ziffern von 6 bis 9 zusammenzählt, während die Ziffern von 1 - 5 die Hälfte davon, nämlich 15 (= 3×5) ergeben… (dies ist gleichzeitig die Summe der Synthese-Planeten).
Die Gesamtsumme aus allen Ziffern ist dann 9×5 beziehungsweise $3^2 \times 5$ oder einfach 45. Interessant ist dabei, dass die Anzahl der Ziffern, nämlich 9 - beziehungsweise 3^2 - mit der Quersumme (4 + 5 = 9) übereinstimmt…
Nun wissen wir allmählich, warum wir von diesem magischen Quadrat (3 zum Quadrat) eigentlich ausgegangen sind, in dem sich alle Ziffern von 1- 9

aufhalten und die 5 sich immer in der Mitte befindet. Das magische Quadrat (3^2) mit allen Ziffern erweist sich als Struktur bildend für den Tierkreis:
Zur Ziffernsumme 45 rechnet man genau 12 hinzu, um die Summe des Tierkreises, nämlich 57, zu erhalten. Ich darf an dieser Stelle verraten, dass dieses Struktur bildende Prinzip auch für den neuen Tierkreis gültig ist; der einzige Unterschied: Es ist der Spiegel von 12, nämlich die 21, welche zur Gesamt-Ziffernsumme 45 hinzugefügt wird.
Diese beiden „Spiegelzahlen" 12 und 21 haben beide die 3 als Quersumme. Das gleiche gilt auch für die beiden Gesamtsummen des Tierkreises. Dafür gibt es eine Begründung und die lautet 3^2! Diese Zahl ist nicht nur die Differenz der Summen der alten und neuen Ordnung, sondern auch der beiden „Spiegelzahlen" 12 und 21. Darauf werden wir noch im nächsten Teil eingehen. Ich hoffe, ich habe sie neugierig gemacht.

Insgesamt lässt sich wieder erkennen, dass die 3 und deren Vielfache einen starken Beitrag für das Gesamt-System liefern: 3 x 5, 6 x 5 und 9 x 5, letztere als Gesamtsumme der Ziffern.
Die Zahl 3 bildet dahinter liegend die Struktur in: 3, 6 und letztlich ebenso 9.

Dies gilt ebenso für die Quersummen: 20 + 10 = 30   Q = 3
                                                                  15   Q = 6
                                                                  45   Q = 9

Die These, die ich daraus ablese, lautet folgendermaßen: Die 3 bestimmt die Struktur und verweist auf eine unsichtbare, dahinter liegende Idee des Geistes. Die 5 aber ist nicht nur Synthese und Ergebnis einer Zeugung, sondern auch eine Kraft, die bestimmend wirken kann, indem sie aus ihrer Mitte heraus das „Urbild" des Menschen schafft. Insofern kann sie auch auf Yin (4 x 5) und Yang (2 x 5) prägend wirken. Bei der Tetraktys des Pythagoras ist die 5 wohl nicht zufällig die einzige Ziffer, die sich in der Mitte des Dreiecks befindet (und hier gegenüber den anderen Ziffern die Ausnahme bildet, indem sie außen keine Seite bildet):

```
            1
          2   3
        4   5   6
      7   8   9   10
```

TEIL IV

DER NEUE TIERKREIS

Unterschiede zwischen den Ordnungen

Worin der Übergang von der alten Ordnung in die neue bestanden hat, wurde im vergangenen Teil behandelt. Nun kommen wir zu folgender entscheidenden Frage:
Worin liegen nun die Unterschiede?

Grafik No. 24:

Alte Ordnung   Änderung: Neue Ordnung

Feuer:	9 (Mars) + 1 (Sonne) + 3 (Jupiter)	= 13		13
Luft:	5 (Merkur) + 6 (Venus) + 4 (Saturn)	= 15	Uranus 4 statt Saturn 4	15
	YANG-Summe	= 28	…..differiert nicht …….	28
Erde:	6 (Venus) + 5 (Merkur) + 4 (Saturn)	= 15	Saturn 8 statt 4	19
Wasser:	2 (Mond) + 9 (Mars) + 3 (Jupiter)	= 14	Pluto 10 statt Mars	
			Neptun 7 statt Jupiter	19
	YIN-Summe	= 29	….differiert um 9…..	38
		57		66

Bei der Umgestaltung von der alten zur neuen Ordnung haben sich nur die Summen der YIN- Zeichen verändert, während die Summen der YANG-Zeichen gleich geblieben sind.
Beim yang-geprägten Luftzeichen Wassermann ist zwar auch ein neuer Planet eingeführt worden, nämlich Uranus, doch hat dieser die Zahl 4 von Saturn übernommen, sodass es zu keinen zahlenmäßigen Veränderungen bei den Yang-Zeichen gekommen ist...

Die größten Veränderungen haben in den Wasser-Zeichen stattgefunden: Hier sind gleich in zwei Tierkreis-Zeichen neue Planeten zu finden, in den Fischen und im Skorpion: Neptun und Pluto.
Die YIN-Summe hat sich insgesamt um 9 erhöht oder um 3^2 : Von 29 zur Zahl 38.
Nachdem die Zahl 29 bereits als Quadrat- Summe ausgedrückt werden kann, kommt es bei der YIN-Summe zu folgender Steigerung:

$$38 = 2\,\text{Quadrat} + 3\,\text{Quadrat} + 4\,\text{Quadrat}\ (= 29) + 3\,\text{Quadrat}$$

Die Quadratsummen der verschiedenen Hälften in der neuen Ordnung wollen wir etwas später noch im Detail betrachten. Es ist nun an der Zeit, die Aufmerksamkeit auf den Tierkreis der neuen Ordnung zu richten und aufzuzeigen, wie der neue Tierkreis mit den drei neuen Planeten Uranus, Neptun und Pluto aussieht.

Grafik No. 25:

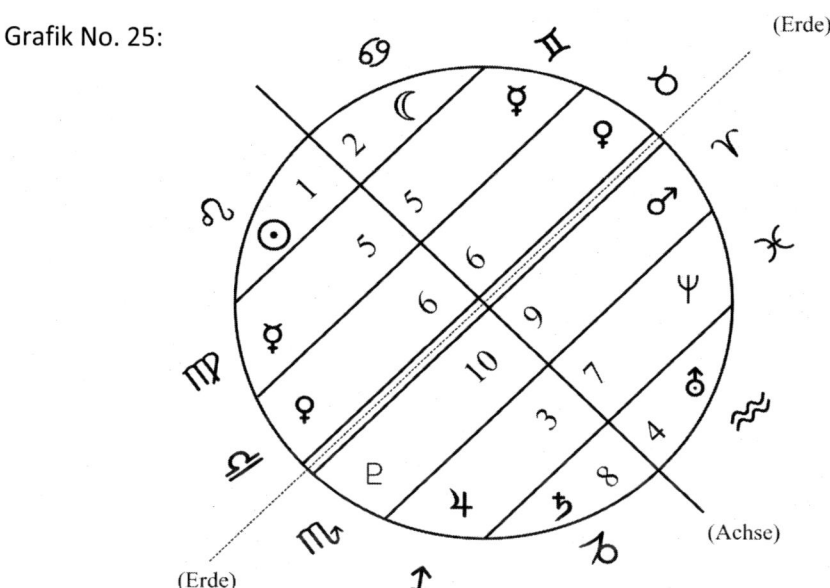

Bei den beiden oberen Quadranten bleibt alles wie in der alten Ordnung.
Im 3. Quadranten (links unten) ist nun Pluto als Herrscher des Skorpion-Zeichens mit der Zahl 10 zu finden, während im Schützen Jupiter Herrscher mit der Zahl 3 bleibt. Eine weitere Änderung gibt es im Steinbock-Zeichen: Hier trägt Saturn nun die Ziffer 8. Folgende Summe ergibt sich in diesem Quadranten: 10 + 3 + 8 = 21

Im 4. Quadranten sind zwei neue Planeten zu finden: Uranus als Herrscher des Wassermann-Zeichens (Zahl 4) und Neptun als Herrscher des Fische-Zeichens (Zahl 7): 4 + 7 + 9 = 20
In allen vier Quadranten ergeben sich somit folgende Summen.

Grafik No. 26:

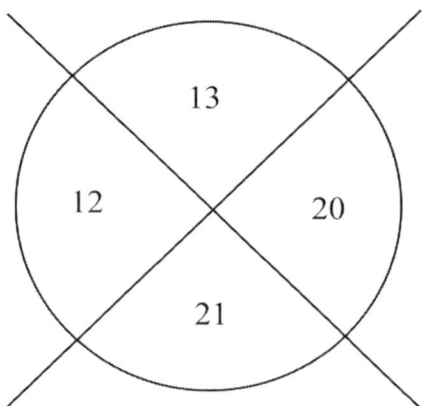

Jene beiden Quadranten, bei denen die Veränderungen aufgetreten sind, haben die Summen 21 und 20. Doch ist Ihnen nicht ebenso aufgefallen, dass die beiden Zahlen 20 und 21 bereits bei den beiden Achsen-Kreuzen der alten Ordnung zu finden waren?
Diese sollten wir uns noch einmal hernehmen, um sie anschließend mit der neuen Ordnung vergleichen zu können:

Achsenkreuz: Alte Ordnung:

Kardinales Kreuz: 21
Fixes Kreuz: 20
Flexibles Kreuz: 16

Summe: 57

Zum Vergleich wollen wir jetzt die Achsen der neuen Ordnung vorstellen:

Kardinale Achsen : 9 (Mars)   + 2 (Mond)   + 6 (Venus) + 8 (Saturn)   = 25
Fixe Achsen: 6 (Venus) + 1 (Sonne) + 10 (Pluto) + 4 (Uranus) = 21
Flexible Achsen: 5 (Merkur) + 5 (Merkur) + 3 (Jupiter) + 7 (Neptun) = 20

                                                          Summe: 66

6 + 6 = 12

Die Zahlen 20 und 21 sind also in beiden Systemen vertreten!

Aus der neuen Gesamtsumme des Tierkreises (66) können wir ein weiteres Mal die Zahl des Tierkreises, die 12, gewinnen. Der Unterschied gegenüber den Achsen der alten Ordnung wirkt nicht besonders groß, wenn man bedenkt, dass die beiden Zahlen 20 und 21 bloß von einem Platz zum anderen gewandert, beziehungsweise an eine andere Stelle gerutscht sind. Außerdem ist die übrig gebliebene Zahl wieder eine Quadratzahl: Statt der Zahl 16 (= 4 zum Quadrat) haben wir jetzt die Zahl 25 (= 5 zum Quadrat) erhalten. Letztere kennen wir bereits als Summe der beiden ersten Quadranten (12 + 13). Da interessiert uns natürlich, welche Zahl sich als Summe der beiden unteren Quadranten ergibt:

20 + 21 = 41

Natürlich stellt sich jetzt die Frage, ob auch diese Zahl 41 eine Summe aus Quadraten beherbergt. (Wir erinnern uns, dass im Tierkreis der alten Ordnung oben 5^2 und unten $4^2 + 4^2$ zu finden waren.) Wie erwartet, fällt die Antwort auch diesmal positiv aus:

 4 Quadrat + 5 Quadrat = 41 oder: 16 + 25 = 41.

Wenn man die Summe der alten und der neuen Ordnung auf der Basis von Quadratbildungen vergleicht, ergibt sich somit folgendes Bild:

Alte Ordnung: 5 zum Quadrat + 4 zum Quadrat + 4 zum Quadrat = 57
Neue Ordnung: 5 zum Quadrat + 4 zum Quadrat + 5 zum Quadrat = 66

Während die Zahlen 20 und 21 in beiden Ordnungen als Achsen-Summen vorkommen, kann man der Zahl 16 nur in der alten Ordnung und der Zahl 25 nur in der neuen Ordnung als Achsen- Summe begegnen. Demnach besteht der Unterschied zwischen den beiden Ordnungen vorwiegend darin, dass statt der Zahl 16 die Zahl 25 auftritt; die zahlenmäßige Entwicklung besteht somit in der Steigerung von 16 zu 25. Das heißt, statt einem 4 zum Quadrat wird in der neuen Ordnung ein 5 zum Quadrat hinzugefügt. Und tatsächlich ist es so, dass die Differenz zwischen diesen beiden Ordnungen 3 zum Quadrat beträgt!

25 - 16 = 9 (= 3^2)

Dies ist nichts anderes als die Umkehrung des pythagoreischen Lehrsatzes ($3^2 + 4^2 = 5^2$). Somit ist dieser Lehrsatz nicht nur ein wichtiger Baustein für die alte

Ordnung, sondern er zeigt uns auch, wie man von der alten Ordnung in die neue Ordnung gelangt.

Bedenken wir in diesem Zusammenhang, dass das Quadrat von 5 genau um 3 zum Quadrat höher ist als das Quadrat von 4. Die neue Summe 66 ist somit nicht nur um 9 höher als die 57, sie ist auch Ergebnis des Anstiegs von 4 Quadrat zu 5 Quadrat!!

Zum Vergleich: ältere Ordnung: 57................ 5 + 7 = 12   (Q= 3)
                  neue Ordnung: 66 .... 6 + 6 = 12   (Q= 3)

Damit wird zusätzlich klar, warum die Summen 57 und 66 wieder die gleiche Quersumme haben, nämlich 12 (und letztendlich 3): Durch das Hinzufügen von 3^2 (also 9) erhalten wir ja immer die gleiche Quersumme wie bei der Ausgangszahl, oder anders gesagt: Wenn man die Zahl 9 zu einer anderen Zahl addiert, bleibt die Quersumme die gleiche.

$$
\begin{array}{r}
57 = \quad Q: 5 + 7 = 12 \quad \ldots\ldots\; 1 + 2 = 3 \\
+ 9 \quad\quad\quad\quad\quad\quad\quad\quad\quad\quad\quad\quad\quad \\
\hline
66 \quad Q: 6 + 6 = 12 \quad \ldots\ldots\; 1 + 2 = 3
\end{array}
$$

Summa summarum haben wir es bei der neuen Ordnung mit einer ganz ähnlichen Struktur zu tun. Trotz der neuen Planeten und deren Besetzung im Tierkreis wirkt der Unterschied eher geringfügig, denn es ist eben nur dieses 3 zum Quadrat!

Der gleiche Abstand existiert nun zwischen den beiden Zahlen 21 und 12, wie wir schon am Ende des vorigen Teils herausgestellt haben. Damit kristallisieren sich folgende Fragestellungen heraus:

Was zeichnet diese beiden Zahlen im Zusammenhang aus? Und was ist das Besondere an diesen beiden Zahlen?

symbolischer Bezug: 1 = Yang (ungerade Zahl)
                               2 = Yin (gerade Zahl)

Beide Zahlen 12 und 21 sind aus den Grundtypen, oder wollen wir sagen „Archetypen" von Yin und Yang zusammengesetzt. Die für beide Zahlen geltende Quersumme 3 kann auch als Synthese von Yin und Yang betrachtet werden.

Wir wissen mittlerweile, dass die Zahlen 12, 21 nicht nur gemeinsam haben, dass sie sich durch 3 teilen lassen: Das Besondere ist vielmehr, dass sich die beiden Summen 57 und 66 auf der Zahl 12 und deren Umkehrung, der 21 letztlich aufbauen. Den Aufbau des alten wie auch des neuen Tierkreises wollen wir nun durch zwei „Türme", die beide nur aus diesen beiden Zahlen aufgebaut sind, grafisch veranschaulichen.

Grafik No. 27:

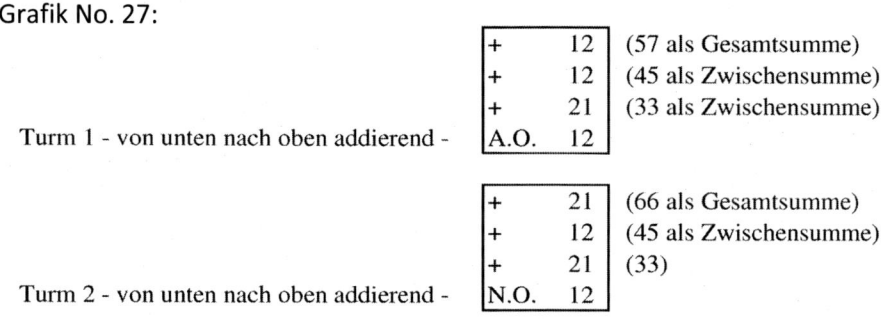

Turm 1 - von unten nach oben addierend -

+	12	(57 als Gesamtsumme)
+	12	(45 als Zwischensumme)
+	21	(33 als Zwischensumme)
A.O.	12	

Turm 2 - von unten nach oben addierend -

+	21	(66 als Gesamtsumme)
+	12	(45 als Zwischensumme)
+	21	(33)
N.O.	12	

Mit diesen beiden Zahlen 12 und 21 lässt sich dann ebenso ein einziger Turm mit 2 verschiedenen Spitzen bauen:

Grafik No. 28:

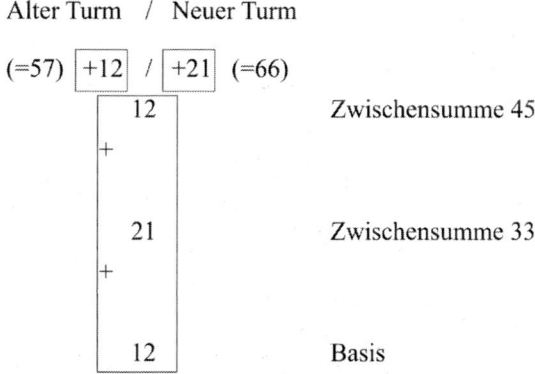

Alter Turm / Neuer Turm

(=57) +12 / +21 (=66)

12   Zwischensumme 45

21   Zwischensumme 33

12   Basis

Der Abstand zwischen den beiden Gesamtsummen 66 und 57 ist drei zum Quadrat. Derselbe Abstand existiert zwischen 21 und 12.
Dabei zeigt sich im Hintergrund sogar eine sieben-stufige Neuner-Reihe, basierend auf der 12 und mit der Zahl 66 endend. Die Differenz der einzelnen Stufen zueinander wird also von der Quadratzahl von 3 gebildet:

1.)   12   + 3 zum Quadrat
2.)   21   + 3 zum Quadrat
3.)   30   + 3 zum Quadrat
4.)   39   ....
5)   48   ....
6.)   57   ....
7.)   66   ....

Man kann dabei die 3 als Basis betrachten, auf dem immer ein plus 3 zum Quadrat folgt. In der neuen Ordnung wird also nicht nur die Struktur der 3 beibehalten, sondern auch die Struktur der Quadratbildungen... Ein passendes Beispiel, das mit dem vorigen inhaltlich zusammenhängt: Da die Differenz von 21 und 12 drei zum Quadrat (= 9) beträgt, haben diese beiden Zahlen die gleiche Quersumme wie die anderen hier in dieser Tabelle angeführten Zahlen, nämlich die 3! 21 ist 3 x 7, 12 ist 3 x 4, die Differenz dieser beiden ist 3 x 3, beziehungsweise 3 zum Quadrat, was wir schon oben ausgeführt haben; faszinierend ist es trotzdem:

3 x 4 = 12
3 x 7 = 21   7 - 4 = 3

Da 21 und 12 nicht nur Vielfache von 3 sind, sondern auch die Differenz der beiden „Multiplikanden" (von 7 und 4) die 3 beträgt, ergibt sich, dass die Differenz von 21 und 12 das Dreifache von 3 ist! Wenn man genau hinsieht, haben die weiter oben angeführten Punkte und die darin involvierten Zahlen sowieso alle mit der Zahl 3 zu tun. (Differenz, Quersumme...). Speziell ist jedoch obendrein, dass die Differenz bei der Zahlenreihe immer 3x 3 ist; das gilt auch für die beiden Spiegelzahlen 12 und 21. Da interessiert uns jetzt natürlich auch die Summe von 21 und 12, die Zahl 33, an der das Besondere ist, dass sie gleich aus zwei Dreiern besteht. Das Doppelte von ihr muss wieder eine Zahl sein, die aus zwei gleichen Ziffern besteht. Dieses Beispiel ist nun auch deswegen von hoher Relevanz, da die 33 nicht nur genau die Hälfte des neuen Tierkreises von der Gesamtsumme 66 bildet, sondern an dieser Stelle einen Spiegel bereithält.

Symmetrie der Zahlen 12 und 21 bei der neuen Ordnung:

$$
\begin{array}{c}
21 \\
12 \\
\hline
12 \\
21
\end{array}
\quad \text{Symmetrie (bei Zwischensumme 33)}
$$

Wir wissen ja ohnehin, dass die Zahl 21 ein idealer Spiegel von 12 ist. Die markanteste Besonderheit ist dabei, dass auch bei deren Quadrat- Zahlen die Umkehrung zu finden ist: 441 - das Quadrat von 21 - ist die umgekehrte Zahl von 144, das Quadrat von 12! Dieser Umstand ist nur bei diesen beiden Zahlen zu finden!

Der Zahl 21 sind wir in dieser Arbeit bisher begegnet im Zusammenhang mit der „Spiegelung" von 12, der Zahl des Tierkreises. Diese ergibt sich außerdem als Quer-Summe bei den Gesamtsummen, sowohl im alten wie auch im neuen Tierkreis. In diesem Zusammenhang gibt es dennoch einen feinen Unterschied: Wenn wir alle neun Ziffern zusammenrechnen, also 1 + 2 + 3 + 4 + 5 + 6 + 7 + 8 + 9 = 45 und zu dieser Summe die 12 hinzufügen, kommen wir zur 57 (= alte Ordnung insgesamt), während wir die 66 heraus bekommen, wenn wir deren Umkehrung, die Zahl 21, dazurechnen:

45 + 21 = 66
45 + 12 = 57
....
Differenz: 9 - beziehungsweise 3^2

Das aus neuen Feldern bestehende magische Quadrat mit der 5 in der Mitte kann tatsächlich als Grundlage der beiden Ordnungen angesehen werden
5 x 9 = 45
Die Zifferngesamtzahl 45, die auch als 5 x 3^2 ausgedrückt werden könnte, ist somit Ausgangspunkt für beide Ordnungen:

Ältere Ordnung: 57 = 45 + 12
Neue Ordnung: 66 = 45 + 21

3^2 ist aber nicht nur die Differenz zwischen der neuen Ordnung und der alten, sondern auch zwischen den beiden Spiegel-Zahlen 12 und 21 und dieser Unterschied ist es genau genommen, der den dynamischen Aspekt der

Entwicklung zum neuen Tierkreis ausmacht. Doch wie wir schon weiter oben (bei den Türmen und der 7-stufigen Reihe) sehen konnten, hat das 3^2 auch einen Struktur bildenden Anteil an der Gesamtsumme! Dies gilt auch für das oben genannte magische Quadrat, dessen Summe die Zahl 45 ist.

Nun wollen wir einmal ausprobieren, uns in die umgekehrte Richtung von 45 nach unten fortzubewegen: 45 - 12 = 33. Auch so kommen wir zur Zahl 33 und sind dabei natürlich wieder bei der Hälfte der Gesamtsumme der neuen Ordnung gelandet.

```
      66
   (+21)
      45
   (-12)

      33 ........................(=12 + 21)
```

Im Tierkreis gelangen wir zur Zahl 45, wenn wir beim Wassermann-Zeichen starten (gegenüber vom Sonnenzeichen Löwe) und ¾ des Jahres durchschreiten:

4 + 7 + 9 + 6 + 5 + 2 (= 33) + 1 + 5 + 6 (= 12). Der übrig gebliebene restliche Teil besteht aus der Summe 21! Es ist ¼ des Kreissektors...

Grafik No. 29:

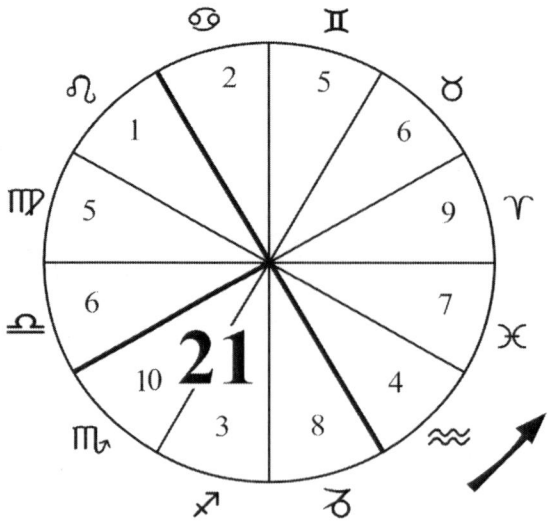

Weniger kompliziert ist es, wenn wir ganz einfach die beiden Hälften im neuen Tierkreis betrachten und deren Summen ausrechnen:

links: 1+ 5 + 6   10 + 3 + 8   /   rechts: 2 + 5 + 6 + 9 + 7 + 4

Summen: 12   21   /   33

Grafik No. 30:

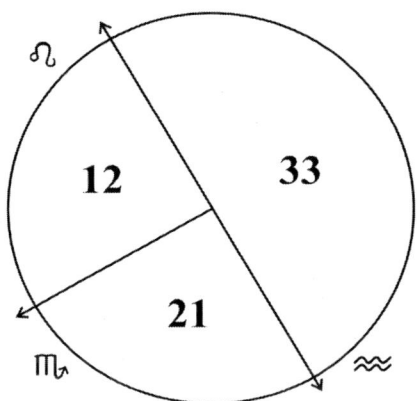

Wir finden auf der linken Hälfte der Achse genau jene beiden Summen 12 und 21, die zusammen 33 ergeben, dieselbe Zahl, die sich auch auf der rechten Hälfte als Summe ergibt.
So gesehen hat das neue System fast noch mehr Symmetrie bekommen als das alte und es wirkt insgesamt exakter.
Womit kann das zusammenhängen?
Zum einen handelt es sich um eine Aufgliederung in 3 Komponenten, bei denen sich alle Summen sehr gut durch 3 teilen lassen: die 12 ist 4 x 3, die 21 ist 7 x 3 und die 33 ist 11 x 3. Fassen wir die beiden ersten Multiplikationen zusammen, nämlich 4 x 3 plus 7 x 3, dann komme ich natürlich ebenso auf 11 x 3. Das Ergebnis kennen wir bereits: 33 = 12 + 21
So könnte die logische Erklärung aussehen. Eine Antwort, die sich auf mathematische Erkenntnisse bezieht, jedoch stärker in den metaphysischen Bereich hineinreicht, könnte auch folgende sein: Da 12 und 21 ohnehin genau jene „Spiegel" Zahlen sind, deren Quadrate ebenfalls die gespiegelte Zahl wiedergeben, sind sie prädestiniert für ein System, das stark auf symmetrische Formen beruht.

Und tatsächlich ist es fast erstaunlich, dass man mit 12 + 21 + 12 + 21 = 66 die Summe des neuen Tierkreises erhält.
Im Zusammenhang mit der Zahl 3 erfüllen auch die 20 und die 21 eine sehr interessante Funktion:

$$\begin{array}{r}+3\\\text{Nehmen wir 3mal die 21, dann erhalten wir die 63:}\quad 3 \times 21 = 63\\\hline 3\text{ als}\\\text{Differenz}\\\text{nehmen wir hingegen 3mal die 20, erhalten wir die 60:}\quad 3 \times 20 = 60\\-3\end{array}$$

Wissen Sie, was ich damit auszudrücken versuche? Die Summe der alten Ordnung 57 liegt genau 3 Stellen unterhalb von 60, während die Summe der neuen Ordnung, nämlich 66, genau 3 oberhalb von 63 liegt! Die Differenz zwischen 63 und 60 ist dann nochmals 3.

3 x 3 = 9

Es ist eben genau dieses 3 zum Quadrat! Dies ist der eine Punkt, der uns dauerhaft beschäftigt hat. Nun folgt der andere:

Die 21 hat anscheinend mehr mit der neuen Ordnung zu tun: Sie liegt, wie man oben sehen kann, nicht nur näher bei der Zahl 66, sondern ergibt sich als Summe bei den fixen Achsen des neuen Tierkreises (die Fix-Achsen bilden immerhin das Grundgerüst!). In der alten Ordnung war 20 die Summe der fixen Achsen: Das auf der fixen Achse gelegene Tierkreis-Zeichen Skorpion hatte früher den Mars als Herrscher (das Sternbild Antares bedeutet ja „anderer Mars", weil er ebenso rötlich leuchtet) und trug die Zahl 9 (statt Pluto mit der Zahl 10)

Die fixe Achse in der neuen Ordnung müssen wir uns nun näher ansehen:

Grafik No. 31:

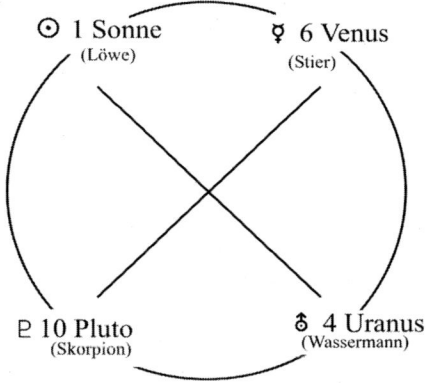

Die Diagonal- Summen: L: 16   Q 7
                        R : 5   Q 5

Summe gesamt: 21   Q = 12 (3)

Grafik No. 32:

♅ Uranus   4
♆ Neptun   7
♇ Pluto   10

           21

Die Zahl 21 ist nicht nur die Summe der Planeten der fixen Achsen geworden, sondern sie ist auch das Ergebnis der drei neuen Planeten Uranus, Neptun und Pluto: Erstaunlich ist daher auch, dass zwei der 3 neuen Planeten, nämlich Pluto und Uranus sich mit anderen Planeten (Sonne und Venus) auf der Ebene der Fix-Achsen getroffen haben und trotzdem das selbe Ergebnis erzeugen... Daher passt diese Zahl 21 in besonderer Weise zur neuen Ordnung. Wir werden auf diesen Aspekt noch weiter unten eingehen.

Die Zahlen der drei neuen Planeten

Diese drei von der Erde am weitesten entfernten Planeten haben zwar die gleiche Quersumme wie die 12 (der Tierkreis), doch ist mit gewissen Unterschieden zu rechnen. Man könnte also sagen: Es ist die gespiegelte 12, die im Neuen Tierkreis nun stärker akzentuiert wird und anstelle der 12 zur Ziffern-Gesamtzahl hinzugefügt wird, um die neue Summe des Tierkreises zu „formen" und zu prägen. Die neu entdeckten Planeten, deren Summe 21 ist, sind also keineswegs irgendwo versteckt in der neuen Ordnung enthalten: Sie werden durch die Rechnung 45 + 21 ohnehin explizit sichtbar gemacht. Damit wird sogar zahlenmäßig bestätigt, dass sie es sind, die die neue Ordnung prägen:

45 (alle Ziffern) + 21 = 66

Nun wollen wir aber wirklich diese drei neuen Planeten (Uranus, Neptun und Pluto) anklingen lassen.
Wofür stehen sie in Bezug auf menschliche Fähigkeiten?
Wenn man die positive Seite betrachtet, dann wären dies folgende Fähigkeiten:
Uranus-Inspiration, Neptun-Imagination, Pluto-Intuition.
Diese (geistigen) Fähigkeiten müssen allerdings im Menschen hervorgebracht, entwickelt werden. Ob der erwachsene Mensch sie zur Verfügung hat, hängt davon ab, wie weit er sich darauf einlässt. Schenkt er diesen Kräften genügend Beachtung und ist er in der Folge dazu bereit, sie zum Wohl seiner Mitmenschen einzusetzen? Hier ist sogar eine besondere Verantwortung notwendig, auch gegenüber sich selbst; für den Betreffenden ist es oft gar nicht so leicht, mit bestimmten übersinnlichen Fähigkeiten in der Welt zu leben, das heißt Dinge in Kauf zu nehmen, die man aus einer intellektuellen Sicht heraus für völlig unsinnig und widersinnig halten könnte...
Im Allgemeinen ist es sicher leichter mit dem Strom zu schwimmen (= der Mainstream) und in der Welt stärker verankert zu sein, doch stellt sich die Frage, wohin dann die Kräfte dieser drei Planeten gewandert sind. Oben habe ich bereits gesagt, dass sie auch mit bestimmten kollektiven gesellschaftlichen Errungenschaften assoziiert werden. Menschen, die sich nicht mit den geistigen Gaben auseinandersetzen, laufen Gefahr in den Sog der Untersinnlichkeit gezogen zu werden. Man ist dann verstärkt den negativen Seiten der drei Planetenkräfte ausgesetzt: Elektrizität (Uranus), Magnetismus (Neptun), Radioaktivität (Pluto) ...

Die Elektrizität ist nur ein Beispiel von den vielen technischen Errungenschaften, die - wie die Entdeckung des neuen Planeten - Uranus - in das Zeitalter der industriellen Revolution fällt. Viele aus dieser Zeit stammenden technischen Erfindungen haben sich weiterentwickelt und begleiten heute wie selbstverständlich unseren Alltag. Sind wir uns deren Auswirkungen noch bewusst? Auch in unseren Tagen müssten wir uns immer wieder die Fragen stellen: Was bewirkt die häufige Verwendung von elektromagnetischen Strahlen, Mobilfunk- und Handys? Ist die nervöse Unruhe, die wir an sogenannten dichten Tagen verspüren, in denen wir häufiger als sonst telefoniert haben oder SMS geschrieben haben, rein zufälliger Natur? Es ist sicher kein Zufall, dass Astrologen bei Klienten mit nervöser Unruhe nach der Stellung von Uranus Ausschau halten. Nun gibt es aber auch die Möglichkeit, die andere Qualität von Uranus aufzusuchen, den Uranus in sich zu verwandeln. R. Steiner empfiehlt auf ähnliche Weise:
Der Mensch müsse „in der geistigen Erkenntnis mindestens gerade so weit hinauf steigen zur außerirdischen Über-Natur, wie er in der Technik in die Unter-Natur heruntergestiegen ist"[37]

Genau dies meine ich auch, wenn wir von den beiden Extremen der uranischen Dimension (Inspiration einerseits, Elektrizität andererseits) sprechen.
Die uranische Qualität hat nicht nur mit technischen Neuerungen zu tun, sondern mit Neuem überhaupt: Wenn man sich dem Neuen nur aus Neugier zuwendet und es schnell zur Gewohnheit werden lässt, liefert man sich den Kräften aus, die man nicht kontrollieren, geschweige denn beherrschen kann. Bewusstheit ist also unbedingt angesagt, dann lässt sich eher frei entscheiden, wann, wo und wie oft man das Neue (aus Wissenschaft und Technik) verwendet. Dann allerdings besteht die Chance, sich frei zu fühlen und sich selbst als neu zu erleben. Uranus hat ja wirklich mit der Thematik der Freiheit zu tun! Erst jetzt scheint sich das Tor zu öffnen, wo ein Mensch die Gabe der Inspiration empfangen kann. Nicht nur frei von sich selbst zu sein, von seinen eigenen Bedürfnissen, sondern auch frei zu sein von Automaten und Geräten, die den Menschen oft in Abhängigkeit bringen, so nützlich sie auch sein mögen...
Die Freiheit zu verspüren, etwas Eigenständiges für die Menschheit schöpfen zu können, kann zur Konsequenz haben, dass man inspiriert wird und anschließend ein neues Gerät erfindet. Das ist kein Widerspruch gegenüber dem oben Gesagten, sondern ein gewisses Paradoxon, das in der luftig leichten Welt des Wassermanns, in der Uranus Herrscher-Planet ist, sowieso enthalten

---

[37] Vgl. R. Steiner, Von der Natur zur Unter- Natur, Anthroposophische Leitsätze, S. 256

ist. Apropos Wassermann: Befinden wir uns nicht eigentlich in diesem Zeitalter?

Genau genommen leben wir in einem Zeitalter, in dem die gesellschaftlichen Dimensionen immer weittragender geworden sind und die neuen Planeten Repräsentanten gesellschaftlicher Themen geworden sind.

Dazu kommt jetzt noch ein Punkt: Innerhalb von 3 Jahren haben alle drei trans-saturnischen Planeten in ein neues Tierkreiszeichen hinüber gewechselt.

Pluto (seit 2008) im Steinbock
Uranus (seit 2011) im Widder
Neptun (seit 2012) in den Fischen

Das ist insofern eine Besonderheit, weil diese Planeten am längsten für einen Sonnenumlauf benötigen: Selbst der schnellste von ihnen, Uranus benötigt dafür ziemlich genau 84 Jahre (= 12 x 7), heutzutage in Mittel- und Westeuropa der mittleren Lebenserwartung entsprechend. Neptun, der fast doppelt so weit von der Sonne entfernt ist wie Uranus, benötigt die doppelte Zeit: 165 Jahre und Pluto noch mehr... Umgerechnet auf die Dauer eines Tierkreiszeichens bedeutet dies, dass Uranus in 7 Jahren und Neptun und Pluto (derzeit) in 14 Jahren ein Zeichen durchschreiten (= Transgression). Die derzeitige Häufung geschah allerdings schon zwischen 1981 /83 und wiederholte sich zwischen 1995 und 1998. Da diese Planeten mit den unterströmigen[38], auch unbewusst wirkenden gesellschaftlichen Angelegenheiten assoziiert werden, brauchen wir uns als Menschen nicht wundern, warum wir den Prozess der raschen Veränderungen, des kulturellen Wandels fast nicht mehr nachvollziehen können...

Gleichzeitig steckt natürlich ein großes Potential in diesen drei Planetenkräften, das nicht ungenützt „vorbeifliegen" sollte.

Des Weiteren stellt sich die Frage, wie verträglich sich das Neue gegenüber dem Alten verhält?

Mit den 3 neu entdeckten Planeten werden eben auch besondere Fähigkeiten assoziiert:

Inspiration........... Uranus   (4)
Imagination..........Neptun   (7)
Intuition............... Pluto   (10)

---

[38] Bei den beiden Begriffen „unterströmig" und „untersinnlich" handelt es sich um zwei typische kreative Wortbildungen von R. Steiner

Ob diese Fähigkeiten und Kräfte als "übernatürlich" oder "untersinnlich" eingestuft werden, scheint hier nicht von Belang zu sein. Festzustehen scheint nur, dass sie in irgendeiner Form aus dem Rahmen des Üblichen, des Alltäglichen hinausweisen. Aus diesem Grund werde ich diese drei Kräfte innerhalb der bereits gegebenen Planeten besonders hervorzuheben versuchen, indem ich sie akzentuiere: Aus der Reihung der Ziffern entsteht dann folgender 3er Rhythmus:

```
       ´ 2  3  ´  5  6  ´  8  9   ´
                                        (ab hier setzt die Wiederholung ein…)
1 (0)         4          7          1 (0)
```

Intuition   Inspiration   Imagination
 (Pluto)   (Uranus)   (Neptun)

Anmerkung: Bei der Zahl 10 wurde die Null absichtlich in Klammer gesetzt, weil die Quersumme bei den Zahlen 10 und 1 die gleiche ist, nämlich 1!
Aus diesem Grund beschränkt sich auch die Anzahl der Ziffern auf 9.

Im nächsten Schritt werden wir die Sonne mit der Zahl 1 und außerdem die Zahlen jener Planeten, die auch in der neuen Ordnung zwei Tierkreiszeichen beherrschen, in dieses System einbauen. Dabei fällt auf, dass es sich genau um jene Himmelskörper handelt, die - von der Erde aus betrachtet - der Sonne am nächsten stehen: Venus, Merkur und natürlich die Sonne selbst; die entsprechenden Zahlen sind 6, 5 und 1. Zusammen ergeben diese die Zahl 12!
Zum Vergleich: die 3 neuen Planeten, die trans-saturnischen Planeten Uranus (4), Neptun (7) und Pluto (10) ergeben in der Summe den Spiegel dazu: 21 (zuerst die 2, das Yin und dann die 1, das Yang). Sie spiegeln sich entlang einer mittleren Achse, deren Summe die Zahl 33 ist.

Grafik No. 33:

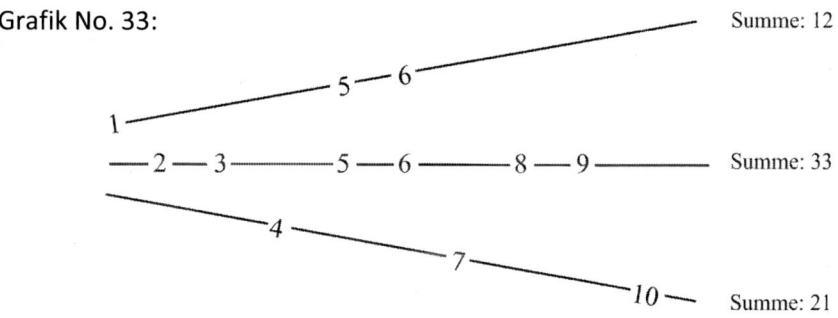

In diesem Modell- das man im Tierkreis zwar nicht finden kann, dafür aber eine Hervorhebung der neuen (äußeren) Planeten und der inneren Planeten gegenüber den restlichen Zeichen darstellt - ist eine erstaunlich starke Ausgewogenheit und Symmetrie sichtbar!

Es werden dabei alle 12 Tierkreiszeichen berücksichtigt: 6 Planeten-Herrscher stehen in der Mitte (Summe 33), die anderen 6 sind aufgeteilt in die 3 inneren Planeten (Summe 12) und die 3 neuen Trans-Saturnier (Summe 21).

Besonders bemerkenswert finde ich, dass die beiden äußeren Summen (12 + 21) die Summe in der Mitte ergeben, nämlich 33! Das gleiche gilt logischer Weise auch für die Quersummen: 1 + 2 = 3 beziehungsweise 2 + 1 = 3. Damit ist schon rein von der Optik her der Bezug zur 33 hergestellt.

Außerdem besteht diese Aufgliederung aus 3 Reihen, von denen die beiden äußeren jeweils 3 Planeten bezeichnen, welche die Quersumme 3 ergeben! Ähnliches kann man über die mittlere Reihe aussagen: Hier befinden sich 6 Planeten, die als Quersumme die Zahl 6 (3 + 3) haben. Dass die Gesamtsumme 66 sowieso zwei 6er hat und darüber hinaus eine Spiegelung der Mitte darstellt, rundet das Gesamtbild, das an Perfektion grenzt, nahezu ab.

So kommt es also gleich zu mehreren Symmetrien:

1. durch die „Spiegelung" der 12 mit der Zahl 21,
2. bei der mittleren Achse, wo die Summe der beiden Hälften genau 33 ergibt,
3. wird die Symmetrie durch die Zahlen 33 und 66 zum Ausdruck gebracht.

Um den Spiegel geht es hier tatsächlich, ebenso um Symmetrie und schließlich und endlich um beides, weil jede Hälfte des Tierkreises, die durch die Teilung entlang der mittleren Achse (zwischen Sonne und Mond) entstanden ist, die Summe 33 enthält.

Bei genauem Hinsehen zeigt sich, dass auf der rechten Seite des Tierkreises (Grafik No.29) keine nebeneinander stehenden Zahlen mit den Summen 12 oder 21 aus der Reihung herausgelöst werden können. Trotzdem wird eine Gliederung möglich: Die ersten 4 Zahlen, nämlich 2, 5, 6 und 9 bilden einen Drittel-Sektor mit der Zahl 22 als deren Summe. Der Rest von 1/6tel mit den Zahlen 7 und 4 ergibt 11 (= Differenz von 33 - 22).

Die Komponenten des neuen Tierkreises sind dann folgende:

rechts	1/3............=	22
	1/6 ....=	11
links	1/4 ....=	12
	1/4 ....=	21

Ist das nicht faszinierend? Diese 4 Sektoren bestehen aus den beiden Ziffern 1 und 2 in den vier möglichen Abwandlungen 1.) zwei Zweier, 2.) zwei Einser, 3.) ein Einser und ein Zweier und 4.) ein Zweier und ein Einser.

Es sieht fast so aus, als hätte dies nicht nur zu tun mit den Zahlen 12 und 21, sondern viel eher mit 1 (Yang) und 2 (Yin)! Es ist empfehlenswert, hier noch einmal die oben angeführten Yin- und Yang-Achsen zu vergleichen.

Links und rechts von der Achse ergibt sich jeweils die Summe 33.

Wenn man den Tierkreis in verschieden große Sektoren teilt, ergibt sich folgende „vollkommene" Zahlenreihe:

11................ = 1/6 des neuen Tierkreises
22................ 1/3 ....
-- (Spiegel)
33................... 1/2 ....
66................ 1/1

Mit mathematischer Präzision spiegeln sich die Zahlen in den jeweiligen Sektoren in umgekehrter Reihenfolge: Die 1 links oben und rechts unten, die 2 an zweiter Position links und an dritter Position rechts usf.
Die auf der linken Seite angeführte Reihe trägt außerdem folgende Charakteristik: 1 und 2 ist 3 und 3 ist 6! So wäre das Hexeneinmaleins... Nicht weit davon entfernt ist die unerklärliche Tatsache, dass die einzelnen Faktoren (1, 2, 3, 6) in der Summe immer 12 ergeben, während die echte Summe auf der linken Spalte (132) das 11-fache der 12 ergibt.
Durch diese Verdoppelung der Ziffern entstehen bei den Quersummen automatisch die 2 und deren Vielfaches, das heißt immer eine gerade Zahl, immer das yinhaft Dunkle. Trotz der Symmetrie fehlt letztlich die

Ausgewogenheit von Yin und Yang. Fehlt das Yang, dann fehlt das schöpferisch-dynamische Prinzip!

Schauen wir uns bei der neuen Ordnung einmal den Kreis mit seinen Drittel-Sektoren an, der nahezu der wichtigste ist, weil er die 4 Elemente als Grundlage der Gliederung hat:

Grafik No. 34:

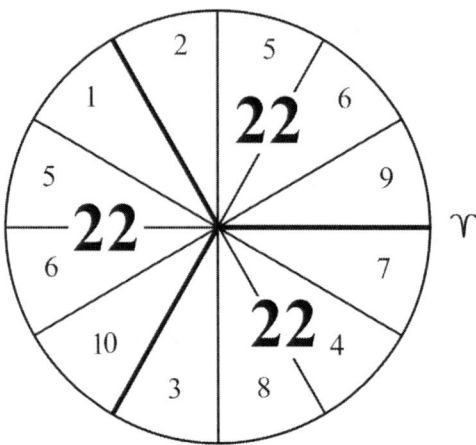

Die Summen der einzelnen Drittel-Sektoren sind in der neuen Ordnung exakt gleich groß: In jedem Sektor erhalten wir als Planeten-Summe 22!
Somit hat jeder einzelne Drittel-Sektor (der individuelle, der an Beziehungen orientierte und der gesellschaftliche Sektor) die Zahl 4 als Quersumme. Was lässt sich hier herauslesen?
Zumindest dies: Das Materielle steckt in allen Sektoren. Dies könnte man nahezu als Allegorie für unsere heutige gesellschaftliche Situation auffassen: Es ist typisch, dass die Wirtschaft in alle Bereiche hineinreicht (in die Beziehungen, ins Soziale).
Die Quersumme 4 für jeden Sektor zeigt zumindest einen sichtbaren Schwachpunkt auf:
Es fehlt die schöpferische Komponente, die dahinter wirkende Dynamik. Es wirkt sowieso verdächtig ausgewogen in dieser Regelmäßigkeit. Wie ein Musikstück, das nur noch aus geraden 4/4-Takten besteht: präzise ja, lebendig nein.

Im Vergleich dazu wollen wir kurz auf die ältere Ordnung blicken:

Grafik No. 35:

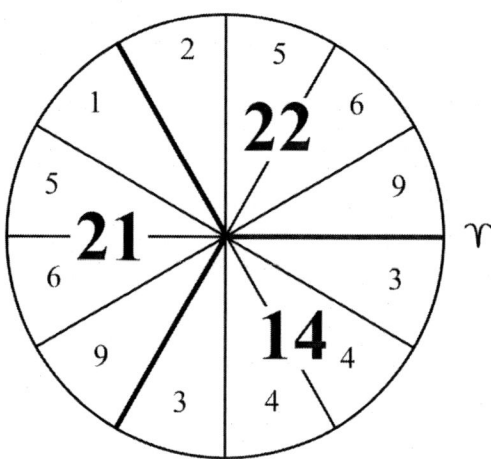

Bei der alten Ordnung kann man erkennen, dass die einzelnen Faktoren wesentlich vielfältiger sind: Die Quersumme 4 (= Materie) - gewonnen aus der Zahl 22 - finden wir hier nur im ersten Teil, die beiden anderen Quersummen sind hingegen die 3 (= Geist) und die 5 (= menschliche Seele).
In beiden Ordnungen erhalten wir die 12 als Summe, mit dem besonderen Unterschied, dass sie in der alten Ordnung aus 4 + 3 + 5 entstanden ist und nicht aus 3 x 4!!

Doch sollten wir nicht eigentlich fasziniert sein, dass 3 (Drittel) x 4 wieder die Zahl des Tierkreises, die 12 ergibt? Dazu möchte ich bemerken: Aus der Quersumme von der Gesamtsumme 66 lässt sich so und so die Zahl 12 gewinnen. Daher würde ich behaupten: Die Ganzheit ist erhalten geblieben, die Welt ist noch immer die selbe, doch ihre Teile haben sich verwandelt, und zwar so, dass sie sich an die Zahl 4 angeglichen haben...

In der alten Ordnung treffen wir hingegen auf Sektoren, die drei unterschiedliche Schwerpunkte aufzeigen:
Im ersten Sektor Q 4
Im zweiten Sektor Q 3
Im letzten Sektor Q 5

$4^2 + 3^2 + 5^2 = 50$

In dieser Aufteilung steckt sichtbar das pythagoreische Dreieck, dessen Summe von den Pythagoräern als „heilig" angesehen wurde, die Zahl 50.

Es ist wie ein Entwicklungsgang durch den Tierkreis: Zuerst lernt der Mensch den Umgang mit Materie und Form (= 4), dann wendet er sich mehr dem Geistigen (= 3) zu und integriert sie am Ende noch im Seelischen (= 5). Was aber soll man davon halten, wenn - wie es in der neuen Ordnung der Fall zu sein scheint, der gesamte Entwicklungsgang im Materiellen stecken bleibt? Ist dann nicht eher die Gefahr gegeben, dass sich zu den zwei Sechsern ein dritter hinzugesellt, so wie es in der Apokalypse des Johannes prophezeit ist?

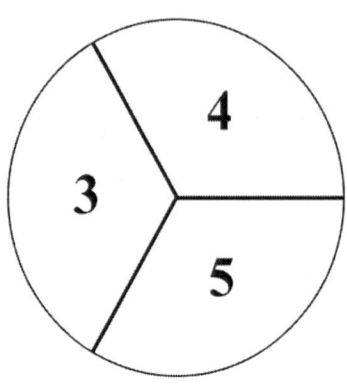

Grafik No. 36:

Zumindest etwas ist in diesem Zusammenhang auffällig: Während die Gesamt-Summe 57 (des älteren Kreises) um 7 höher liegt als 50 - die Summe des vollkommenen Dreiecks mit der Quersumme 5 - befindet sich die neue Gesamtsumme mit der Zahl 66 um genau 4^2 oberhalb... Das könnte man durchaus als Bestätigung für die Ansicht betrachten, dass im neuen Tierkreis das Materielle stärker betont wird; die Quadratzahl von 4 kann man durchaus interpretieren mit dem Begriff der materiellen Macht oder der Macht der Materie.

50 + 16 = 66

Da wir nun wieder bei der Zahl mit der Doppel-Sechs gelandet sind, wollen wir zuvor einige grundlegende Eigenschaften der Zahl 6 herausarbeiten. Es wird nötig sein, sich dieser 6 thematisch zu nähern und mit ihr vertraut zu machen und erst danach wollen wir die heutige Zeitqualität ansprechen.

Die Besonderheiten der Zahl 6

Betrachten sie einmal die Bienenwaben, die sich aneinandergereiht als lauter Sechsecke erweisen. In der Wabenform der Bienen zeigt sich eine der perfektesten Formen, die wir in der Natur vorfinden. Aus einem Sechseck geht der Sechsstern hervor, der sich als wunderbares Gebilde der Natur in jeder Schneeflocke offenbart.

In der Natur tauchen sehr viele perfekten Formen auf, die der Ausdruck einer inneren Schönheit sind: Gerade bei der Zahl 6 wird diese Vollkommenheit akzentuiert:

1 + 2 + 3 = 6

Die Zahlen der Teiler von 6, nämlich 3, 2 und 1 ergeben addiert wieder die 6. Wenn wir dieselben Zahlen multiplizieren, kommt man übrigens auf das selbe Ergebnis: 1 x 2 x 3 = 6. Dies ist jedoch eine zusätzliche Besonderheit!

Warum wird die 6 als vollkommene Zahl betrachtet? Sie „enthält" wirklich soviel Zahlen als sie scheint; sie ist innerlich (Summe ihrer Teiler) dem Äußerlichen übereinstimmend".[39] Darum wird sie gerne mit dem Aspekt der Schönheit, und natürlich auch mit der Venus in Verbindung gebracht.

Aufgefallen ist uns, dass der neue Tierkreis in seiner Summe aus zwei Sechsern besteht. Die Quersumme von 66 ist 12. Summiert man die Zahl 12 mit ihrer Umkehrung oder ihrem Spiegel, der Zahl 21, ergibt sich die Zahl 33, deren Quersumme bereits wieder die 6 ist.

3 + 3 = 6

Zum Vergleich: 3 x 3 = 9   (= Differenz von 21 und 12)

Die Zahl 9 wirkt wie eine umgedrehte 6. Das sich im Gegenüber spiegelnde Zahlenbild der 6 und der 9 erzeugt eine gewisse Spannung, die nach Harmonisierung strebt.

Die 6 besitzt auf natürliche Weise eine Affinität zur 12 (6 + 6), aber fast noch stärker zu deren Umkehrung, der Zahl 21.

---

[39] H. Hessenbruch, Geheimnisse und Wesen der Zahlen, S.76

Wenn man nämlich alle sechs einander folgenden Ziffern addiert, erhält man 21. Das heißt: Die 21 ist die 6. Dreiecks-Zahl: 1 + 2 + 3 + 4 + 5 + 6 = 21

```
                    1                   1
                 1     1                3
              1     1     1             6
           1     1     1     1          10
        1     1     1     1     1       15
     1     1     1     1     1     1    21
```

An dieser Stelle könnte man natürlich genauso sagen: Addiert man alle Punkte des sechsseitigen Würfels (= Hexaeder), erhält man diese Zahl.

Bisher hatten wir die Zahl 21 vor allem mit der Idee der Entwicklung des Menschen in Siebener-Schritten (3 x 7) assoziiert, deren Summe in unserer Gesellschaft das Erwachsen-Sein repräsentiert.

In diesem Zusammenhang geht es allerdings mehr um den Tierkreis selbst, und dieser besteht nicht nur aus 12 Zeichen, sondern auch aus 6 Achsen - wie wir nun sehen werden.

Grafik No. 37:

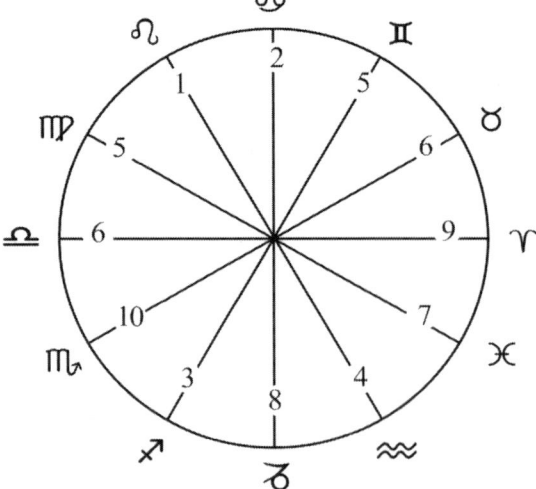

9 + 6 = 15	Widder - Waage	(3 Yang-Achsen)
1 + 4 = 5	Löwe - Wassermann	
3 + 5 = 8	Schütze - Zwilling	

2 + 8 = 10	Krebs - Steinbock	(3 Yin-Achsen)
10 + 6 = 16	Skorpion - Stier	
7 + 5 = 12	Fische - Jungfrau	

Nun zu den Summen: Yang-Achsen: 28   Q = 10   1 + 0 = 1 = Yang
                    Yin-Achsen: 38   Q = 11   1 + 1 = 2 = Yin
----
         Gesamtsumme: 66   21   Q = 3

Bemerkenswert ist hier, dass die 6 Achsen des neuen Tierkreises bei den Quersummen die Zahl 21 ergeben!
Wir erinnern uns an dieser Stelle, dass 21 auch die Summe der drei neuen Planeten Uranus, Neptun und Pluto ist. Die 21 widerspiegelt gewissermaßen das neue Zeitalter...
Außerdem haben wir in der neuen Ordnung eine Gesamtsumme erhalten, die sich aus allen neun Ziffern plus der Zahl 21 zusammenfügt: d.h. 66 = 45 + 21
Nun wollen wir fortfahren:
Innerhalb des Tierkreises sind 6 Achsen sichtbar, wo sich die einzelnen Tierkreis-Zeichen gegenüberstehen. Auffällig ist, dass sich die in Opposition befindlichen Zeichen immer aus zueinander „verträglichen" Elementen zusammengesetzt sind; das heißt, einem Feuer-Zeichen steht jeweils ein Luft-Zeichen gegenüber und somit enthalten beide Seiten die Yang- Energie. Bei den Achsen mit der Yin-Energie verhält es sich dementsprechend: Einem Erd-Zeichen steht immer ein Wasser-Zeichen gegenüber und umgekehrt...
Nicht von ungefähr wird auch in der Natur durch die Zahl 6 die Harmonie der verschiedenen Formen zum Ausdruck gebracht.

Die 6 verleiht nicht nur Symmetrie, wie es beim Beispiel der Bienenwabe sichtbar ist, sondern sie tendiert dazu, zu harmonisieren. Wenn sich Venus (mit der Zahl 6) und Mars (mit der Zahl 9) gegenüberstehen, dann erhalten wir in der Summe jene Zahl 15, der wir schon im Zusammenhang mit dem magischen Quadrat (5mal die 3) begegnet sind. Wir werden noch sehen, dass diese Zahl als Synthese-Zahl einer höheren Ordnung (Meta-Synthese) eingestuft werden kann. Einstweilen begnügen wir uns mit Folgendem: Auf den Achsen stehen sich Venus und Mars gegenüber und die Elemente sorgen für eine Minderung ihres Spannungsverhältnisses:

Yang-Ebene:
Mars im Widder (= Feuer)----------versus-------------- Venus in der Waage (= Luft)

Yin-Ebene:
Mars im Skorpion (= Wasser)------------versus-------------- Venus im Stier (=Erde)

Diese beiden Achsen zeigen auf, dass auf die zueinander passenden Elemente geachtet wird und alles auf eine Harmonisierung hinzustreben scheint: Die Summe 15 ergibt in der Quersumme jedenfalls wieder die 6.
Damit haben wir einen weiteren Einblick gewinnen können, worum es bei der 6 geht. Gleichzeitig scheint fast eine Antwort gefunden worden zu sein, warum es im Zusammenhang mit der 6 zu symmetrischen und harmonisierenden Formen kommt, was insgesamt eher eine Stabilität als eine Dynamik sichtbar werden lässt.

Im Fall des Tierkreises, der die Zahl 12 betont, ist die Zahl 6 natürlich bloß als die Hälfte einer Ganzheit zu betrachten. Worin besteht hier die Harmonie und Stabilität?

Wie bei den Speichen eines Rades sind es die sechs Achsen, die innerhalb des Tierkreises einen harmonischen und gleichsam stabilen Eindruck vermitteln. Allerdings muss zuerst der Antagonismus beziehungsweise die Polarität der gegenüberliegenden Zeichen überwunden werden. Die Ganzheit ist in der Mitte (wie bei einem Mittelpunkt des Kreises) zu finden und ist gleichsam in ihr begründet; alle sechs Speichen haben einen gemeinsamen Mittelpunkt oder Ursprung, von dem der Geist der Vollkommenheit ausgeht. Darum:
Im Großen und Ganzen handelt es sich im Tierkreis um sechs Themenkomplexe, die seit jeher Grundlegendes ansprechen und bei den 6 Achsen (zwischen den entsprechenden Häusern von 1 - 7, von 2 - 8, von 3 - 9, von 4 - 10 und von 5 - 12) zum Vorschein kommen:

- (1) - (7) Krieg -- Frieden: Stärke, Mut (Vitalität) -- Ausgleich, (Diplomatie)
- (2) - (8) Leben -- Tod: Talente (Vermögen) -- Loslassenkönnen
- (3) - (9) Alltag (profan) -- Übernatürliches: Kommunikation, nützliche Kenntnisse (Sprache) -- höhere Einsichten, Weisheiten
- (4)- (10) Heim (Mutter) -- Welt (Vater): Identität (Geborgenheit) -- Rollenerwartungen (Über-Ich)
- (5)- (11) Individuum -- Gruppe: Selbstwert (kreativ) -- das gemeinsame (Freunde) Dasein
- (6)- (12) Teil -- Ganzes: Selbstreflexion (Analyse) -- Brüderlichkeit, Mitgefühl

Der Mensch verwirklicht die (angelegte) Natur zwar in unvollkommener Weise, doch ist es dennoch seine Aufgabe, etwas an dieser Natur zu vervollkommnen. Eine angemessene Balance möge gesucht und angestrebt werden, ein Gleichgewicht, das mit dem Gegensatz von Gut-Böse nichts zu tun hat sondern viel eher im Verhältnis steht zu den Möglichkeiten, die dem inneren Wesen innewohnen. Das unaussprechlich Eigentliche, das potentiell Vollkommene soll zur Entfaltung gebracht werden. Darin besteht die Chance und ist die Möglichkeit zur Weiterentwicklung ...

Das Yang/Yin-Experiment

Nun wollen wir mit einem Experiment eine kleine Überprüfung durchführen und zwar unter der Zuhilfenahme von Yin und Yang. Zu Beginn dieser Arbeit wurde hervorgehoben, dass die Zahlen nicht nur ermöglichen, Beziehungen zwischen den Planeten in einen logischen Zusammenhang zu bringen, sondern auch Planeten „übersetzen" können. Jede Zahl kann in ganz unterschiedlichen Kontexten Hilfestellung und Über-setzungshilfe sein, so auch bei den Elementen und damit auch indirekt bei Yin und Yang:
Yang ist in seiner ursprünglichen Anlage Synonym für die „1", das Männliche und Yin für „2", das Weibliche - ganz ähnlich wie bei Sonne und Mond! Nachdem Yin die 2 ausdrückt, wollen wir dem Yin auch zwei Zahlen zuordnen. Auf der Ebene der Elemente bedeutet dies, dass das weibliche Yin - wie wir ohnehin wissen - zwei Elemente beinhaltet, nämlich:

Wasser...........2   (= Gefühl im Zusammenhang mit der „gebundenen" Seele)
Erde............ 4   (= „mater" = Mutter Erde in der Bedeutung von „Materie")

Bei Yang hingegen wollen wir als Synonym für die „1" nur eine Zahl hernehmen, das heißt für das Element Feuer oder Luft genügt uns eine einzige Zahl, nämlich die 3, die Zahl des Geistigen.

Feuer /Luft......3   (= Geist)

Wenn wir nun unsere Aufmerksamkeit noch einmal nach oben richten zu den beiden Stellungen von Mars und Venus, werden wir sofort erkennen, dass Mars im Feuer-Zeichen und Venus im Luft-Zeichen summa summarum die 6 ergibt. Das gleiche gilt für die Yin-Achse, wo Venus sich im Erd-Zeichen und Mars sich im Wasser-Zeichen befindet (Eine Anmerkung dazu: In der neuen Ordnung steht im Wasserzeichen Skorpion statt dem Mars der Pluto):

Yang-Achse: Mars - Venus : 3 + 3 = 6
Yin-Achse: Venus - Mars : 4 + 2 = 6

Diese Gegenüberstellung von Erde/Wasser und Feuer/Luft kommt nicht nur bei diesen beiden Achsen vor, daher ergibt sich auch bei den restlichen Achsen die gleiche Summe 6, wie wir anhand der nächsten Grafik beobachten können:

Grafik No. 38:

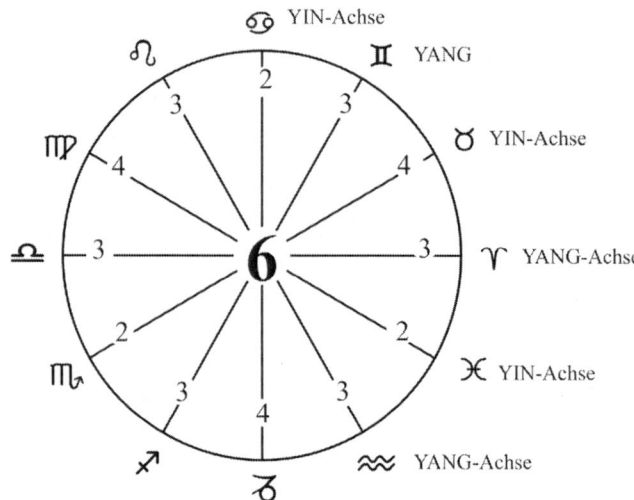

Ganz allgemein haben wir es im Tierkreis mit 6 Achsen zu tun und nun erhalten wir obendrein die Summe 6 in allen Achsen, wenn wir dieses experimentelle System der Yin/Yang-Zahlen anwenden…

Mindestens genauso interessant wie die Positionen des Vis-a-vis sind in dieser Grafik die unmittelbaren Nachbarschaften: Da treffen nämlich umgekehrt fast ständig „unverträgliche" Elemente aufeinander: Feuer auf Wasser, Erde auf Luft; zumindest ist ein ständiger Wechsel von Yin und Yang angezeigt.
Die 3 liegt neben der 2, die 4 liegt neben der 3.

So erhalten wir aus den Spannungen der Yin/Yang-Elemente die beiden Synthese-Zahlen 5 und 7, die zusammengerechnet wieder die 12 ergeben!!

3 (= Geist) + **2** (= Seele) = 5
3 (= Geist) + **4** (= Materie) = 7

An dieser Stelle ist es sogar empfehlenswert, alle zwischen diesen Zahlen liegenden Rechen-Zeichen, Klammern und Begriffe wegzulassen und die „entblößten" Zahlen darzustellen.

32 .... Q 5
............(33)............ Q 6
34 .... Q 7

Dazwischen, in der Mitte liegt im Verborgenen die 33, eine Zahl, die schon vorhin Ausgangspunkt gewesen ist. Dabei, lieber Leser, wollen wir in der neuen Ordnung auf eine erstaunliche zahlenmäßige Übereinstimmung verweisen:

Grafik No. 39:

A) Feuer - Wasser Hexagramm
   Feuer Dreieck - Spitze nach oben
   Wasser Dreieck - Spitze nach unten

B) Erde - Luft Hexagramm
   Luft Dreieck - Spitze nach oben
   Erde Dreieck - Spitze nach unten

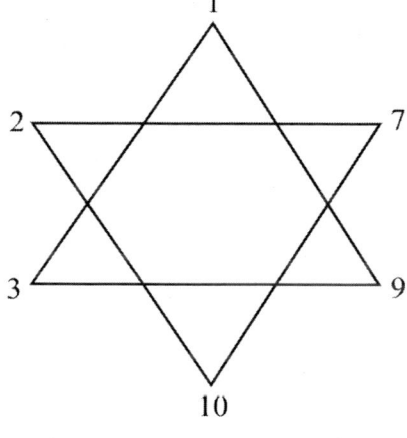
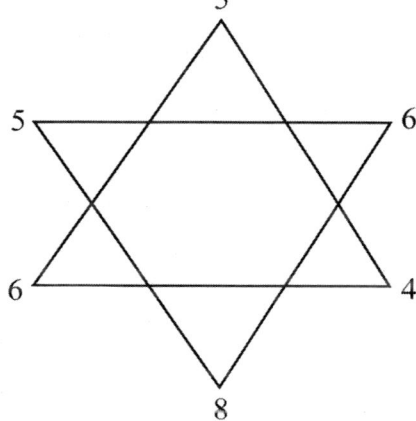

Feuer: 13
Wasser: 19

Summe Feuer/Wasser: **32**

Q 5

Luft: 15
Erde: 19

Summe Erde/Luft: **34**

Q 7

Im Detail sind folgende Planeten und Ziffern an den Hexagrammen beteiligt:

F: Sonne (1)	W: Mond (2)	L: Merkur (5)	E: Venus (6)
Mars (9)	Pluto (10)	Uranus (4)	Saturn (8)
Jupiter (3)	Neptun (7)	Venus (6)	Merkur (5)

Wie beim vorigen Experiment, in dem der Gegensatz von Feuer/Wasser und Erde/Luft unser Ausgangspunkt für die Suche nach einer "alchemistischen" Mischung gewesen ist: Der Feuer/Wasser-Stern ergibt als Summe die Zahl **32**, also die 3 für das Feuer und 2 für das Wasser (Quersumme 5). Der Luft/Erde-Stern hat hingegen als Summe die Zahl **34**, also 3 für die Luft und 4 für die Materie (Quersumme 7). Es haben sich hier haargenau dieselben Zahlen ergeben wie bei unserer Übersetzung der Elemente in Zahlen...
Wenn man bedenkt, dass die Zuordnung der Elemente eigentlich nur als Experiment gemeint war, müsste man jetzt fast hinzufügen, es handelt sich um mehr, nämlich um ein sinnvolles Werkzeug, damit eine (dahinter stehende) geistige Realität auf der Basis von Zahlen entstehen kann.

In diesem Beispiel zeichnet sich bereits ein Übergang ab, wie die neue Ordnung von ihrer Struktur her entstanden ist und woraus sie letztlich abgeleitet ist. Bis jetzt wurde zwar immer wieder hervor gestrichen, dass es sich bei der 5 und (teilweise auch) bei der 7 um Synthese-Zahlen handelt, die zusammen-genommen 12 ergeben, doch wurde bis jetzt noch nicht der Aspekt der Mitte berücksichtigt! Gerade bei diesen beiden Hexagrammen wird deutlich die Mitte erkennbar, nämlich genau zwischen den beiden Zahlen 32 und 34. Es ist die 33; sie ist der exakte Mittelwert und wir wissen ja bereits: 33 bildet genau die Hälfte der Zahlen des neuen Tierkreises und die Quersumme davon ist eben die Zahl 6! Diese wiederum ist genau die Hälfte von 12. Das Wichtigere in unserem Zusammenhang ist jedoch, dass die 6 genau als Mitte von 5 und 7 genommen werden kann.

Folgende tabellarische Übersicht möchte ich an dieser Stelle anfügen:

Feuer/Wasser Hexagramm	Summe	Feuer (Yang)	Wasser (Yin)	Quersumme
1 + 3 + 9 + 2 + 7+ 10	32	3	2	Q = 5
Luft/Erde Hexagramm	34	3	4	Q = 7
4 + 5 + 6 + 5 + 6 + 8				
gesamt:	66	6	6	Q = 12

Wahrscheinlich entsteht hier der Eindruck, dass die 6 (und letztendlich noch immer die 12) zu einem bestimmenden Faktor in der neuen Ordnung geworden ist. Dem möchte ich nicht ganz zustimmen. Die 6 ist auch die Form, aus der sich die 7 bilden kann.

„Die Sieben steht hinter dem Bilde, es bewirkend! Die Sechs ist im Bild offenbar als das von der Sieben Bewirkte! Physisch ist das Hexagramm Gefäß (6! Raum) für seinen Regenten (7! Zeit). Dynamisch ist das Hexagramm das Bild der Sieben, mit der man nun endgültig aus dem Raume heraus, auch von der Grenze des Raumes weg ins Übersinnliche kommt."[40]

Ein ganz ähnliches Verhältnis entsteht zwischen der Struktur der 4 (Himmelsrichtungen Säulen, Kreuz-Motiv) und der 5 als Quintessenz und Mitte.

Freilich: Wenn man 5 und 7 gegenüberstellt, wie es in den Achsen naturgemäß zum Ausdruck kommt, dann bildet die 6 die Mitte von ihnen. Die 6 wird von beiden Seiten geschliffen und (er)scheint dann so klar wie ein Kristall...

Die Zahlen der Achsen

Da weiter oben auch die 6 Achsen angesprochen worden sind, wollen wir hier noch einmal den Vergleich zwischen der alten und der neuen Ordnung ziehen. Dabei möchte ich gleich beide Ergebnisse zusammenfassen und gegenüberstellen:

ALTE ORDNUNG:			NEUE ORDNUNG:		
Kardinale Achsen :	21	Q = 3	Kardinale A.:	25	Q = 7
Fixe Achsen :	20	Q = 2	Fixe A.:	21	Q = 3
Flexible Achsen :	16	Q = 7	Flexible A.:	20	Q = 2
Summe :	57	Q = 12	Summe:	66	Q = 12

Es erscheint mir sinnvoll, auch die Qualitäten der einzelnen Achsen miteinander zu vergleichen, zumindest im Groben. So lassen sich Entwicklungs-Tendenzen für die heutigen Achsenpositionen aufzeigen und sichtbar machen.

---

[40] H. Hessenbruch: Geheimnisse und Wesen der Zahlen, S. 81

Ich verweise dabei auf folgende Einteilung:
> Wollen ist in den kardinalen Zeichen zu finden
> Fühlen ist in den fixen Zeichen
> Denken ist in den flexiblen Zeichen

Diese Einteilung bezieht sich auf die Zeichen des Tierkreises (siehe Tabelle am Ende des Buches).

Kardinal-Achsen:

Das Wollen war in der alten Ordnung von der Zahl 2 geprägt: Mein Wille ist Dein Wille. Man ist wie ein Kind gegenüber seinen Eltern: Ohne der Zustimmung eines Gegenübers, zu dem die Gefühle gerichtet sind, getraut man sich keine echten Entscheidungen zu treffen. Sogar Könige befragen vor wichtigen Entscheidungen das Orakel, das heißt eine höhere Instanz. Offenbar gibt es beim eigenen Wollen gewisse Zweifel und dies erzeugt wiederum Unsicherheit. Daher gibt es in wichtigen Fragen kaum ein Wollen ohne höherer, überirdischer Instanzen, welche die Legitimation richtigen Handelns liefern...

Im neuen System ist das Wollen stärker in der Persönlichkeit des Menschen integriert (3).
Das Wollen durchdringt also alles; körperliches, seelisches sowie, geistiges Verlangen. Es kann zu einem (ideellen) Bestreben werden. Das Wollen treibt den Menschen an, in seinem Schöpferischen, aber ebenso in der Befriedigung ganz elementarer (banaler) Bedürfnisse (Freizeitgestaltung, Steckenpferde,...).
Das Wollen wird allgemein als ein Grundbedürfnis anerkannt und man akzeptiert es normalerweise auch bei Anderen. Das Problem des kategorischen Imperativs von Kant bleibt dennoch aufrecht...

Fix-Achsen:

Das Fühlen war im alten System von der Zahl 3 geprägt. Man hat das Numinose (das Heilige) gespürt, auch das Göttliche im Alltag (Indien) - Typisch ist auch die Omnipräsenz des Heiligen, ein starkes (Gott-) Vertrauen, dass alles was man fühlt, letztlich folgerichtig und gut ist, da es im Jetzt geschieht: Im Fühlen liegt das ganze Leben drin. Sogar Trauer ist etwas, das man gerne auch rituell zum Ausdruck bringt, weil man damit umzugehen weiß. So kommt es letztlich zu einem freudigen Lebensgefühl, einer bejahenden Lebenshaltung (die religiöse Kraft eines Jupiters steckt da drinnen...)

Im neuen System werden Gefühle gesucht (Zahl 7) - teils in Bildern, teils in Vorstellungen; gefühlsmäßig lebt man allzu bald in diesem „Film" mit und steckt als Figur irgendwo drinnen. Man identifiziert sich mit einem Vorbild und versucht diesem zu entsprechen oder verliebt sich in eine Vorstellung (spirituelle Liebesgefühle). Die Flucht vor der Realität kann relativ rasch geschehen - hinein in die Ekstase, in den Rausch - besonders dann, wenn gewisse Erwartungen nicht erfüllt wurden oder Gefühle von Enttäuschungen aufgetreten sind.

Flexible Achsen:

Denken und Sprache (Kommunikation, Gestik) waren in der alten Ordnung von imaginativen Bildern und Vorstellungen geprägt; magisch-analoges Denken: Zahl 7
In der neuen Ordnung herrscht hingegen das Denken in Gegensätzen (Zahl 2) vor, von Selbstzweifel angefangen bis hin zu kritisch-wissenschaftlichem Denken, bei dem das Hinterfragen fast zu einem Prinzip geworden ist. Duale Denkkategorien und Einteilungen (wie zum Beispiel die Einteilungen in Ost und West, oder 1. Welt und 3. Welt, etc.) sind an der Tagesordnung.
In der Kommunikation könnte es um die Entwicklung der Dialektik in ihrer ursprünglichen Bedeutung gehen; Erkenntnisse sollen aus dem Dialog (wie bei Platon) hervorgehen und entwickelt werden...

Wenn wir die einzelnen Quersummen der neuen Ordnung (3, 7, 2) mit der alten Ordnung (2, 3, 7) vergleichen, fällt auf, dass man bei beiden Ordnungen folgende Rechnung vollbringen kann:

$3 + 2 (= 5) + 7 = 12$

Es zeigt sich ein weiteres Mal, dass
--- diese beiden Zahlen 5 und 7 in der neuen Ordnung vorkommen
--- die Summe 12 wieder auftaucht.

Mit dem zweiten Punkt wollen wir gleich fortfahren, denn immerhin gibt es immer wieder Spekulationen darüber, ob nicht doch eines Tages 12 Gestirne (statt der bisherigen 10) entdeckt werden, denen man 12 Tierkreiszeichen so zuordnen kann, dass jedes Gestirn Herrscher eines einzigen Zeichens sein kann. Darin liegt aller Wahrscheinlichkeit nach ein Wunschtraum von Astrologen im Verborgenen:

„In den letzten 200 Jahren wurden drei neue Planeten, Uranus, Neptun und Pluto entdeckt, damit erhöht sich die Zahl der astrologischen Planeten auf 10. Diese Zahl ist allerdings nicht endgültig ...., die kosmische Harmonie verlangt das Vorhandensein von insgesamt 12 Planeten"[41] schreibt Zoltan Szabo.
Woher weiß er das...? Kann er vielleicht in die Zukunft sehen? So weit würde ich nicht gehen in meinen Behauptungen.
Bei Szabo geht es durchaus in dieser Tonart weiter: „Werden die fehlenden zwei Planeten entdeckt, so kommen wir in eine Zeit, in der die Wiederherstellung der alten Ordnung durch eine neue möglich wird." Aha, so eine Art goldenes Zeitalter wird wiederkehren; bis sie kommt, können wir uns ganz gemütlich zurücklehnen, denn: „zurzeit befinden wir uns noch in einer vorbereitenden Zwischenzeit."[42]
Trotz all dem möchte ich dieser Sichtweise auch etwas Positives hinzufügen: Möglicherweise hat er in einer Imagination erkannt, dass in der alten Ordnung etwas gewesen ist, was verloren gegangen ist und erst wieder gefunden und wieder belebt werden sollte.

Fest steht für mich jedenfalls, dass wir diese Angelegenheit differenzierter betrachten sollten.
Es erscheint mir so gut wie unwahrscheinlich, dass in unserem Sonnensystem noch ein bis zwei Planeten gefunden werden (außer vielleicht einige kleinere Asteroiden); bedenken wir, dass der als letzter entdeckte Planet Pluto als Planetoid bereits ein Grenzfall ist. Und überhaupt: Warum muss man alles nahezu reflexartig so zurechtbiegen, damit die Ganzheit von 12 in allen Punkten und Enden gewährleistet ist? Im Gegensatz dazu möchte ich in dieser Arbeit den Aspekt zu betonen versuchen, dass nicht nur die 7, sondern auch die 5 eine starke Rolle spielen. Dass deren Summe wieder die 12 ergibt, liegt auf einem anderen Blatt.

Ein Beispiel: Bei einer Hand stehen sich 4 Finger + 1 Daumen gegenüber und ergeben zusammen die Zahl 5! Dasselbe lässt sich auf den gesamten Menschen aussagen: 4 Gliedmaßen + 1 Kopf ergibt die 5 ein weiteres Mal.
Das Doppelte davon, die 10 (Finger, Zehen) ist für den Menschen, der Astrologie betreibt, doch auch nicht unwesentlich, nicht wahr? Die Pythagoräer haben das schon immer gewusst, denn für sie war die Tetraktys (das Dreieck mit den 10 Punkten) ohnehin wichtiger als die Zahl 12!

---

[41] Zoltan Szabo: Der Gral im Horoskop; Astrologie der Wandlung, S.176
[42] Z. Szabo, beide Zitate ebd.

Außerdem können wir mit 10 Fingern schon heute etwas Konstruktives anfangen ohne darauf warten zu müssen, bis es 12 werden in der Evolution...

Miteinbeziehen sollten wir an dieser Stelle, dass die 10 aus dem (indogermanischen) Wort „dekm" „zwei Hände" abgeleitet ist. Aus dem heraus ist es eine verlockende Idee, beide Hände mit den 10 Fingern als 2 Gruppen von je 5 Planeten darzustellen:

Grafik No. 40:

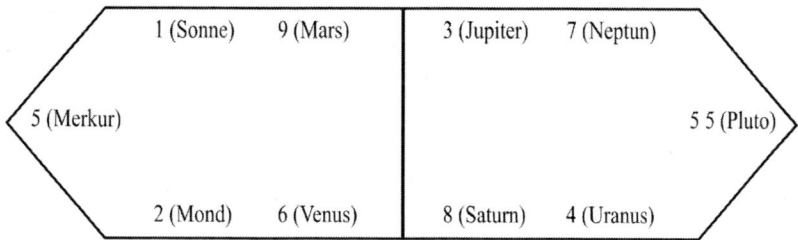

Die zahlenmäßige Zuordnung dieser 10 Himmelkörper, die sich von links nach rechts immer mehr von der Erde entfernen, kann man hier sich sehr gut als 2 Hände vorstellen: Die eine (nähere) Hand mehr für das Individuelle, die andere (weiter entfernte) Hand mehr für das Gesellschaftliche. Der Daumen liegt dabei jeweils in der Außenposition und zwar links als die 5 und rechts als die Doppel-Fünf, d.h. genau genommen 10. Warum ich dabei die Doppel-Fünf genommen habe, hängt mit der Endsumme zusammen, denn wir erhalten tatsächlich bei beiden „Händen" die Summe 55 und dies wollte ich in dieser Grafik besonders verstärken...

Will man alle 12 Tierkreiszeichen mit den Ziffern der Planeten bezeichnen, muss man selbstverständlich noch einmal die Venus (6) und den Merkur (5) zur 55 dazu rechen, weil beide ja 2 Sternzeichen repräsentieren. So erhält man schließlich 66, die Endsumme des neuen Tierkreises. Im Augenblick ist dies jedoch nicht von Belang. Vielmehr:

Die einzelnen Summen der beiden Hände ergeben in ihrer Quersumme genau jene Synthese-Zahl 5, die ich synonym für den Daumen herausgestellt habe:

Individuelle Hand (links):   23   Q = 5
Kollektive Hand (rechts):   32   Q = 5

            Summe   55   Q = 10

(55 bedeutet eigentlich soviel wie „zweimal die Hand", während die 10 Finger in der abschließenden Quersumme zu finden sind...)
Ich habe hier ein Bild zu beschreiben versucht. Nun wollen wir wirklich die beiden Zahlen 6 und 5 für Venus und Merkur ein zweites Mal in unser System einbauen. Da diese beiden Planeten zu den erdnahen Planeten zählen, wollen wir sie an der entsprechenden Stelle hinzurechnen, also bei der „individuellen Hand" (links):
Die Quersumme ist dann nicht mehr die 5, sondern die 7:

23 + 6 + 5 = 34 (Q= 7)

Bei der „kollektiven" Hand (rechts) bleibt alles wie bisher:

Die Summe ist 32 und deren Quersumme Q = 5.

Aus diesen beiden Summen wollen wir wieder die Mitte herausschälen, wie wir es schon bei den beiden Hexagrammen getan haben und kommen so ein weiters Mal auf die Zahl 33! Mit deren Quersumme 6 stellt diese wieder die zahlenmäßige Mitte von 5 und 7 dar.

Linke Hand:	34	33	32 (= rechte Hand)
	Q7	Q6	Q5
		(Mitte)	

Das kommt uns doch bekannt vor (siehe Grafik No.39): Wir erinnern uns an die Akzentuierung der beiden Zahlen 5 und 7 in der alten Ordnung.
Dabei gilt es, einen noch sehr wichtigen Punkt anzusprechen, den wir schon im ersten Teil erwähnt haben: Zu der Zeit, als man nur „7 Planeten" kannte, hatte man mit ihnen die so genannte chaldäische Reihe bilden können. Diese Reihe diente auch als Vorbild für einen spirituellen Entwicklungsweg, einen Lebensweg der menschlichen Seele.
Ganz anders verhält es sich hier in der neuen Ordnung letztlich auch nicht, denn die 7 Herrscherplaneten vom Frühlingspunkt bis zum Herbstpunkt sind die gleichen geblieben. Immer noch ist es möglich, durch 7 Tierkreiszeichen zu wandern, die in ihrer Essenz ganz Ähnliches enthalten:

Mars - Venus - Merkur - Mond - Sonne - Merkur - Venus
9 + 6 + 5 + 2 + 1 + 5 + 6 = 34
Widder - Stier - Zwillinge - Krebs - Löwe - Jungfrau - Waage

Aufgeteilt in die ersten 4 Sternzeichen und die restlichen 3 erhalten wir:

  22   +   12   = 3 4
 (Q 4) + (Q 3) = Q 7
(Materie) (Geist)

Schließlich haben wir noch die restlichen 5 Zeichen zur Verfügung, die man ebenfalls teilen kann:

Pluto - Jupiter - Saturn / Uranus - Neptun
 10 + 3 + 8   /   4   +   7   21 + 11 = 32
Skorpion - Schütze - Steinbock / Wassermann - Fische   Q 3 + Q 2 = 5
                                                        (Geist) (Seele)

Bestechend ist wieder einmal die Symmetrie, die wir aus den einzelnen Komponenten herausbekommen:

Grafik No. 41:

$$22 \ldots + \ldots 12 \ldots\ldots\ldots\ldots\ldots\ldots = 34 = 7$$
$$(33)\ldots\ldots\ldots\ldots \ldots\ldots 33 \ldots\ldots\ldots 6$$
$$21 \ldots + \ldots 11 \ldots\ldots\ldots\ldots\ldots\ldots = 32 = 5$$

Wir sollten allgemein in Betracht ziehen, dass die 6 die Mitte von 5 und 7 bildet und im Lauf der Zeit aus dem Zusammenwirken dieser beiden "Kräfte" herausgewachsen ist....

Die beiden Zahlen 5 und 7 kamen in der älteren Ordnung öfters zum Zug, wie wir schon gesehen haben. Besonders deutlich wurde diese Signifikanz bei der Gesamtsumme 57. Auch in der neuen Ordnung ist die Kombination von 5 und 7 präsent. Und so scheint es mehr solcher Beispiele zu geben, wo „Reste" der alten Ordnung spürbar in Erscheinung treten. Warum dies der Fall ist, möchte ich gleich im Anschluss zu beantworten versuchen. Es liegt nahezu im wörtlichen Sinn auf der Hand:

Bekanntlich haben wir der individuellen Hand noch 2 weitere Zahlen (als Stellvertreter der Planeten) hinzugefügt, so dass es insgesamt 7 Zahlen geworden sind. In der anderen Hand verbleiben die restlichen 5 Zahlen. Die daraus hervorgehende Aufteilung in 7 individuelle und 5 kollektive Planeten haben somit auch einen manifesten Grund: Beim Tierkreis sind die Häuser von 1 - 7 mit „näher gelegenen" Herrscherplaneten besetzt: Venus, Merkur, Sonne, Mond...; ab dem 8. Haus (Pluto im Skorpion) bis zum 12. Haus befinden wir uns hingegen im gesellschaftlichen Sektor, der von weiter entfernten Planeten beherrscht wird: Pluto, Jupiter, Saturn, Uranus und Neptun. Darum haben wir im individuellen Bereich 7 und im gesellschaftlichen Bereich 5 Planeten beziehungsweise Zahlen.

Abgesehen von dieser Aufteilung können wir die Zahlen 5 und 7 auch als Quersummen der Tierkreis-Hälften wieder finden; das ist insofern bemerkenswert, da in beiden Hälften nicht mehr 5 oder 7, sondern jeweils 6 Häuser zur Berechnung herangezogen worden sind...

Ich schlage vor, wir sehen uns nun die beiden Hälften an:

obere Hälfte: $6 + 5 + 2 + 1 + 5 + 6 = 25$ $Q = 7$ (hier ist alles gleich wie bei der alten Ordnung)

untere Hälfte: $10 + 3 + 8 + 4 + 7 + 9 = 41$ $Q = 5$

Im Vergleich dazu zeigen wir noch einmal die Zahlenfolge der 7 individuellen und 5 kollektiven Planeten (= Zahlen):

individuelle Seite: $9 + 6 + 5 + 2 + 1 + 5 + 6 = 34$ $Q = 7$
kollektive Seite: $10 + 3 + 8 + 4 + 7 = 32$ $Q = 5$

Der einzige Unterschied liegt also sichtbar darin, dass die 9, der Planet Mars, zur individuellen Seite gewandert ist... (Der Planet Mars ist ja tatsächlich ein Sonderfall in dieser Beziehung, da er von der Sonne weiter weg ist als die Erde).

Wieder einmal scheinen diese beiden Synthese-Zahlen 5 und 7 erzeugt zu werden, aus einer gewissen Spannung heraus, darauf hin drängend, eine Einheit wiederherzustellen.

Ich hoffe, hinreichend Beispiele für die These erbracht zu haben, dass sie auch im neuen Tierkreis eine wesentliche Rolle spielen....

„Diese sehr tief und wesenhaft begründete Gliederung der 12 in 7 und 5, in die Siebenheit und die Fünfheit, hängt mit dem Erdenschicksalsweg der menschlichen Individualität (Fünfheit) und ihrem Entwicklungsweg durch die Zeitenkreise (Siebenheit) (= Zahl der Zeit) zusammen ...."[43]

Gerade bei der letzten oder 6. Achse des Tierkreises wird das Verhältnis von 5 (Merkur) und 7 (Neptun) stark betont, denn es sind hier gleich zwei Synthese-Zahlen daran beteiligt, wie ich schon in Teil III beschrieben habe. Da es sich bei den Planeten zusätzlich um Repräsentanten der Denk-Achse handelt, wollen wir sie nun eingehender im Zusammenhang mit der individuellen und der gesellschaftlichen Entwicklung (Teil V) abhandeln.

---

[43] H. Hessenbruch, Geheimnisse und Wesen der Zahlen, S.132

TEIL V

TRANSFORMATIONEN

Das plutonische Opfer

Wenn ich aus dem individuellen Bereich komme und eine seelische Entfaltung durchlebe, bis der „Schmetterling" fliegt, geht die „Entwicklung" allgemein vom Aszendenten, also dem ersten Haus über das 2. Haus, das 3. Haus und so weiter. Im Gesellschaftlichen scheint es eine umgekehrte Richtung der Entwicklung zu geben: Aus der Bruder- bzw. Schwesterliebe (12. Haus), die ein Ergebnis der individuellen Beziehung von Frau und Mann, von Venus und Mars, ist, entfalten sich zukünftige lose Interessengemeinschaften (im 11.Haus). Dieselbe erlebt im Lauf der Zeit Einschränkungen (im 10.Haus), jedoch auch festere Strukturen, beides unter dem Einfluss Saturns stehend: Soziale und politische Institutionen werden gegründet, Macht- und Verteilungsapparate entstehen, Gesetze werden gebildet, die das Zusammenleben der Menschen regeln. Dieses als politisches System gekennzeichnete Gebilde wird von ideologischen Konzepten legitimiert, die sich in weiterer Folge im Rechtssystem, in den Religionen und diversen Bildungseinrichtungen, darunter heutzutage auch die Medien, widerspiegeln (9. Haus). Normalerweise sind hier auch die verschiedenen ideologischen Konzepte, Zukunftspläne und Ideen mit samt den ethisch-religiösen Richtlinien zuhause, die in politischen Parteien hineingetragen werden ... (diese sind allerdings, aus welchen Gründen auch immer, in den beiden letzten Jahrzehnten vermehrt vernachlässigt worden). Weiter ginge es mit dem 8. Haus, dem Skorpion-Haus, aber hier ist bereits die Endstation sichtbar: Es riecht nach Tod und Verwesung. Es geht nicht mehr weiter, es sei denn, es geschieht eine grundsätzliche Transformation. Der Planet Pluto, der antike Herrscher der Unterwelt und gleichzeitig dieses Hauses, ist vor relativ kurzer Zeit in das - von Steinbock geprägte - 10. Haus eingedrungen und wird in den verbleibenden 12 Jahren hier noch einiges verändern müssen. Alle konservativen Kräfte, die versuchen werden, ihre Herrschaft aufrecht zu erhalten (samt der Kirche) werden eingestehen müssen: Je mehr nieder gehalten und schön geredet wird, umso schärfer werden die gesellschaftlichen und sozialen Ausbrüche ausfallen (seit 2008 Krisenjahr) :
1.) weltweite Hunger-Krise durch Spekulationen im Grundnahrungsmittel-Sektor im Zusammenhang mit Bio-Sprit, 2.) Morgan-Stanley und die Folgen...

Pluto ist nun bereits 5 Jahre im Steinbock, also jenem Zeichen, das am stärksten mit dem politischen System, den traditionellen gesellschaftlichen Normen und bei den Gnostikern auch mit dem materiellen Tiefen in Verbindung gebracht wird. In den verbleibenden 10-12 Jahren wird Pluto hier verweilen und auf ein adäquates Opfer warten: Es muss ja nicht nur das

Sterben sein, das mit dem Physischen assoziiert wird, es kann ja auch - und das ist es letztlich, was wir uns wünschen - eine friedliche Transformation im Gesellschaftlichen gemeint sein. Freilich. Eine Krise ist es trotzdem und bei Pluto sollten wir uns darauf einstellen, ein gewisses Opfer zu bringen: Heraus aus dem Persönlich-Privaten, wo jeder - bezogen auf und für sich selbst – „sein eigenes Ding" und sein eigenes Schicksal schmiedet. Wir sind durchaus selbstverantwortlich, aber nicht mehr nur für uns selbst, sondern auch für den Anderen. Der Aufruf könnte lauten: Treten Sie heraus aus dem Persönlichen (Venus, Mars) und wagen Sie einen Sprung in das Neue hinein, in die Philadelphia (Neptun), in die Brüderlichkeit. Gewiss ist es ein Erlebnis, ähnlich den „Stirb´ und Werde"-Vorgängen in den alten Mysterien, die letztlich einen Neuanfang im Leben des Adepten bedeutet haben. Zu diesem persönlichen Opfer muss jeder bereit sein und keinesfalls darf man dazu gezwungen werden. Es wird sich aber herumsprechen und diejenigen, die diesen Weg nach vorne gegangen sind, werden es nie bereuen, denn sie haben ihr Selbst gestärkt und ihr Ego geschwächt, genau umgekehrt zu denjenigen Unglücklichen, die der Geiz plagt und der Neid frisst. Glauben Sie nur nicht, dass diese armseligen Menschen, die den Schritt in die Philadelphia nicht gewagt haben, freiere Menschen wären als jene, die ihren Dienst darin sehen, Diener der Menschen und der Menschheit zu sein. Freiheit heißt auch Verantwortung tragen und so sind wir alle frei, wenn wir die Verantwortung über die Mutter Erde übernehmen, anstatt sie jenen zu überlassen, die nur auf persönlichen Gewinn und Vererbung ihres materiellen Reichtums aus sind (die Empfehlung lautet daher besonders für diese Sorte von Menschen: Opfert so viel, dass ihr es spürt, dass es euch echt weh tut, denn ihr habt der Erde auch wehgetan!!)

Nie zuvor in der Geschichte der Menschheit war es der Fall, dass das ökonomisch-gesellschaftliche System in so engem ursächlichen Zusammenhang mit den klimatischen Veränderungen gestanden ist... Das Gleichgewicht auf unserer Erde ist empfindlich gestört worden. Dennoch benötigen die Menschen nicht nur Hinweise in ökonomischer, sondern auch in ethischer Hinsicht; das heißt Visionen, wie Menschen heutzutage leben sollten, um mit sich selbst, mit ihrer näheren Umgebung (im Sozialen) und mit den kosmischen Kräften in Einklang zu kommen, um eines Tages wieder im Gleichgewicht leben zu können. Im Kleinen bedeutet dies zum Beispiel auch, wie man wirklich zufrieden und glücklich sein kann, ohne den anderen Menschen zu verletzen und zu unterdrücken. Auch hier im Sozialen existiert wieder ein vermehrt starkes Ungleichgewicht, das bestimmt nicht zufällig in den letzten beiden Jahrzehnten gewachsen ist. Die Unzufriedenheit, die auch auf der Seite von denen vorhanden ist, die von der ökonomischen Ausbeutung der anderen profitieren, ist ein Beweis dafür, dass der Mensch von Natur aus ein soziales Wesen geblieben ist und dass er sich nur in äußerst angespannten Situationen oder unter außergewöhnlichen Umständen (wie beispielsweise bei mystischen Einsiedlern) abschotten will vom Gesellschaftlichen und von der Welt. Gerade in Zeiten der Globalisierung kann niemand mehr behaupten, er wisse von nichts, nichts von den Ungerechtigkeiten und Notfällen, in die Menschen unverschuldet hineingeraten sind und darunter leiden müssen. Menschen besitzen von Natur her ein Mitgefühl und wer das nicht mehr verspürt, ist krank. Wer es sich zurechtmachen will in selbstgenügsamer Zufriedenheit, lebt zwar als Egoist angepasst innerhalb „seines" ökonomischen Werte-Systems, doch braucht sich dieser Mensch wirklich nicht wundern, warum er dennoch ein Gefühl der Disharmonie in sich spürt. Das beste Mittel dagegen lautet: Erkenne dich selbst in deinem Mitgefühl und erprobe eine Ethik, die dich wieder in ein Gleichgewicht bringen kann. Natürlich erzeugt die neu hervorgebrachte Lebensweise ein Konfliktpotential gegenüber den vorherrschenden Werten, aber dies ist nur gut so: Ohne einem solchen Spannungspotential kann das angestrebte Gleichgewicht nie herbeigeführt werden. Eine Ethik ist also wieder gefordert, die Frage ist jedoch: Wie und woher?

Chancen des Umdenkens

Das alte China und das antike Abendland haben Wurzeln, die als Einfluss noch immer fruchtbar sind für ein angemessenes Verhalten in der nahen Zukunft und als Hilfe gegen globale Fehlentwicklungen gesehen werden können. Sokrates und Lao-Tse haben in ethischer Sicht erstaunliche Ähnlichkeiten vorzuweisen und es ist als Vorteil zu betrachten, dass sie keine Religion im eigentlichen Sinne propagiert und gelehrt haben, sondern philosophische Lehren, die über alle wesentlichen Bereiche des Lebens ein Wissen entwickelt haben, in denen geistig-spirituelle Faktoren in natürlicher Weise miteinbezogen worden sind. Ihre Lehren haben als ewige Weisheiten einen überzeitlichen Charakter.
Der Taoismus versucht, die himmlische Ordnung auch für die Menschheit gelten zu lassen. Das Ziel und die Aufgabe des Menschen ist eigentlich immer dasselbe geblieben: Das Gleichgewicht zwischen Himmel und Erde zu erhalten.

Der Berufene sagt: „Wer das Unglück des Reiches auf sich nimmt, der ist der König der Welt….. wahre Worte sind wie umgekehrt."[44]
Meine Interpretation dazu lautet: Das Paradoxon ist, dass nicht - wie man vielleicht erwarten würde - das Glück genommen wird und all dies, was mit dem Glück in der Welt oberflächlich assoziiert wird, nämlich mit Geld, Macht und Stärke, sondern genau das Gegenteil hiervon: Man kümmert sich um die Schwächen; darum soll das Anliegen des Herrschers darin bestehen, das Weiche umzusetzen.

Dass das Weiche (zum Beispiel das Wasser - Anm. von mir) das Harte besiegt, weiß jedermann auf der Erde, aber niemand vermag danach zu handeln!
Dafür sollte man sich heutzutage vermehrt die Zeit nehmen, um die Neptun-Qualität der Fische hervorzubringen und erfüllen zu können; sie besitzt nämlich durchaus diese Qualitäten...
Der Taoismus und der Platonismus sind verwandt bei der Lehre, dass in der Wirklichkeit die (geistige) Idee wirkt und vom Berufenen erkannt werden kann.[45] Schon bei seinem geschätzten Lehrer Sokrates hebt Platon dessen Suche nach jener Form der Wahrheit hervor, die nicht im Stofflichen (= „erdhaften") zu suchen ist.
Die Wahrheit ist häufig umgekehrt; das ist das Paradoxon: „Wahre Worte sind nicht schön, schöne Worte sind nicht wahr."[46] lautet es im Tao te king von Lao-Tse. Fast dieselbe Idee finden wir bei Platon, wenn er Sokrates als Geburtshelfer der mitunter schrecklichen Wahrheit bezeichnet.
Bedenken wir ferner: Die moderne Kunst bringt oft solche Dinge hervor... Die Wahrheit ist tatsächlich nicht immer angenehm:
Einige Menschen im deutschsprachigen Raum wollen zum Beispiel noch immer nicht davon hören oder wahrhaben, dass es in ihrer Heimat Gaskammern gegeben hat, in denen Millionen Menschen auf furchtbare Art und Weise zu Tode gekommen sind. Dieselben Leute gedenken oft mit Eifer an die - für die Heimat - Gefallenen, und vergessen dabei, dass diese Heimat, der sie gedenken, nicht nur mit Krieg und gefallenen Soldaten zusammenhängt, sondern auch mit Diktatur, Konzentrationslager und Gaskammern. Einen solchen Zusammenhang auszuhalten ist sicher nicht leicht; darum wird er verständlicherweise verdrängt, obwohl es die (unangenehme) Wahrheit ist. Man sollte zu einer unangenehmen Wahrheit stehen und nicht Zusammenhänge leugnen, weil sie unangenehm sind.

---

[44] Vgl.:Lao-Tse, Tao te king, Weisheitsspruch No.78, Hg. W.Y. Tonn, (übersetzt v. Victor v. Strauß),S.162
[45] Siehe: R. Wilhelm, S.36
[46] Tao te king, Weisheitsspruch, No. 81, Hg. w. Y. Tonn, siehe, S.165

Lao-Tse und Sokrates waren nicht nur Berufene, sondern zwei in der Wahrheit Handelnde.
„Des Himmels Sinn ist es, was zu viel hat, zu verringern, was nicht genug hat, zu ergänzen."[47] Der Berufene weiß, dass es sich so verhält. Viele Menschen halten sich aber keineswegs daran, im Gegenteil:
„Er verringert, was nicht genug hat, um es darzubringen dem was zu viel hat."[48]
Der Mensch handelt oft umgekehrt zu den geistigen Gesetzen; auch das ist eine Wahrheit..."Des Menschen Weg ist: Er mindert das Nichtgenügende, um es dem Übervollen darzubringen."[49]

Eine gerechtere Ordnung kann entstehen, wenn der „König der Weisheit" den Weisen folgt, die immer versuchen, einen Ausgleich zu schaffen zwischen zu wenig und zu viel...
Platon im Westen und Lao-Tse im Osten haben - unabhängig voneinander - erkannt, dass der Mensch das richtige Maß finden muss.
„In der Welt ist es aber so, dass diejenigen, die schon haben mehr für sich wollen (Gier...)."
Wenn uns heutzutage ein Unwohlgefühl plagt über gar so manche Unmäßigkeit, so liegt es weniger daran, dass unsere Bauern zu viel Schweinefleisch produzieren, sondern eher daran, dass insgesamt zu wenig Ausgewogenheit vorhanden ist und Menschen ein Unwohlsein spüren, obwohl sie eigentlich genug haben. Hier, praktisch in der Nähe der Thematik von Einseitigkeit und Übermaß, spüren wir die Unausgewogenheit und diese weckt letztlich unser natürliches Gerechtigkeitsempfinden!

Das einseitig auf (materiellem und finanziellem) Kapital basierende quantitative Wachstum, das in unserem derzeitigen globalen System zum Leitbild geworden ist, ist sowieso extrem unausgewogen und, was die Verteilung der Mittel betrifft, extrem ungerecht. Das angestrebte Ziel liegt genau „umgekehrt" in der Ausgewogenheit. Als erster Schritt ist daher Maßhalten und Reduktion im materiellen Bereich angesagt, aber ohne Bewusstheit über diese Wahrheit wird sich leider nicht allzu viel verändern.
Das materielle Übergewicht in der westlichen Zivilisation zeigt sich sogar schon in der hohen Zahl von extrem übergewichtigen Menschen im anglo-amerikanischen Raum. Das scheinbare Paradoxon dabei ist, dass übergewichtige Personen hauptsächlich aus den ärmeren Schichten der weißen

---

[47] Tao te king .Weisheitsspruch No.77. /vgl. S. 160
[48] ebd.
[49] Zitat, ebd.

Bevölkerung stammen. Denn genau sie reproduzieren unbewusst am besten jenes System, das von materieller Überproduktion und Überproduktivität gekennzeichnet ist. Mit anderen Worten: Hier wird das Leitbild des Quantitativen fast maßstabsgetreu übersetzt und umgesetzt.

Stattdessen wird es insgesamt nötig sein, auf der anderen Seite - nämlich auf der geistig ideellen Seite - das Potential zu verstärken. In der heutigen Zeit erscheint mir, angesichts der ständig wachsenden Waffenarsenale, Satelliten-Systeme etc., ein Ausgleich vonnöten zu sein. Schwach-Sein sollte Tugend werden, die man als „Feinfühlender" (= der Berufene) entwickeln kann. Ja sie besteht zu einem wichtigen Teil auch darin, Schwäche einzugestehen und genau darin kann letztlich die Stärke unserer Zukunft liegen; dies ist die paradoxe Wahrheit.

Die scheinbare Passivität (Yin-Prinzip) entpuppt sich als eine Aktivität (Yang), die nicht im (nach außen gerichteten) Handeln liegt, sondern in der erhöhten Wachsamkeit und Sensibilisierung.

Wir leben auf sehr dünnem Eis, das zerbrechen kann. Jede Handlung, die unbewusst und achtlos getan wird, trägt bei zur weiteren Zerstörung unserer Umwelt. Dazu zählen selbstverständlich auch negative Gedanken! Ich hoffe, mit solchen Anregungen, die letztlich auf alten Weisheiten (Sokrates im Westen und Lao-Tse im Osten) gründen, einen Beitrag dafür zu leisten und hoffe, dass dies verstärkt auch Menschen tun, die im passiven Widerstand zu den materialistisch orientierten globalen Auswüchsen stehen.

Darum: Erhöhte Achtsamkeit und Bewusstheit über unser Denken und Handeln dient der Selbsterkenntnis, dient aber auch der Menschheit auf der Erde. Jeder ist selbst dazu aufgefordert, zu diesem Ausgleich etwas beizutragen. Bin ich achtsam im Umgang mit meinen Mitmenschen, bin ich achtsam im Energieverbrauch? Das, was zu viel ist, muss verringert werden. Wenn jemand merkt, dass er durch seine unachtsamen Aktivitäten in irgendeiner Hinsicht Schaden anrichtet - natürlich auch gegen sich selbst - muss sein Leben umstellen. An dieser Stelle ist Heilung möglich. Dies gilt nicht nur für den Einzelfall; darin besteht auch eine globale Chance: Umstellung, Umorientierung, Umkehrung.

Ein Umdenken ist dringend erforderlich, denn wir bewegen uns ja auf den Achsen des Denkens. Wir sollten uns darüber bewusst sein, dass unsere Gedanken wirksam sind. Das darf man nicht unterschätzen. Ein Beispiel aus der Esoterik: Neptun ist nicht nur medial veranlagt, sondern ist oft selbst extrem zugänglich für Medien und medialer Beeinflussung, bei der sich die Beurteilungskraft schnell im Nichts aufzulösen scheint. Leichtgläubig fällt man dann auf Dinge herein, die eigentlich nur darauf ausgerichtet sind, dem Anderen auf billige Art und Weise das Geld aus der Tasche zu ziehen. Ein unentwickelter Neptun fällt auf die Tricks des amoralisch gesinnten Merkurs herein. Jener ist schlau und weiß, dass man mit wenig Erkenntnisgehalt, oberflächlichen Methoden und der Ausrichtung auf reinen Selbstzweck (z.b. Knigge: wie kann ich - mit Hilfe spiritueller Methoden - selbstsicherer, willensstärker werden usw.) die Masse der Menschen durchaus zufrieden halten und unbemerkt betrügen kann.

Auf der anderen Seite der Denk-Achse, vom Schützen ausgehend, vermögen die idealistischen, ausufernd exotischen Züge eines bequem leben wollenden Jupiters, der vorgibt alles zu wissen ebenfalls einen negativen Einfluss auf den an und für sich gutgläubig und altruistisch leben wollenden Neptun auszuüben: Begeistert stürzt sich ein von allen Seiten falsch Beratener dann von einer spirituellen Betätigung in die andere, ohne irgendetwas dauerhaft vertiefen zu können. Zum Schluss fühlt er sich fast schwindelig und ist bald derjenige, der wirklich Hilfe braucht und betreut werden muss. Auch in diesem („luziferisch" geistig-spirituellen) Bereich kann es fast so etwas wie einen Teufelskreis geben.

Negative Wirkungen von Planeten (Finanzmärkte)

Folgenschwerer in unserer Zeit ist natürlich der Einfluss der unlauteren Motive, welche von der Gier gespeist sind und sich in der Ökonomie insgesamt, besonders im Geldwesen fatal ausgewirkt haben. Selbst hier können wir diesen drei planetarischen Kräften begegnen: Mercurius in der Rolle als „oberschlauer" Berater und Vermittler von Informationen, der ungeachtet ethischer Bedenken Geschäfte einfädelt und ermöglicht; Neptun ist einmal mehr jemand, der dem Schleier der Täuschungen unterliegt und unbewusst zu irrationalen Flucht- und Suchtverhalten verleitet, während man Jupiter hier als Symbol globalen Wachstums betrachten kann: Als Figur steht er für den Reichen im Überfluss, der schließlich selbst die Kontrolle über „sein" Vermögen verloren hat.

Die sich negativ auswirkenden Kreisläufe in der Welt der Finanzmärkte werde ich im Folgenden zu beschreiben versuchen:

Es sind vielleicht nur oberflächliche Formen der Kommunikation, welche sich im Alltag als harmloser Tratsch erweisen würden, die sehr rasch die Gerüchteküche an den Finanzmärkten und Börsen in einer von Interdependenzen gekennzeichneten globalisierten Finanzwelt aufheizen: Mit diesen Gerüchten entstehen jedenfalls „Blasen" im Überfluss und mit ihnen irrationale Ängste. In eine solche „Stimmung" (Neptun) der enttäuschten Erwartungen platzen dann noch kritische Bewertungen der Rating-Agenturen hinein, die allesamt aus dem Gebiet der kritiksüchtigen Jungfrau stammen (wo Mercurius ebenfalls Herrscherplanet ist). Die häufige Reaktion darauf ist eine künstlich erzeugte Empörung in den Medienlandschaften, nach dem Motto: Wir lassen uns nicht bevormunden (der luftige Merkur aus dem Zwilling ist ein Paradebeispiel für einen Journalisten, der es mit der Wahrheit nicht so genau nimmt). Selten wird hingegen die (dahinter liegende) Realität angesprochen. Zumeist wird die übliche Schlammschlacht inszeniert, bei der ein Politiker verdächtigt wird, zu wenig gegen diese „bösen" Rating-Agenturen unternommen zu haben! „Was bilden sich die eigentlich ein", und so fort. Die Reaktion auf die Gerüchtebörse ist also noch einmal Gerüchtebörse, diesmal veranstaltet von der Presse.

Das Problem liegt wie so oft, beim Thema der Wahrheit. Wir sollten uns eigentlich fragen: Was ist hier wirklich das Problem? Womit haben wir es zu tun?
Bei den Finanzmärkten haben wir es zurzeit mit „neptunschen" Scheinrealitäten zu tun, weil weder mit realen Waren noch mit wirklichem Geld, sondern mit fiktiven Zahlen gehandelt und operiert wird. Dazu kommen unterschwellige Irrationalitäten und Suchttendenzen, die bei ökonomischem Handeln natürlich kontraproduktiv sind, aber bei Börsenmaklern erstaunlich häufig auftreten. Die Auswirkungen sind fatal, wie wir wissen. Obwohl diese Form der Ökonomie ein Ergebnis des globalen Kapitalismus ist, sind die soeben beschriebenen Verhaltensweisen keineswegs Ergebnis des ökonomischen Denkens von Unternehmern, denn man kann sie nicht einmal als logisches Produkt bürgerlich-kapitalistischer Tugenden (Pünktlichkeit, Ordentlichkeit, Sauberkeit...) ausfindig machen. Gerade der irrationale Anteil von Ängsten, der hier auf allen Ebenen aufzutreten scheint, sollte uns betroffen machen.

Umso schwieriger ist es dann auch, selbst für die Experten, ein breit angelegtes ökonomisches Rezept gegen diese international wirkende ökonomische Krise zu finden. Dazu kommt noch ein Faktor: Da die Angst und der Zweifel über allen zu schweben scheint - was die Gesamt-Quersumme der Zahl 2 (Mond) sowieso ausdrückt - breitet sich Unsicherheit an allen Ecken und Enden aus. Es ist anzunehmen, dass diese Verunsicherung selbst in den Zentren der Finanzmärkte auftritt. Wir (Menschen) sind nicht mehr Herr der Lage, die wir erzeugt haben. Wir haben eine Lawine losgetreten und nun hoffen wir, dass sie uns nicht erwischt. Aus irrationalen Ängsten entsteht fast so etwas wie ein

Schock. Fluchtverhalten ist also nicht auszuschließen, wenn das Denken aus den Fugen gerät...

Hier zeigt sich wie wichtig es sein kann, das Problem auch einmal unter diesem Gesichtspunkt zu betrachten. Wo kann man ansetzen? Am ehesten an jener Stelle, wo man der Ursache der Krankheit begegnen kann:

Der steigende Konsum in unserer so genannten Wohlstandsgesellschaft hat uns nicht zufrieden gemacht, sondern gierig. Die Methode, mit möglichst wenig Aufwand zu raschem „Cash" zu kommen, hat sich als Grundidee, als Motiv, das für alle vorstellbar ist, verbreitet. Dies hängt auch damit zusammen, dass solche Methoden und Verhaltensweisen bis vor kurzem nicht als ethisch abwegig angesehen wurden. Würde letzteres der Fall sein, stünden wir in Zukunft vielleicht schon besser da. Solange es aber als höchst erstrebenswert gilt, möglichst viel Geld zu verdienen und Prestigegüter anzusammeln, werden diese negativen ökonomischen Kreisläufe, in denen allerlei irrationale Ängste mit herum schwimmen, nie aufhören.

Diese Transaktionen, die mit Risiko gehandelt werden, basieren hauptsächlich auf Ungewissheit, was die Zukunft betrifft - so beschreibt Joseph Vogl in seinem aktuellen Buch „Das Gespenst des Kapitals" den typischen Markt und Handel in unserer (globalen) Zeit.
Der größte Teil des Marktes ist mittlerweile der Handel mit Derivaten: Hierbei geht es vorwiegend um Erwartungen, die mit (teils hohem) Risiko und in Hochgeschwindigkeit gehandelt werden. Es ist alles völlig abstrakt geworden, auch die Umwelt der an diesen Geschäften beteiligten: Die Angestellten von Investmentbanken treffen sich in so genannten Trading-Rooms, in denen jeder einzelne von ihnen vor 4-6 Computerbildschirmen wie angeheftet sitzt und dort versucht, alle neuen Informationen herein zu bekommen, inklusive Sportberichte, um sich einen Informationsvorsprung zu verschaffen. Bei den Investment-Banken geht es um den Kurs von Währungen und will man mit diesem erfolgreich spekulieren, braucht man alle nötigen Informationen über den Markt (das ist die ganze Welt), bevor andere informiert werden.
Jede Information ist ein kleiner Impuls für die Entwicklung des Börsenkurses. So kauft man mit Informationen Geld. Das Wissen über Währungen ist fast schon wichtiger geworden als die Währung selbst! Natürlich spielt Geld nach wie vor eine Rolle, vor allem in Form abstrakter Zahlen.
In diesen Trading-Rooms werden täglich bis zu 4 Mio. Dollar umgesetzt.

Für rasche Gewinne von Traders gelten außerdem bestimmte mathematische Wahrscheinlichkeitsrechnungen als weitere aussichtsreiche Hilfsmittel. Es ist hier vor allem die „Black-Scholes"-Formel, der man als Wirtschaftsexperte viel Vertrauen entgegenbringt und bei Wahrscheinlichkeitsrechnungen häufig verwendet wird.

Im Grunde genommen ist diese Formel nur ein Modell zur Bewertung von Finanz-Optionen; dabei wird wohlgemerkt von einem „vollkommenen Kapitalmarkt" ausgegangen, in dem natürlich keine Kosten oder Abgaben für Finanz-Transaktionen vorgesehen sind. In einem solchen „vollkommenen Kapitalmarkt" hat man die Konstante gefunden, welche man für die Berechnungen der Finanzoptionen als Grundlage benötigt und die Variable besteht natürlich aus der erwarteten Rendite! Denn um Gewinne überhaupt prognostizieren und ausrechnen zu können, braucht man einige Faktoren, die konstante Größen darstellen.

Für die Formel haben die beiden Amerikaner Black und Scholes den Nobelpreis für Wirtschaftswissenschaften 1993 erhalten. Jetzt weiß man wenigstens, warum sich die Finanzmächtigen dieser Welt so vehement gegen Finanz-Transaktionssteuern zur Wehr setzen: Gewinne wären dann nicht so einfach kalkulierbar...

Die Formeln der Wissenschaftler (Merkur in der Jungfrau), die immer mehr werdenden und rascheren Informationen (Merkur in den Zwillingen), die Erwartungen (Neptun), die zu bestimmten Zeiten fast irrationale Ausmaße erreichen und schließlich und endlich die globalen Möglichkeiten (Jupiter im Schützen), die zu überdimensionalen Gewinnen verhelfen sollen, verschleiern, dass es nur wenige Gewinner, aber viele Verlierer bei diesem Spiel gibt, was sich für die Mehrheit fatal auswirkt. Für einige gibt es größtmögliche Gewinne, der Rest der globalen Gesellschaft bezahlt dafür!

Leider haben Ökonomen den Fehlergedanken mitgetragen, dass die Gier nach immer mehr Gütern ein Wirtschaftsfaktor für steigende Produktionszahlen sei, für Gewinne; mit dem anwachsenden Reichtum würden Volkswirtschaften nur profitieren. Mit einer Steigerung der Lebensqualität der Bevölkerungen wurde ebenfalls gerechnet, dabei wissen wir doch, dass sich Qualität nicht mit Quantität erzeugen lässt. Wir sind bereits an dem Punkt angelangt, an dem eine solche Rechnung nicht nur in Bezug auf die ärmeren Länder nicht mehr stimmt, sondern auch in Bezug auf die reichsten Staaten der Erde.

Die Allegorie der Gier ist in Dante's göttlicher Komödie[50] ein Wolf:

---

[50] Dante Alligheri, Die göttliche Komödie, (Abschnitt: die Hölle) S.12

„denn dieses Tier, vor dem du Hilfe schreist
lässt keinen je an sich vorüberziehen,
nein, so setzt es ihm zu, bis es ihn umbringt,
und ist von Wesen es so bös und tückisch,
dass nie es stillt das gier- entbrannte Lechzen
und nach dem Fraß mehr Hunger hat als vorher."

Herrschaftsverhältnisse (Saturn - Uranus)

In der neuen Ordnung hat Saturn die Zahl 4 abgeben müssen an den Uranus und statt der 4 erhielt Saturn nun die „Doppel-Vier", nämlich die 8, eine Zahl, die bei den Chinesen schon seit jeher als absolut Glück verheißend gegolten hat. Kein Wunder: In China galt (vor allem seit den Lehren des Konfuzius) die traditionelle Herrschaftsordnung ebenso als Garant des Glücks: In sehr pragmatischer Weise wurde - wie bei einem von einzelnen Teilen abhängigen Organismus - der Gesamtzusammenhang von Familie, Staat und Kaiser betont. Letzterer wurde gleichzeitig als oberster Priester im Staat gesehen, der für das Glück der restlichen Bevölkerung zuständig war, das heißt, seine ideale Stellung bestand auch darin, die spirituelle Mitte zwischen Himmel und Erde zu bilden und wohltätig zu wirken. Ähnliche Muster der traditionellen Herrschaftsordnung kennen wir auch aus anderen alten Königreichen, wo ein Monarch nicht allein für die weltlichen Belange zuständig war, sondern sich „segensreich" für das Wachsen und Gedeihen seines Landes und dessen Landsleuten erweisen soll. Typisch dafür waren zum Beispiel die alten tibetischen Monarchien, aber auch die maghrebinischen Königreiche (Marokkos, ...).

Zahlenmäßig ergibt sich die 8 auch aus den beiden Faktoren 3 und 5 bzw. der Achse Zwillinge-Schütze, die erlerntes (niederes) Alltags-Wissen und spirituelles (höheres) Wissen in einem vereinigt. Die Umsetzung dieser Vorstellung geschieht in der 8, die mit Saturn als Herrscher des Steinbock- Zeichens zu tun hat, das auf der nächsten Achse liegt: jene der traditionellen Herrschaft.

Es existiert hier die Vorstellung von einer höheren Ordnung (die Herrschaftssymbole verdeutlichen diesen Aspekt) mitsamt dem höheren spirituellen Wissen aus dem Schütze-Zeichen, das alles auf die Erde gelangen will (der Mythos bekräftigt dies...) und darauf wartet, in die Tat umgesetzt und verwirklicht zu werden. Sobald dieser Schritt einmal gemacht wurde und sich die Herrschaft bewährt und etabliert hat, wird sie zu einem Mittel der

Herrschaftslegitimation; das heißt, sie wird zu einer gewollten Ordnung, denn ab nun kann man sich auf eine höhere Instanz beziehen. Daher ist diese Form der (traditionalen) Herrschaft oft lang anhaltend und relativ stabil, denn selbst wenn sich Unglück ausbreitet, liegt der Grund nicht im Versagen der Ordnung, sondern im Versagen des unglücklich agierenden Herrschers, dessen ursprüngliche Kraft sich offenbar ins Gegenteil verkehrt hat. Diese Herrschaft läuft nicht so schnell Gefahr, umgestürzt zu werden.
Ganz anders geschah es der traditionellen Elite des Ancien Régimes in Frankreich. Das Volk war schon lange und andauernd unzufrieden gewesen mit dem was ihnen widerfuhr, denn der Adel hat das letzte aus ihnen herausgepresst und dabei gleichzeitig Güter angehäuft oder verprasst. Dass irgendwer von diesen Herren heilig gewesen wäre -, nicht einmal der König -, das hatte sich herumgesprochen bis zu jedem einfachen Knecht - und selbst die gab es bald kaum noch auf dem Lande. Es war sinnlos geworden, Felder zu bestellen und so zogen die einfachen Leute in die Städte, wo sie zumeist aufgingen in das bereits bestehende Lumpenproletariat. 1789 war es dann soweit: Die Revolution brach aus.

Auch in der Kultur des Geistes schien im Strom der Aufklärung (Rousseau, Voltaire) und der Entdeckungen und Erfindungen ein neuer Wind hereingebrochen zu sein, der auf ein neues Zeitalter hinwies. Es passt dazu, dass man für das- auf den Steinbock folgende- Zeichen Wassermann einen anderen Herrscher gefunden hatte: Für den eben erst entdeckten neuen Planeten Uranus ergab es sich, mit dem Begriff „Befreiung des Bürgers aus der Knechtschaft" und dem Gedankengut einer neuen Gesellschaftsverfassung („Contrat Social" von J.J. Rousseau) assoziiert zu werden:
Die Dreiheit von „Freiheit, Gleichheit, Brüderlichkeit" - wurde bekanntlich nicht nur die revolutionäre Losung der französischen Revolution 1789, sondern bildete auch die Grundlage der Verfassung jenes neuen Staates, der gerade zuvor seine Unabhängigkeit von den beiden Kolonialherren deklariert hatte, der Vereinigten Staaten von Amerika (1776).

Ein neues politisches Zeitalter ist somit ins Leben gerufen worden, das unabhängig von den alten Strukturen sich entwickeln wollte. Allerdings - wie wir alle längst wissen - sind Strukturen für die Ordnung von Gesellschaften immer notwendig gewesen und sie werden es auch in Zukunft sein. Gleichfalls kann man die Existenz einer völligen Unabhängigkeit als unrealistisch betrachten- solange nur auf die materielle Ebene geschaut wird! Insofern braucht man sich nicht wundern, warum viele der post-revolutionären politischen Strömungen letztlich immer wieder in den Materialismus mündeten. Darum ist die Zahl 4, die Zahl der Materie, als Zuordnung für den Herrscher des Wassermanns, Uranus nicht wirklich überraschend. In diesem Zusammenhang könnte man erwähnen, dass bei der russischen Oktoberrevolution starke astrologische Aspekte von Uranus vorhanden waren und diese ebenso im Geburtshoroskop des Begründers des kommunistischen Manifests, Karl Marx. zu finden sind. Jener war es auch, der die Dialektik des idealistischen Hegels „umgedreht" hat und die Materie als Basis genommen hat für die Entwicklung seiner Thesen (historischer und dialektischer Materialismus).

An dieser Stelle sollte man erwähnen, dass das heutige Russland noch immer damit beschäftigt ist, die vielen Verletzungen und Zerstörungen zu bearbeiten, welche die Auswüchse des materialistisch orientierten Kommunismus den Menschen und seinem Land in den 60 Jahren seiner diktatorischen Herrschaft bereitet hat -.

Aber auch die andere historische Supermacht, die USA ist nicht nur bekannt geworden für die vielen technischen Innovationen und dynamischen Entwicklungen: Die Vereinigten Staaten von Amerika und ihre Bevölkerung stehen an erster Stelle bei Raubbau an Energien und Ressourcen (ökologischer Fußabdruck ist in diesem Land am höchsten) und die Kriege, die sich diese Nation leistet, sind wohl in den wenigsten Fällen aus dem Grund begangen worden, um Geknechteten und Entrechteten aus anderen Teilen der Erde wirklich Freiheit, Gleichheit und Brüderlichkeit zu bringen....

Fassen wir also kurz zusammen, bevor wir einen Schritt weitergehen:
Im Steinbock ist die traditionelle Ordnung vorherrschend; ein Zeichen weiter, im Wassermann, versucht man diese Ordnung zu bekämpfen und durch eine neue (anarchistische) Ordnung zu ersetzen. Umgekehrt versucht Saturn, dieses jugendliche Streben nach Neuem zu begrenzen und so könnte man fast sagen, dass diese Gegensätze letztlich unversöhnlich gegenüberstehen: Hier das Alte, die Tradition, dort das Neue, die (gesellschaftlichen) Utopien. Doch sobald Utopien Wirklichkeiten und materielle Realität werden, verwandeln sie sich - mit Rückgriff auf das Alte hin....

Insofern kann man dem alten Marx noch am wenigsten etwas vorwerfen, denn er hatte eine zukünftige Idee, basierend auf der Negation des alten Systems, das damals schon Kapitalismus hieß. Aus der Kritik am kapitalistischen Ausbeutungssystem können wir noch heute Wesentliches erfahren, weil sie eine analytische Schärfe besitzt. Ihn nachträglich als utopistischen Phantasten oder Schwärmer zu bezeichnen, ist daher weit gefehlt. Im Gegenteil: Marx hätte der im Oktober 1917 stattgefundenen Revolution sicher keine Chance auf Verwirklichung zugebilligt, weil das zaristische Russland zu diesem Zeitpunkt ein zuwenig kapitalistisch entwickeltes Land, sondern faktisch ein feudalistisch geprägter „Bauernstaat" war. Vielmehr hätte Marx den heutigen globalen kapitalistischen Staaten mit ihrem Finanzkapital-Verkehr und ihren Aktienmärkten den Reifebonus für eine umfassende Revolution erteilt. 1848, als das kommunistische Manifest verfasst wurde, war jedenfalls das Börsengründungsjahr – vielleicht nicht ganz zufällig; das Unwesen mit den Aktienmärkten hatte eben erst begonnen...

1929, nach der ersten großen Bankenkrise, hätte ein Systemwechsel in Deutschland fast passieren können. Stattdessen haben sich Teile des deutschen Großkapitals (der Unternehmer Thyssen-Stahl, IG- Farben) mit dem Faschismus und den Heimatparteien arrangiert. Pluto befand sich seit dem ersten Weltkrieg im Sternzeichen Krebs, das stark mit den Themen Heimat, Herkunft, Familie und Identität verbunden ist, und wie heute in Quadratur zu Uranus stehend. Somit stand Pluto 1929 in Opposition zum Steinbockzeichen, das wie gesagt nicht nur mit dem politischen System der staatlichen Ordnung sondern auch mit dem traditionellen Normensystem assoziiert wird. In den 20 er Jahren bekämpfte man das alte Normen-System der Monarchie durch den Sozialismus, aber auch durch den National-Sozialismus. Letzterer hatte die besseren Karten, denn der Faszination gegenüber dem romantisch-verklärten Rückgriff auf den deutschen Mythos, den kämpferischen Helden der Ritterzeit und der gesellschaftlichen Aufwertung der Mutterrolle samt Blut und Boden deutscher Erde - lauter Heimatthemen (!) - konnte sich zu dieser Zeit fast niemand entziehen. In politischer Sicht bestand fast nur eine Option, wenn man das System nicht grundsätzlich verändern will: Gelingt es dem Staat, von den großen wirtschaftlichen Problemen abzulenken und den Feind im Außen zu suchen (dazu eignet sich vortrefflich die Revitalisierung deutschnationalen Gedankenguts), dann kooperiert er mit einer expandierenden Rüstungsindustrie, die im Lauf der Zeit die Arbeitslosigkeit und Geldnot verringern kann - oder er zerbricht aufgrund der vielen ökonomischen und strukturellen Probleme.

In der Heimat-Idee war außerdem ein fruchtbarer Boden für Rassismus zu finden: Die mit reichen Bankiers assoziierten Juden mussten als Opfer (Opfer- und Täter-Motiv bei Pluto) für die vielen wirtschaftlichen Schwierigkeiten und ohnmächtigen Gefühle herhalten: Das Gefühl der Niederlage, das die deutsche Bevölkerung nach dem 1.Weltkrieg sowieso verspürten, versuchte man mithilfe abstruser wissenschaftlicher Rassen-Theorien, die sich auf eine angeblich überlegene Arier-Rasse stützen, zu kompensieren. Vorhandene Minderwertigkeitsgefühle konnten so leichter auf Juden, Zigeuner und slawische „Untermenschen" - Bolschewiken - projiziert werden.

Das unkonventionell Neue (Uranus) an der politischen Bewegung des Nationalsozialismus, das mit Aufmärschen der jungen Menschen begonnen hatte, riss letztlich nahezu alle mit in eine Kriegsbegeisterung, die (ähnlich wie bei den Kreuzritterorden) das Heil erwarteten. Gepaart mit Revanchegedanken sollte die Überlegenheit der arischen Rasse den Sieg vorprogrammieren. Die deutschsprachige Gemeinschaft war drauf und dran, sich (äußerlich) aus dem Joch der Bevormundung zu befreien (Uranus) und man trennte sich (im Inneren) auf äußerst brutale Weise von seinen jüdischen Mitbürgern (Pluto), denen man die Schuld für soziale und wirtschaftliche Krisen anlastete. Gewisse Teile der Geschichte sind noch immer unglaublich, selbst wenn wir sie kennen und zu verstehen versuchen...

Das Ende ist jedenfalls bekannt: Millionen unschuldiger Opfer durch die systematische Vernichtung von Juden, Zigeunern, Andersdenkenden und der sinnlose Krieg, der uns allen vor Augen geführt hat, zu welchen unsagbaren Steigerungsstufen Massen-Propaganda fähig ist.

Ist davon etwas übrig geblieben?
Selten wird davon gesprochen, dass der Kapitalismus mit seinen Monopolkonzernen letztlich als großer Profitmacher des 2. Weltkrieges hervorgegangen ist. Außerdem ist in der totalitären Herrschaft der Nazis das Instrument der Massen-Propaganda „erfunden" worden, die Massenmedien welche heute noch unsere treuen Begleiter sind (dazu später) und von mächtigen Konzernen betrieben werden. Hitler ist tot, doch überall auf der Welt leben noch die Gespenster dieses verbrecherischen und totalitären Regimes fort und mit ihnen in indirekter Weise die vielen technischen Errungenschaften, die zur Lenkung der menschlichen Massen dienen …
In Verbindung mit neuen Investitionen (Wiederaufbau) zeigte der Kapitalismus zunächst sein freundlicheres Gesicht! Vor allem erkannte man, dass der Wohlstand der Masse von Konsumenten auch für das Geschäft segensreich sein kann: Industriegüter, die am Fließband erzeugt werden usw. In Konkurrenz zum Osten konnte aufgezeigt werden, dass man im Westen insgesamt mehr Wohlstand produzieren konnte. Seitdem das kommunistische Konkurrenz-System 1989 zusammengebrochen ist, war es offenbar nicht mehr notwendig, sich für soziale Wohlfahrt anzustrengen und Reformen weiter zu entwickeln, die der Allgemeinheit dienten... Obwohl seit der Wende 1989 noch mehr Güter, Waren und Dienstleistungen erzeugt und geschaffen wurden und darüber hinaus weniger Geld für unnötiges Wettrüsten ausgegeben werden musste, gab es in Europa sehr bald wieder Leute, die in die Armut abdrifteten; man bezeichnete sie als „Wohlstandsverlierer". Ab den 1980ér Jahren bildete sich eine so genannte Zwei-Drittel Gesellschaft heraus. Die hoch-kapitalistische

Gesellschaft der Finanzmärkte von heute steht damit im Zusammenhang: Sie ist Ergebnis einer allgemeinen Tendenz, dass wieder diejenigen Kräfte an Boden gewonnen haben und politisch mithilfe ihrer Lobbys dominant sind, die ohnehin nie ein wirkliches Interesse an einer gerechteren Güterverteilung besessen haben, sondern im Gegenteil darauf hinarbeiten, alle Hürden und Schranken für den hemmungslosen Arbeits-, Waren- und Kapitalverkehr zu beseitigen.

„Der Boom der Finanzmärkte begann in den achtziger Jahren, wurde mit neoliberalen Theorien gerechtfertigt und mit politischen Interventionen durchgesetzt. Und er war eng mit der produzierenden Industrie verflochten. Angesichts sinkender Profitraten amerikanischer Unternehmen gingen, der Rendite wegen, die Investitionen von Gewinnen mehr und mehr in spekulative Geschäfte, in Finanzprodukte oder Immobilien. Diese »Finanzialisierung« wurde durch das Industriekapital angestoßen, die Unterscheidung zwischen Real- und Finanzökonomie ergibt da wenig Sinn." sagt Joseph Vogl[51] in einem Interview.

Die völlige Deregulierung der Finanz-Transaktionen fand jedenfalls erst Mitte der 90er Jahre statt. Mithilfe ihrer Lobbyisten üben sie vermehrt Druck auf ihre Regierungen und Parlamente aus, die in der Folge sogar davor nicht zurückschrecken, jene Regelungen und Gesetze zurückzunehmen, die zum Schutz der Dienstnehmer in besseren Zeiten installiert worden sind. Seitdem geht auch die Schere zwischen Arm und Reich noch stärker auf. Wer glaubt, dass die Finanzkrise 2008 alle schwer getroffen hat, irrt gewaltig: Zu dieser Zeit gab es immer noch Manager, die ihre Gehälter um 40% und mehr steigern konnten. Zum Vergleich: Ein durchschnittlicher Angestellter verdient in der EU seit - falls er überhaupt noch eine ordentliche Beschäftigung hat - 1995 real weniger (!) als 2010, weil der Index höher ist als 3 % Netto-Real-Lohn.

Worauf will ich hinaus? Ich möchte aufzeigen, dass die derzeitige Krise etwas mit dem systemimmanenten Kapitalismus zu tun hat, dessen Auswüchse sich in den letzten 20 Jahren verschärft haben und nun zu platzen drohen. Mit ein paar Reformen wird sich diese Krise sicher nicht lösen lassen und Krieg darf nicht ein weiteres Mal die Lösung sein. Was soll also geschehen?

Sicher geht es auch heutzutage darum, das richtige Maß zu finden:

---

[51] Joseph Vogl ist auch Autor des vor kurzem erschienen Buches „Das Gespenst des Kapitals"

„Für sich allein genommen ist weder das Yin noch das Yang gut oder böse; ein Fehler liegt ausschließlich im Übermaß."[52]

Genau das ist es auch, was Platon im Zusammenhang mit seinen vier Tugenden thematisiert hat. Darauf wollen wir nun näher eingehen.

Platons Kardinaltugenden

Ein idealtypisches Bild der (griechischen) Gemeinschaft hat Platon im „Staat" zu entwerfen versucht und er hat ihre Teile mit den 4 Kardinaltugenden in Verbindung gebracht.

In seiner Ethik hat Platon vier Haupttugenden entworfen, die gewissen Körper-Zonen entsprechen, aber auch gesellschaftlichen Klassen: „Es steht ziemlich fest, dass sich in der Einzelseele dieselben Teile befinden wie im Staate, auch der Zahl nach."[53]

Die höchsten Tugenden sind für Platon: Weisheit (sophia), Mut (andreia), Besonnenheit (sophrosyne), und Gerechtigkeit (dikaiosyne). Mit Ausnahme der Weisheit (statt der Frömmigkeit) hat er diese vier vom griechischen Dichter Aischylos (4. Jh. v. Chr.) übernommen. Für sich allein genommen haben die einzelnen Tugenden wenig Sinn, wenn sie nicht aufeinander bezogen sind, denn letztlich handelt es sich auch um Seelenanteile, die wieder eine Einheit ergeben sollen. Die Wahrheit befindet sich (unsichtbar) in der Mitte. Um sie dreht sich letztendlich alles.

Des Weiteren sollte man berücksichtigen, dass Platon die Tugend der Gerechtigkeit in alle anderen drei Bereiche mit hineingelegt hat und sie für maßgebend in den Beziehungen der Menschen untereinander gehalten hat. Damit hat sie eine nahezu übergeordnete Funktion.

Bevor wir an dieser Stelle die gesellschaftliche Dimension weiterverfolgen, welche in Platons Staatsidee seinen Ausgang genommen hat, wollen wir zunächst die entsprechende Achse suchen und sie darauf hin nach diesem Gesichtspunkt analysieren.

Wie wir weiter oben schon gehört haben, war es besonders die Achse der fixen Zeichen Stier, Löwe, Skorpion (Adler) und Wassermann (Wasserträger), die

---

[52] Jean-Michel de Kermadec, Das große Buch der chinesischen Astrologie; S.145
[53] Platon: Der Staat- oder die Gerechtigkeit, S.141

eine besondere Stellung in der Kulturgeschichte des Abendlandes einnahm, namentlich im Christentum. Ähnliches können wir durchaus über die Kardinaltugenden berichten:

Der römische Schriftsteller und Verfasser politischer Schriften M. T. Cicero vertrat in seinem Werk „De Officiis"[54] die Lehre dieser 4 Haupttugenden.
Bischof Ambrosius von Mailand, der sich im 4. Jh. mit den Lehren Ciceros auseinandersetzte, gab diesen den Namen: Virtutes Cardinales (= Kardinaltugenden). Trotzdem setzte sich im offiziellen Christentum (der Kirche Roms) die von Apostel Paulus stammende Dreigliederung der Tugenden - Glaube, Hoffnung, Liebe - durch. Diese drei wurden als göttliche Tugenden bezeichnet, da sie - im Gegensatz zu den (platonischen) Kardinaltugenden - im Neuen Testament vorkamen.
Dennoch gerieten auch die platonischen Kardinal-Tugenden nicht in Vergessenheit: Dies ist vor allem einzelnen arabischen Gelehrten zu verdanken, die die griechischen Texte der Antike studierten und übersetzten.
Ibn Sina, im mittelalterlichen Europa als „Averroes" bekannt, war es in erster Linie, der die wichtigsten Texte von Aristoteles und Platon aus dem Griechischen in die arabische Sprache übersetzte. Durch diese Vermittlung begannen sich die - als Scholastiker bezeichneten - christlichen Gelehrten (12. Jh.) Albertus Magnus und Thomas von Aquin auf einmal wieder mit den Inhalten der abendländischen Philosophie der Antike auseinanderzusetzen, unter anderem auch mit den Kardinal-Tugenden: Albertus Magnus nannte sie „virtutes aquisitae" und räumte ihnen eine besondere Stellung ein, und zwar neben den bereits erwähnten christlichen Tugenden, welche er als „virtutes infusae" [55] bezeichnete …. Ebenso bei den jüdischen Gelehrten[56] wurden die platonischen Tugenden wieder thematisiert.

Ich habe mir erlaubt, die vier Kardinal-Tugenden Platons an die Position der vier Fix- Zeichen zu setzen, weil letztere auch als Repräsentanten der vier Elemente genommen werden können. Bereits bei Philon von Alexandria wurden die 4 Flüsse des Paradieses - stellvertretend für die Elemente - allegorisch mit Platons 4 Haupt-Tugenden[57] assoziiert. Von den Qualitäten scheinen die Sternzeichen der Fix-Achsen wie maßgeschneidert den Haupttugenden zu entsprechen: Stier (Besonnenheit), Adler (Tapferkeit) als Yin-

---

[54] De Officiis bedeutet „über die Pflichten"
[55] Albertus Magnus: Summa Theologica Ii 61/2
[56] Siehe Buch der Weisheit, 4. Buch der Makkabäer
[57] Der Begriff „Kardinal- Tugenden" kam erst einige Jahrhunderte später auf (Ambrosius v. Mailand 4. Jh.)

Achse und im rechten Winkel dazu: Wassermann (Weisheit) und Löwe (Gerechtigkeit) als Yang-Achse.

FEUER:	Herz	Herrscher	- (Gerechtigkeit) -	Löwe
LUFT:	Kopf	Philosoph (Narr)	- Weisheit -	Wassermann
WASSER:	Füße	Krieger (Soldat)	- Mut -	Skorpion (Adler)
ERDE:	Bauch	Bauern (Handwerker)	- Besonnenheit -	Stier

Bei Platon ist allerdings keine Rede von Tierkreiszeichen, zumindest nicht in diesem Zusammenhang. Vor allem bei der Zuordnung der Gerechtigkeit zum Löwe-Zeichen sollte man Vorsicht walten lassen, denn sie wird bei Platon als ein Zusammenwirken der drei anderen Tugenden verstanden; damit erhält sie einen besonderen (fast übergeordneten) Stellenwert. Die drei anderen Tugenden hat Platon mit den drei offiziell existierenden Ständen oder Gesellschaftsklassen der Antike (Bauern/Handwerker; Krieger und Aristokratie) in Verbindung gebracht und sie entsprechen organisch den drei Bereichen des menschlichen Körpers: dem Kopf (Denken), den Gliedmaßen (Füße) - als Sitz des Willens - und dem Bauch - als Region der Gefühle oder Begierden. Das Herz (Symbol des Löwen mit der Sonnen- Zahl 1) ist natürlich in der Mitte angesiedelt, wo alles harmonisch zusammenfließen soll.

Die Summe der Planetenzahlen der Fix-Achse, die natürlich ebenso aus den 4 Elementen besteht, ergibt 20:

Venus 6/Erde + Mars 9/Wasser = 15 .... (Yin-Achse)
Saturn 4/Luft + Sonne 1/ Feuer = 5 .... (Yang-Achse)

20

Dies ist gleichzeitig die Summe der ersten 4 Dreiecks-Zahlen (1 + 3 + 6 + 10) und darüber hinausgehend die Zahl des Ikosaeders mit seinen 20 Dreiecken.

Der Frühlingspunkt hat sich bis zum heutigen Tag um einiges verschoben und so sollten wir uns fragen, worauf es heute ankommt. Sind dieselben Tugenden heute noch gefragt? Ja und nein könnte man fast gleichzeitig darauf antworten: Ja, wenn man bedenkt, dass jeder Mensch im Grunde genommen alle Tierkreiszeichen durchwandert und deren Themen, bewusst oder unbewusst, aufgreift und nein, wenn man die gesellschaftliche Entwicklung und die heutigen sozialen Aufgabenstellungen betrachtet, die sich wesentlich komplexer gestalten als bei den 3 Ständen im alten Griechenland. Eines bin ich mir aber trotzdem sicher: Tugenden sind nun einmal menschliche Tugenden und auf sie zu verzichten, wäre sicher grundfalsch. Es stellt sich jedoch die Frage, ob es Tugenden gibt, die noch stärker mit unserer heutigen Situation zu tun haben. Um hier fündig zu werden, möchte ich meine Aufmerksamkeit auf jenes Zeichen richten, bei dem heute der Frühlingspunkt zu finden ist, und darauf hin die dazugehörenden Achsen mit einbeziehen. Wir kommen dann zu dem so genannten (flexiblen) Denkachsen- Kreuz mit den Zeichen Zwillinge/ Schütze einerseits und Jungfrau/Fische andererseits. Dass die Summe die gleiche ist wie bei dem Fixachsen-Kreuz der Kardinaltugenden, nämlich 20
(5 + 3 + 7 + 5 = 20) erachte ich als eine Bestätigung dafür, dass wir uns auf der richtigen Spur befinden!

Auf der Suche nach Gerechtigkeit

Der gesellschaftliche Sektor beginnt mit dem Schütze-Zeichen. Genau hier werden wir mit der Denkachse (= Zwillinge-Schützen) konfrontiert und wenn wir dann weiter voranschreiten, begegnen wir auch der anderen Denkachse, die zwischen der Jungfrau und dem Fische-Zeichen verläuft. Somit wird der gesellschaftliche Bereich von diesen beiden Denkachsen eingegrenzt. Anders formuliert kann man sagen: Die Denkachsen umfassen den gesellschaftlichen Bereich!

Faszinierend ist auch zu sehen, wie eine bestimmte Achse, auf der sich jeweils 2 Planeten befinden, die nächstfolgende Achse hervorbringt; genauer genommen ist es so, dass die Achsen-Summe zweier Planeten für den darauf folgenden Planeten zur Grundlage wird. Am besten sie verfolgen selbst die Reihung, welche bei der Achse von Schütze-Zwilling beginnt und bei Fische-Jungfrau (scheinbar) endet.

Grafik No. 42:

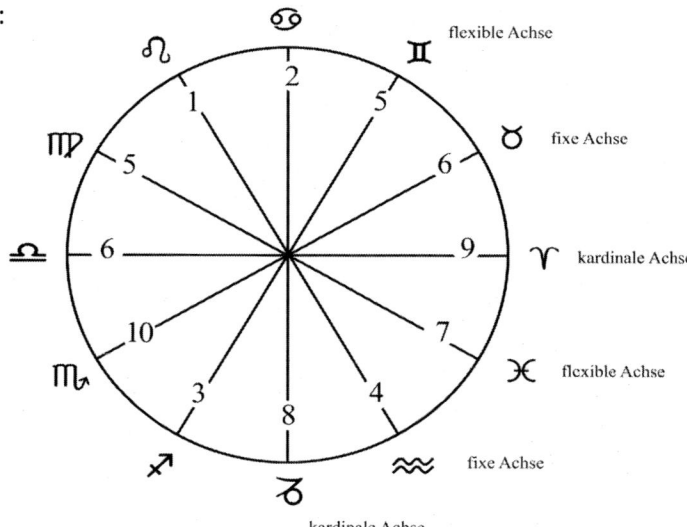

Folgende 4 Achsen berühren den gesellschaftlichen Sektor:

Schütze- Zwillinge: Jupiter- Merkur   3 + 5 = 8   (8 ist Saturn)
Steinbock- Krebs: Saturn- Mond   8 + 2 = 10   (1 ist Sonne)
Löwe - Wassermann: Sonne- Uranus   1 + 4 = 5   (5 ist Merkur)
Jungfrau - Fische: Merkur- Neptun 5 + 7 = 12 (Q = 3, 3 ist wieder Jupiter …)

Nachdem wir am Ende wieder die 3 als Summe erhalten haben, könnte man wieder von vorne (bei der Achse Jupiter-Merkur) beginnen, wie bei einem Perpetuum Mobile.

Der gesellschaftliche Bereich wird nicht nur von seinen direkten Trägern Jupiter, Saturn, Uranus und Neptun, sondern ebenfalls von deren gegenüberliegenden Planeten mitbestimmt. Dies zeigen die Achsen auf: Das Gegenüberliegende sollte als willkommene Ergänzung für die gesellschaftlichen Belange gesehen werden. Dies bestätigt indirekt die Gesamtsumme aller dieser vier oben genannten Achsen:

8 + 1 + 5 + 3 = 17

Dieselbe Zahl 17 erhält man nämlich erstaunlicher Weise auch als Summe der 3 Planeten des jeweiligen Achsen-Kreuzes, welche auf den gesellschaftlichen Sektor hinweist:

Denk-Achse:
Merkur - Neptun - Merkur (Zwillingen) 5 + 7 + 5 = 17   (im Schützen)
Kardinal-Achse:
Mars - Venus - Mond   9 + 6 + 2 = 17   (im Steinbock)
Fühl-Achse:
Venus - Pluto - Sonne   6 + 10 + 1 = 17   (im Wassermann)

Weiter oben konnten wir erfahren, dass die Achsen miteinander korrespondieren. Dasselbe kann man nun über die Planeten aussagen. In diesem Fall geschieht es, dass immer drei Planeten miteinander in Beziehung treten, um in der Summe eine Zahl zu erzeugen, die eine besondere Aussagekraft hat:

Was bedeutet diese Zahl 17?
Aller Wahrscheinlichkeit nach hängt diese Zahl mit der Gerechtigkeit im Sozialen zusammen - siehe Platons Tugenden. Wie man sieht, bestimmt sie in einer besonderen Weise die Tierkreiszeichen aus dem gesellschaftlichen Bereich, der beim Schützen beginnt, im Steinbock zentral wird und beim Wassermann endet. Da stellt sich die Frage, was diese drei Tierkreiszeichen gemeinsam haben. Fest steht jedenfalls, dass die Quersumme von 17 die Zahl 8 ist und unter der Regentschaft des Saturns steht. Dieser beherrscht immerhin das mittlere Tierkreiszeichen des Gesellschaftssektors, den Steinbock, und darüber hinaus war er in der alten Ordnung der Regent des Wassermann-Zeichens.
Dass hier noch einiges aus der alten Ordnung mitschwingt, zeigt sich auch darin, dass die neuen Regenten der Zeichen Wassermann und Fische dieselbe Summe bilden wie die alten Regenten:

Jupiter (3) + Saturn (8) = Uranus (4) + Neptun (7)

Es sind diese vier Planeten, die in der neuen Ordnung das Gesellschaftliche dominieren. Trotz Veränderungen hat sich ein Aspekt nicht verändert: Die Summe der an den Achsen beteiligten drei Planeten, die damals wie heute in den gesellschaftlichen Bereich verweist, ist immer noch die Zahl 17 (Quersumme 8). Eines dürfte daher klar sein: Das Thema Gerechtigkeit wird weiterhin ein gesellschaftliches Dauerthema bleiben. Damit sage ich natürlich nicht viel überraschend Neues: Man weiß es ohnehin, doch neigt man gerne dazu, hier nicht tätig zu werden, weil es unangenehm erscheint und so widmet man sich mehr den scheinbar wichtigeren Gesellschaftsthemen...

Aktuell ist sogar ein anderes Problem im Zusammenhang mit dieser Thematik akut geworden: Der Begriff Gerechtigkeit ist modern geworden, sogar in der Werbung und wird hier inflationär als Schlagwort verwendet, so dass diesem dann doch wieder kein ernsthaftes thematisches Gewicht beigemessen wird; vor allem wird fast nie die Frage gestellt: Worin besteht sie denn eigentlich? Mir ist es jedenfalls ein Anliegen, etwas auszusprechen, was klar aus den Zahlen hervorgeht und dies ist mir wichtiger als von Dingen zu fabulieren, die man nirgendwo bestätigen oder überprüfen kann.

Wenn man auf die vier platonischen Tugenden zurückkommt, wird man merken, dass die Gerechtigkeit mit der Zahl 17 als Ergebnis der drei anderen Tugenden hervorgeht. Somit ist Gerechtigkeit auch zu verstehen als ein harmonisches Zusammenwirken der anderen Tugenden. Ist das nicht wunderbar, wenn wir gerade bei der Gerechtigkeit ein Zusammenwirken von mehreren Faktoren im Gesellschaftlichen konstatieren können, welche sich im Idealfall im Gleichgewicht befinden?
Mir scheint, als hätte Platon so etwas im Sinne gehabt: Nicht nur ein ausgewogenes Gesellschaftssystem insgesamt, bestehend aus den drei Klassen (mit Ausnahme der Sklaven), sondern auch ausgewogen im Verhältnis der drei Tugenden, die dann eben Gerechtigkeit ergeben. Wenn man an dieser Stelle weiter zu denken versucht, wird man darauf kommen, dass gerade in diesem Punkt die Möglichkeit besteht, die Tugend der Gerechtigkeit auch heutzutage als ein ganzheitliches Zusammenwirken verschiedener Tugenden zu verstehen. Ist der Horizont in diesem Sinn erweitert, scheint in weiterer Folge eine ausgewogenere Form der Gerechtigkeit vorstellbar.
Damit habe ich im Groben umrissen, wie man mit dieser Thematik umgehen kann. Nun wird es Zeit, sich damit ausführlicher auseinander zu setzen.

Wir benötigen Visionen, die auf komplexe Gesellschaften und auf die globalisierte Welt passen. Sobald wir daran denken, müssen wir das Schütze-Thema mit einbeziehen: Die globale Welt einerseits, den Überfluss andererseits. Im Schütze-Zeichen ist demnach die Zahl der Gerechtigkeit (17) zu finden, doch ist die Gerechtigkeit selbst eher als ein Zusammenwirken mehrerer beteiligter Faktoren zu verstehen.
Bei Platon war diese noch nicht die christlich-mittelalterliche Version der von Gott herrührenden Gerechtigkeit, die dem Menschen nach dem Tod treffen wird, sondern eine, die durch das Zusammenwirken der verschiedenen Gesellschaftsschichten wirken soll. Mittlerweile leben wir bereits in einer globalen Weltgemeinschaft und merken es nicht einmal bewusst - wir spüren es vielleicht in manchen Momenten. Dass wir noch einen weiten Weg vor uns

haben, was die Gerechtigkeit betrifft, dürfte sowieso klar sein, doch was wir als erstes in nächster Zeit erkennen müssen, ist das Ungleichgewicht insgesamt...

Es ist in unseren Tagen mit der ernsthaften Bedrohung unseres Planeten durch die von Menschen ausgelösten Naturkatastrophen der Moment gekommen, Synthesen hervorzubringen, anstatt einseitiger Übertreibungen, die das richtige Maß weit überschreiten.... In einer globalisierten Welt kann man Visionen über die Gerechtigkeit durchaus als geistige Grundlage der Synthesen ansehen.
Natürlich wirkt umgekehrt die Einseitigkeit auf die Ungerechtigkeit. „Es kann etwa das „Mutartige" als Fanatismus oder Schwärmerei alle Dämme durchbrechen und die Menschen wie einen Strom mit sich fortreißen, oder die vielfältigen Leidenschaften gewinnen die Oberhand und spannen das Durchsetzungsvermögen und den Verstand für sich ein. Der Mensch wird dann zum Spielball dieser Energien und da er die Herrschaft über sich selbst verloren hat, auch zum Spielball fremder Interessen, die sich seiner Schwäche bedienen." [58]

Wenn man Finanz- und andere Märkte betrachtet, die das Wirtschaftsleben mitgestalten, muss man genau so wie anderswo vom Menschen ausgehen, vom Menschen als soziales Wesen. Hier ist ja bereits der erste grobe Fehler passiert, wenn man einseitig nur auf das einzelne Individuum schaut und dessen Begierden, weil die Wirtschaftswissenschaften sie als ökonomisch nutzbringend ansieht. Gerade in der Ökonomie ist miteinander kooperieren zu können beziehungsweise die Kooperation eine äußerst wichtige Konstante, das weiß ein jeder; das selbe Verhalten, das im Produktionsprozess von Gütern und Dienstleistungen als selbstverständlich betrachtet wird, müsste beim Erwerb und beim Konsum von Gütern ebenfalls möglich sein. Statt ein Gegeneinander - ein selbstverständliches Miteinander.

Wir müssen heutzutage Tugenden entwickeln, die der Gier diametral entgegengesetzt sind.

Vernunft und Mildtätigkeit (Ratio et Operatio versus Avaritia)

Die Brüderlichkeit als Tugend kann hier durchaus verstärkend wirken. Früher hätte man vielleicht „Mildtätigkeit" dazu gesagt, wenn jemand dem anderen

---

[58] Konrad Dietzfelbinger, Mysterienschulen,...S.146

eine Silbermünze gibt oder ein Stück Brot. Wenn jemand Christ gewesen ist, war das gewiss ein Ansporn, sich in seiner Nächstenliebe zu beweisen. Dies können Christen heutzutage noch immer tun, doch scheint in komplexen Gesellschaften doch mehr nötig zu sein als gewisse Vereine der Mildtätigkeit und Spendenaktionen, in denen Gewissen beruhigt werden.

Das Thema Kooperation ist auf der letzten (6.) Achse im Tierkreis zu finden, zwischen den Zeichen Fische und Jungfrau, und diese Achse, die man mit dem Denken in Verbindung bringen kann, ist in diesen Zeiten aktiviert worden: Neptun, der Herrscher des Fische-Zeichens, ist nämlich 2012, circa 165 Jahre nach seiner Entdeckung in sein eigenes Zeichen zurückgekehrt und bestimmt seither die Geschehnisse auf dieser Achse in verstärkter Weise mit. Als Grundlage können wir die flexible Achse zwischen Jungfrau und Fische hernehmen: Wir finden dort auch den beruflichen Alltag - das Synonym für das 6. Haus im Allgemeinen - und bringen diesen in Verbindung mit dem mitfühlenden Denken, das in der Philadelphia (= Bruderliebe) angelegt ist und von Neptun dominiert wird. Das heißt, der berufliche Alltag wird langsam aber sicher von Brüderlichkeit geprägt sein.

Wir haben es also mit einem Prozess zu tun, der nicht schlagartig sondern eher im langsamen Tempo vonstatten gehen wird, dafür aber mit nachhaltiger Wirkung. (das Mitgefühl für jene, die keine Arbeit bekommen oder mit dem Lohn von der Arbeit nicht mehr auskommen, weil die Lebenshaltungskosten für Grundnahrungsmittel, Energie und Wohnung in den letzten Jahren so stark angestiegen sind, ist in unseren Tagen spürbar stärker geworden...)

Der Schnitt auf dieser Achse zwischen den beiden Herrschern Mercurius und Neptun ergibt die Zahl 6, denn: 5 + 7 = 12

Der Schnitt oder die Hälfte dieser Summe ergibt: 12 : 2 = 6

Die Mitte zwischen 5 und die 7 ist die 6, die Zahl der Venus. Im klassischen Sinne bedeutet sie Liebe, Harmonie und repräsentiert nicht nur das Schöne, sondern auch die Künste und die Kreativität.
Das bedeutet: Berufliche Pflichten einerseits und das brüderliche Mitgefühl andererseits sollten in einer Atmosphäre der Liebe (Zahl 6 - Venus) und Kreativität gedeihen. Neptun suchte immer schon nach einer allumfassenden und übergeordneten Harmonie, aber diesmal drängt er verstärkt nach einem echten Miteinander. Auf eine wirkliche Zusammenarbeit kommt es diesmal an. Das soll zur Basis werden!

Auch Spiritualität und Berufliches werden nicht mehr als unvereinbare Gegensätze erlebt: Verschränkungen dieser beiden Lebenssphären werden bereits ausprobiert. Natürlich zählen dazu auch die komplementärmedizinischen Heilberufe, denen man zunehmend Vertrauen entgegenbringt.

Als nächstes kommt der Aspekt der Freiheit, die Zahl 4 hinzu: Sie entsteht aus der Mitte der Planetensumme von Merkur (5) und Jupiter (3), denn die Achse Zwillinge (Merkur) - Schütze (Jupiter) ergibt: 5 + 3 = 8

Der Schnitt aus dieser Achse ist die Zahl 4 mit dem Planeten Uranus, der die Voraussetzungen dafür schaffen soll, den neuen offenen, freien Dialog in der Kommunikation und in der Bildung voran zu treiben. Es handelt sich demnach um eine Freiheit, die mehr im geistig Ideellen angesiedelt ist und im bewussten Gegensatz steht zu den materiellen Abhängigkeiten. Die Zahl 4 und der Planet Uranus bilden hier indirekt die Grundlage für ein neues (= innovatives) Verhältnis zwischen Schüler und Meister, von Praxiswissen und deren Übermittlung (=Zwillinge) im Gegensatz zu philosophischen Lehrgebäuden und Theorien (= Schütze).

Dialog und Kommunikation sollen immer in einer Atmosphäre der Freiheit vonstatten gehen (auch bei den Bildungseinrichtungen). Den Aspekt der Gerechtigkeit müssen wir ebenso einbeziehen. Es ist wichtig, die beteiligten und mitwirkenden Kräfte zu berücksichtigen. Es sind jene drei Planeten, die auf diesem Achsenkreuz liegen und die Zahl der Gerechtigkeit, die Zahl 17 hervorbringen: Merkur in der Jungfrau (5), Neptun in den Fischen (7) und Merkur in den Zwillingen (5)

5 + 7 + 5 = 17

Die dazu gehörenden Themen sind:

5	+	7	+	5	=	17
Selbsterkenntnis		Kommunion		Kommunikation		Gerechtigkeit
(Merkur in Jungfrau)		(Neptun in Fische)		(Merkur in Zwillinge)		

Im gesamtgesellschaftlichen Rahmen lässt sich folgende Erweiterung anführen:

Kooperative Pflichten	--	Brüderlichkeit	--	freie Bildung	=	Gerechtigkeit
in der Ökonomie				i. d. Kultur (Medien, etc.)		(Recht)

Damit habe ich im Groben umrissen, wie man mit dieser Thematik umgehen kann. Nun wird es Zeit, sich damit ausführlicher auseinanderzusetzen.
Innerhalb der Denk-Achsen bilden die brüderliche Liebe (Philadelphia) und die Freiheit in der Kommunikation die Synthesen. Man möge sie als Schwerpunkt erkennen und als Grundlage des Handelns betrachten.
Bei den zurzeit am flexiblen Achsenkreuz der Denkachsen wirkenden Planeten handelt es sich allesamt um Synthese-Planeten, da sie mit den drei Synthese-Zahlen 3, 5 und 7 bestückt sind.

Jupiter 3
Merkur 5
Neptun 7

Summe 15

Wenn man diese Zahl 15 wieder durch diese 3 (Planeten) dividiert, erhält man abermals die eigentliche Synthese-Zahl 5. Diese Zahl bekommen wir allerdings auch, wenn man den Gesamtschnitt der Denk-Achsen berechnet:

Zwillinge-Schütze: 8
Jungfrau-Fische: 12
----
20 : 4 = 5

Man kann wiederum erkennen, dass es um den Menschen geht, um die Quintessenz, den Seelenkern des Menschen.

Dazu eine Frage:
Warum lassen sich eigentlich beide, das Denken und die menschliche Seele, mit der Zahl 5 assoziieren? Das wirkt ja fast widersprüchlich, oder etwa nicht? In diesem Beispiel hat sich die 5 zur Quintessenz der anderen Zahlen entwickelt. Sie ist in die Mitte, ins Herz gerückt. Somit wird klar, was man unter „Denken in Essenzen" verstehen kann: Das reine Denken ist von Natur aus eigentlich nicht analytisch-abstrakt, sondern hat immer einen Bezug zum Herzen! Wir leben in einer Zeit, in der Automaten sämtliche Denkprozesse für uns erledigen. Aber mit Herz, sprich Seele und Gefühlen sind diese technischen Errungenschaften bis jetzt Gott sei Dank noch nicht ausgestattet, beziehungsweise noch nicht auf dem Markt.

Unter dem Begriff Singularität stellt Ray Kurzweil die Fertigstellung dieses Programms für das Jahr 2045 in Aussicht.

Noch steht die Besonderheit des wirklichen Denkens nur dem Menschen zur Verfügung und das wahrscheinlich schon von der Zeit an, als Menschen miteinander zu sprechen begonnen haben. Die 5 und der Götterbote Hermes haben daher auch stark mit Sprache und Kommunikation zu tun. Diese beiden Aspekte sind fast untrennbar miteinander verbunden (außer wenn wir Selbstgespräche führen..). Überraschender Weise hat Platon das Lesen von Schriften angeprangert, weil es angeblich die Fähigkeit des Denkens einschränkt, genauso wie wir heutzutage den oftmaligen Gebrauch der Internet-Nutzung als Demenz gefährdend betrachten…

In der Astrologie haben Planeten zumeist zwei Seiten, eine positive und eine negative: Deswegen gibt es ja diese doppelten Bedeutungen wie „Zwillinge", oder auch den „Ziegen-Fisch" (= die alte Bezeichnung für den Steinbock, d.h. oben eine Ziege und unten einen Fischschwanz); schließlich sehen wir beim Schützen, dass er wie ein Kentaur aus zwei verschiedenen Wesen zusammengesetzt ist: Oben ist er Mensch, unten ein Tier .

Die negative Seite kommt jedenfalls dann zum Tragen, wenn sich eine unentwickelte Seele nie dessen bewusst geworden ist, dass das Denken wichtig für sie ist. In diesem Fall würde sich wahrscheinlich weder die Seele noch das Denken entwickeln. Das wäre ein individueller Einzelfall. Das kühle analytische Denken gepaart mit Absonderung aus der Gemeinschaft hingegen erachte ich als wirkliche Gefahr, sowohl für den Einzelnen als auch für die Gemeinschaft, denn wo Menschen nicht mehr miteinander in Beziehung treten, verschwindet das Lebendige, die Seele im Menschen.

Schauen wir uns doch das Symbol des Hermes an: Es besteht aus 3 Komponenten. Von diesen dreien krönt ein Teil (die Mondsichel) sein Haupt, es ist die Seele!

Darum die Frage: Worauf kommt es bei echter Kommunikation an?

Beispiel: Zwillinge-Schütze-Achse.

Hier stehen sich die beiden Planeten der Kommunikation, der luftig freien und neugierigen Gedanken eines Schülers und das Wissen eines Professors oder einer Bildungseinrichtung (= die höhere Erkenntnis) gegenüber. Im globalisierten Zeitalter sind beide Kräfte an und für sich dazu befähigt, ihren Wissenshorizont zu erweitern: Von Jupiter geht die expandierende Kraft der Ausweitung des Wissenshorizontes aus, einhergehend mit der globalen Ausdehnung. Wie Google stellt er sein breites Wissen zur Verfügung. Wir wissen jedoch, dass dies auch auf Kosten der geistigen Vertiefung gehen kann.

Hierin liegt ein gewisses Gefahrenmoment. Merkur ist nämlich einer, der eher flink und oberflächlich seine Informationen einholt, die er (ähnlich wie beim Konsum von Supermarkt- Einkauf) unreflektiert für seine alltäglichen Vorhaben benötigt. Es gibt niemanden mehr, der in ermahnt, im Gegenteil: Sein Verhalten führt dazu, dass sich die Wissensdatenbanken in den Computern immer rascher voll mit Informationen füllen und letztlich zu einer inflationären Entwertung des Wissens beitragen. Wer hat substantiell etwas davon (außer die Computer und jene die über diese Datenbanken verfügen)?

Statt erfahrener Menschen und weiser Lehrer werden in unserer Zeit fast nur noch Wissensdatenbanken abgefragt. Jene sind die unverzichtbaren Berater in allen Lebensfragen geworden. Lebendiges, selbständiges Denken sieht anders aus. Diese Art der Wissensvermittlung hat nicht direkt etwas mit Kommunikation zu tun. Es erinnert vielmehr an ein Autoritätsverhältnis, das beim heutigen Lehrer-Schüler-Verhältnis schon längst obsolet geworden ist. Nun aber entsteht ein neues Abhängigkeitsverhältnis gegenüber den Automaten, denen einzig und allein Autorität zukommt... Jetzt kann ich die Antwort auf die Frage geben, worauf es bei echter Kommunikation ankommt: Wohl auf den Dialog zwischen Menschen! Darum wollen wir das richtige Maß, die Mitte finden:

5 + 3 = 8

Der Mittelwert ist die Hälfte von 8, die Zahl 4. Wir haben es mit Uranus - der Freiheit (Unabhängigkeit) zu tun.
Das Verhältnis der beiden in Kommunikation tretenden soll daher in Freiheit geschehen.
Freiheit, so wie ich sie verstehe, bezieht sich vor allem auf das Denken und natürlich ebenso darauf, seine Gedanken frei zu äußern (Gedanken- und Meinungsfreiheit).
Wenn ich zum Beispiel mit einem Computer in Kommunikation trete, bin ich mir in dieser Situation bewusst, dass ich es mit einem Unfreien zu tun habe, dem ich zu folgen versuche, wenn ich etwas von ihm brauche? Das ist doch ein seltsames Verhältnis der Abhängigkeit. Hier muss tatsächlich etwas frei-werden, etwas geschehen, dass dieses Missverhältnis aufgehoben werden kann.

Denken wir nur an die Gedankenfreiheit und stellen uns dabei die Frage: Wann denken wir wirklich frei, und - im Gegensatz dazu - wann sind wir konditioniert, manipuliert worden?

Im so genannten freien Markt fühlen wir uns als Konsumenten doch bald unfrei. Warum ist das so?

Im kapitalistischen System wird auf jene Form der Freiheit geachtet, die sich auf ökonomische Aktivitäten bezieht, also Wirtschaft, Handel und Finanzgeschäfte. Wer glaubt, dass hiermit automatisch auf Menschenrechte und demokratische Freiheiten geachtet wird, hat zwar eine überraschend positive Meinung über den freien Markt, doch unterliegt er dabei zweifelsohne der Manipulation. Insofern kann man solch einen Menschen zwar als anpassungsfähig und „rechtgläubig", aber als unfrei im Denken ansehen...

Im Gegensatz dazu wissen wir von Menschen, die von einem diktatorischen Regime Folter und jahrelange Haft über sich ergehen lassen mussten und dabei trotzdem frei im Denken waren.

Damit haben wir ein neues Themenfeld eröffnet, nämlich das der Medien und der Gedankenfreiheit.

TEIL VI:

GEFAHREN UND PERSPEKTIVEN

Ideologien im globalen Medienzeitalter

Im letzten Drittel des astrologischen Kreises der neuen Ordnung (siehe Grafik No. 34) findet man je zwei benachbarte Planeten, deren Beziehung zueinander an sich problematisch ist, denn sie haben als Zahlen-Summe zweimal die 11 – zusammen also 22!
Aus der Zahl 11 lässt sich weder eine Synthese noch ein Mittelwert bilden, mit denen sich diese Spannung lösen ließe. Die Quersummen mit der Ziffer 2 zeigen bereits an, dass es sich hier um Gegensätze handelt, welche aus der Nachbarschaft zweier unverträglicher Elemente resultiert. Die 22 als Gesamtsumme dieses gesellschaftlichen „Paketes" rückt – aufgrund der Verdoppelung der 2 - das Thema des Gegensatzes ein weiteres Mal in den Vordergrund und scheint es zu bestätigen.

Ein positiver Lösungsansatz für diese Schwierigkeit ist dennoch erkennbar: An den beiden Außenposten befinden sich immerhin zwei Synthese-Planeten: Jupiter und Neptun mit den Zahlen 3 und 7. Davon ist Letzterer in unserer Zeit Regent des Frühlingspunktes und Kristallisationspunkt für die heutzutage bestimmende Denk-Achse.
Mit dem Schütze-Zeichen und dem Fische-Zeichen haben wir es im Abstand von 90 Grad mit zwei Zeichen zu tun, welche aus gegensätzlichen Elementen bestehen; doch eigentlich müssten sie sich schon längst angefreundet haben, denn Jupiter hat in der alten Ordnung beide Zeichen dominiert. Unlängst hat er aber seine Pfründe mit seinem Bruder Poseidon teilen müssen, der nun unter dem römischen Namen Neptun die Fische dominiert. Wie wir vielleicht aus der griechischen Mythologie wissen, hat sich Jupiter gerne überall eingemischt, um seine Macht entfalten zu können. Wahrscheinlich wird er auch deswegen mit der Kraft der „Erweiterung" in Verbindung gebracht. Grundsätzlich hat Jupiter immer eine expandierende Tendenz, d.h. man kommt insgesamt mit einer Ausweitung seines Wissens in Berührung, in weiterer Folge zu einer holistischen (= ganzheitlichen) Sichtweise, bei der größere geistige Zusammenhänge miteinbezogen sind. Der Denk-Horizont weitet sich jedenfalls aus.
Denken in Verbindung mit Feuer (Schütze) bedeutet aber auch mehr Leidenschaft, was dazu führt, dass das Denken von Emotionen angeheizt wird und eine dogmatische Färbung bekommt (…Ideologie). Die geistige Weite, die man mit höherer Bildung (Philosophie) in Verbindung bringt, droht dann sogar ins Gegenteil zu kippen, nämlich in die geistige Enge. Dogmatismus und Intoleranz können die Folge davon sein.

In der neuen Ordnung kommt es nun zu einer stärkeren Spezifizierung der Jupiter-Qualitäten.

Sein Tätigkeitsbereich im Schützen steht mehr im Zusammenhang mit jenem Denken, das herauszufinden sucht, was recht und unrecht (rechtliche Ordnung) ist, während Jupiter im Fische-Zeichen Repräsentant des religiösen Glaubens gewesen ist.

Zwischen diesen beiden Tätigkeitsbereichen gab es immer schon unheilvolle Vermischungen, wie man aus der Geschichte des Christentums weiß. Recht und Glauben gehören im Gesellschaftlichen sauber getrennt. Dies hat sogar der im mittelalterlichen christlichen Glauben verankerte Dichter/Philosoph Dante[59] für wichtig erachtet ...

Seitdem Neptun anstelle des Jupiters in die Fische gerückt ist, hat sich vieles in diesem Punkt geändert, zumindest was die Kirche betrifft. Dennoch haben wir Menschen global gesehen dieses Problem noch nicht aus der Welt schaffen können. Der Begriff des rechten (="richtigen") Glaubens zeigt bereits, wie stark Menschen das Recht und das Richtige mit dem Glauben assoziiert haben. Meines Erachtens nach sollten Glaubensthemen nicht mit dem Gerechtigkeits-Thema verknüpft sein, doch solange es der Fall ist, dass eine bestimmte Menschengruppierung gröbere Verletzungen aufgrund von Ungerechtigkeiten erleidet, wird diese unheilvolle Beziehung wohl weiterhin existieren. Mitschuld daran ist sicherlich der alte Herrscher der Fische - Jupiter - der seine Pfründe und seine Einflusssphären zu wahren sucht.

Solange es noch Menschen gibt, die im alten Glauben ihr Heil zu finden glauben und sich retour statt nach vorwärts in die Zukunft bewegen, wird er seinen alten politischen Einfluss noch geltend zu machen versuchen. Neptun, der jetzige Herrscher der Fische, ist aufgrund des „Alles ist eins"-Gedankens schon beinahe zu sanft und friedlich gesinnt, um seinen älteren Bruder Jupiter in Angelegenheiten des Glaubens in die Schranken weisen zu können, während derjenige, der von Natur aus Grenzen setzen kann, nämlich Saturn (= der traditionelle Staat), derzeit in Umbruch begriffen ist und unter Verfallserscheinungen leidet... Außerdem ist Gerechtigkeit heutzutage kein Steinbock-Thema mehr: Sie hängt wie gesagt stark mit den Denk-Achsen zusammen und dabei trifft sie automatisch wieder auf den Bereich des Schützen, wo Jupiter Regent ist.

---

[59] Vgl. Dante Allighieris Buch: „De Monarchia"

Wenn wir in unseren Tagen nach wie vor die losen Floskeln von „rechtem Glauben" hören, müssen wir sofort an die religiösen Auseinandersetzungen denken, die noch immer den politischen Alltag in den entfernten Regionen unserer Welt prägen. Ob sich diese Vorgänge tatsächlich nur außerhalb unserer westlichen Welt abspielen, steht freilich auf einem anderen Blatt; darüber werde ich noch weiter unten referieren.

An dieser Stelle möchte ich einen Augenblick unterbrechen, denn es wird Zeit, den gewiss vorhandenen Willen der Menschen für die Gestaltung einer besseren Zukunft der Menschheit sichtbar werden zu lassen. Fast jeder Mensch würde sich normalerweise eine Welt wünschen, in der die verschiedenen religiösen Meinungen respektiert würden. Es verhält sich letztlich ganz so wie bei der Gerechtigkeit: Jeder will Gerechtigkeit, jeder erwartet sich ein Verhalten, das letztlich gut ist auch für den Mitmenschen. Niemand würde prinzipiell etwas dagegen haben, wenn verschiedene religiöse Meinungen in einen gemeinsamen ethischen Konsens mündeten, es sei denn, es hat jemand ein Motiv daran, dadurch eventuell an Macht einzubüßen...

Im globalen Zeitalter, wo Gesellschaften zu Informationsgesellschaften zusammengewachsen sind und sich im ständigem Austausch von Meinungen und Informationen befinden, würde man normalerweise damit rechnen, dass irgendwann einmal ein gewisses Maß an ethischem Konsens erreicht wird. Der Haken daran ist, dass das „normalerweise" irgendwie doch nicht so stattfindet, wie man sich das vorstellt. Ist es eine falsche Vorstellung oder liegt vielleicht ein Missverständnis vor? Wer verbreitet Informationen, wer ist verantwortlich dafür? Welchen Instanzen obliegt es zu informieren?

Da gibt es ein so harmloses Wort, das man Medien nennt und gleichzeitig irgendetwas zu verschleiern scheint, nämlich das, was wirklich dahinter steckt ...Wenn man naiv ist, stellt man sich unter Medien etwas vor, das der Verbreitung von wahren Informationen (= Wissen), guten Meinungen und schönen Ideen dient, etwas, woran Menschen gerne Anteil nehmen, weil es sie einfach interessiert oder weil sie etwas daraus lernen können fürs Leben. Statt dessen wird die Öffentlichkeit in jedem Staat der Welt mit Informationen gefüttert, die 1.) im Spektrum von lückenhaften bis halb wahren bis hin zu falschen Darstellungen liegen, 2.) unschöne, das heißt schlechte Nachrichten bevorzugen und dazu noch Gewalt und Aggressivität in allen Details darstellen, während auf der anderen Seite 3.) Visionen und Zukunftsideen sarkastisch belächelt werden oder insofern als vernachlässigbares Kleinod hinstellen, indem darüber nur äußerst knapp berichtet wird! So ist zumindest der

Mainstream - und der ist letztlich meinungsbildend für die Masse, für die das geläufige Wort Massenmedium zutrifft.

Mir geht es hier nicht darum, irgendwelche Sendungen oder Berichte aus Zeitungen zu kritisieren. Im Gegenteil: Eigentlich wird schon fast zu viel gejammert und dauernd kritisiert, sodass man die Relevanz und die Gewichtungen von Ereignissen im Dickicht der (negativen) Kritiken fast nicht mehr unterscheiden kann. Vielmehr möchte ich allen Ernstes die Frage stellen, ob die in solcher Weise hervorgegangenen geistigen Produktionen alles sind, was wir Menschen - aus unserer Freiheit heraus - denken? Sind sie umfassend genug, um das darzustellen was wir wirklich für wahr halten? Aus einer gewissen Naivität heraus kann ich mir nicht vorstellen, dass Menschen dies wirklich möchten, es sei denn, sie sind hypnotisiert, manipuliert oder irgendwie süchtig gemacht worden (Neptun und Merkur arbeiten hier in negativer Weise zusammen...). Möglicherweise ist es eine Mischung aus allen drei zusammen. Und hier liegt schon die Gefahr, dass Menschen unbewusst jene Eigenschaft verlieren, die sie zu Menschen macht, die Freiheit!

Wie man hoffentlich erkennen kann, gehöre ich keinesfalls zu jenen Puritanern, Fundamentalisten usw., die darauf hoffen, dass man Pressefreiheit und Meinungsvielfalt einschränken sollte, im Gegenteil: Diese Art der oben etwas drastisch dargestellten Medienberichte gedeihen in konzernähnlichen Anstalten, die eben nicht die Freiheit des Menschen fördern wollen und denen es egal ist, ob der Mensch sich weiterentwickelt oder nicht. Bei den Betreibern des „Mainstreams" der Massenmedien liegt höchste Priorität darin, konkurrenzfähig zu sein und Gewinne zu erwirtschaften; darum folgt man den Gesetzen des freien Marktes. Der Kunde ist angeblich König, also derjenige, der anschafft. In Wahrheit reagiert der Konsument, wenn er täglich mit Katastrophen und schlechten Nachrichten abgefüttert wird wie ein abhängiger, letztlich unzufriedener Hund, der - in Variationen - fast immer die gleiche Kost serviert bekommt und trotzdem seinem Herren dankbar ist für diese Gewohnheit, die ihm nicht einmal - wie bei einem Hund - das Leben sichert, sondern die Scheinexistenz (hier ist sogar ein kleiner Unterschied...).

Natürlich geht es den Medienbetreibern nicht darum, den Bürger zu unmündigen Konsumenten zu machen, aber sie unterliegen den Gesetzen des „freien Marktes", darum sind bei der Auswahl von Informationen Konkurrenz, Geschäft und Erfolgsquoten wichtiger als die pure Information und der Konsument spürt das Ergebnis durchaus. Er ahnt zumindest, dass im Hintergrund der konsumierten (Unterhaltungs-) Kost eine Ideologie des

Scheins lauert und diese lautet letztendlich: Da die Wirtschaft frei ist, können wir als Repräsentanten der freien Medien produzieren, was wir für richtig halten und Du als Konsument unserer vielfältigen Angebote kannst zwischen unseren Programmen frei wählen (switchen)...

Kommen wir nun wieder zurück zu unserer eingangs erwähnten Thematik des „rechten Glaubens". Die obige Ausführung schien mir notwendig, um erklären zu können, warum Massenmedien sich eigentlich mitverantwortlich fühlen müssten (weil sie Mitschuld tragen) bei vielen der religiös motivierten Auseinandersetzungen und Kriegen auf der Welt - da sie selbst 1.) immer größer werdende Verbreitungsmöglichkeiten (des ideologisch gefärbten Gedankenguts inklusive Kampfparolen) geschaffen haben und so zu einem Propagandainstrument der „warlords" wurden... und 2.) aufgrund der Konkurrenzsituation und bestimmter macht- und am Markt orientierter Zwänge eine von aggressiver Energie gekennzeichnete Form der Berichterstattung hervorbringen, die nicht nur geistlos, sondern letztendlich gewalttätig ist. Darum werden wir weder in dem religiösen Umfeld, aus dem ein Bombenselbstmordattentäter hervorgeht noch in dem Milieu der Bericht erstattenden Medien den Geist der Freiheit finden. Das eine bedingt das andere.

Informationen und Meinungsaustausch sind im Bereich des Zwillinge - Zeichens angesiedelt und gegenüber im Schützen ist andererseits das, was man geläufig mit rechtem Glauben assoziiert. Für einen religiösen Fundamentalisten ist das, was er glaubt, Gesetz und so ist ihm das Gegenüber, wogegen er kämpft - der freie Austausch von Gedanken - ein Dorn im Auge. Auf der anderen Seite stehen die Medien (unter dem Einfluss von Neptun stehend) als jene, die seinen fundamentalen Kampf gegen die Welt unfreiwillig unterstützen und am Leben erhalten. Wir kennen diesen Teufelskreis, der aus Gedanken das Böse erzeugt, obwohl es vielleicht gar nicht so schlecht gemeint war.

Was kann solch einen negativen Kreislauf stoppen?

$3 + 5 = 8 : 2 = 4$

Es taucht wieder die Zahl 4 auf: Es ist der Geist der Freiheit (oder Uranus). Mittlerweile wissen wir schon, dass die Pressefreiheit allein nicht ausreichen kann.

Wir müssen uns auch auf der anderen Achse umsehen: Bei Merkur in der Jungfrau entdecken wir das sorgfältige und genaue Analysieren der Fakten und erfahren wirklich noch, was geschieht. Es wird analysiert, reflektiert und dokumentiert, das heißt, man kann noch die wenigen so genannten lückenlos aufdeckenden kritischen Berichterstattungen finden, denen allerdings zumeist nur eine auserwählte Schar von Intellektuellen oder Experten folgen kann.

Auch in den sachlich- wissenschaftlichen Berichterstattungen müssten fast automatisch die aus dem Fische-Zeichen stammenden Aspekte des Mitgefühls - sprich Herz - Eingang finden. Wenn außer Sarkasmus und Ironie keine Gefühle Platz haben, wird man das Herz des Mitbürgers nur schwer erreichen. Es kann ein Problem werden, wenn man den Rezipienten (Konsumenten) nicht wirklich berühren kann. Wenn Aspekte der Hoffnung und des Sollens fehlen, Zukunftsperspektiven oder Visionen unterbunden werden, wirken solche Berichterstattungen fast wie zensuriert, obwohl sie in einem oder anderen Fall nur die Folge ist von Selbstzensur (Merkur in der Jungfrau)... Wir sollten einfach eingestehen, dass Medien immer Bilder (und damit auch Vorstellungen) und Gefühle transportieren; zu glauben, dass man durch Bilder reale Objektivitäten schaffen kann, mag zwar im Einzelfall zutreffen, ist aber in der Realität der Medien selbst kaum aufrecht zu erhalten. Wir würden uns schon glücklich schätzen, wenn der Informationsgehalt innerhalb der Medienlandschaften halbwegs bestehen bleibt und dabei ein ansprechendes Niveau erreicht.

Es gibt noch etwas, was zum Aspekt des Merkurs in der Jungfrau passen könnte: Die Selbstbeschränkung auf der Seite des Konsumenten, mit deren Hilfe jeder Einzelne für sich die Freiheit entdecken kann, Programme auszuwählen, wofür man sich tatsächlich interessiert und andere, auf die man durchaus verzichten kann, weil man gewisse schädliche Auswirkungen - für sich und die eigenen Kinder - intuitiv spüren kann.
Die Meinungs- und Pressefreiheit ist eine rechtliche Angelegenheit und gleichzeitig ein schützenswertes Gut, doch ist sie, wie viele andere Gesetze auch, bei weitem nicht ausreichend, um Menschen wieder frei und mündig werden zu lassen. Es ist noch ein langer Weg dorthin, wo wir als freie Menschen leben. Das Bewusstsein darüber könnte allerdings der erste Schritt in diese Richtung sein.

Nicht vergessen sollte man auf der Seite des Produzenten jene Medien, die den Anspruch, freie Medien zu sein, wirklich ernst nehmen und in die Tat umsetzen wollen. Jene Medien sind gemeint, die sich darauf ausrichten, innovativ, eigenständig und unabhängig sein zu wollen vom üblichen Medien-Markt. Das ist schon viel wert, ungeachtet der Inhalte. Den Geist der Freiheit darf man nicht einschränken. Es müsste im Interesse eines souveränen unabhängigen Staates liegen, solche Zukunftswerkstätten der Freiheit zu fördern. Mit Staat ist nach wie vor gemeint: Wir alle.

Tatsache ist, dass es beide Seiten benötigt: Das echte Interesse des Empfängers und das geistig-kreative Potential des Senders. Jeder übernimmt für sich selbst eine gewisse ethische Verantwortung, denn auch darin kann die Freiheit wachsen. Hier kann man nur Empfehlungen abgeben: Der Sender möge darauf achten, dass energetisch wertvolle geistige Nahrung geboten wird und der „Konsument" sollte selbst wissen, wie viel er davon verträgt. Bei einem Medieninhalt geht es um Qualität, die genau so wichtig sein kann wie ein gutes Essen: Der Betreiber sollte sich immer die Frage stellen: Liefere ich eine Nahrung, die voll stopft oder vollwertig ist. Die europäische Tradition des Abendlandes besitzt bekanntlich eine reiche Tradition an geistiger Nahrung, die bis zu Platon und Pythagoras zurückreicht. Es ist aber nicht nötig, konservierte Oliven aus dem klassischen Altertum zu konsumieren…Besser ist wohl, sich immer wieder selbständig erneut die Fragen zu stellen, die die Menschen von alters her schon bewegt haben. Es würde reichen, wenn wir an diese Qualität wieder anknüpfen und grundlegende Essenzen davon auf unsere Zeit anwenden; das heißt mit der Zeit auch deren ethische Grundlagen weiter entwickeln…

Wie verzwickt eine Thematik wie zum Beispiel „Glaube und Recht" im gesellschaftlichen Sektor sein kann, wurde soeben aufgezeigt; vor allem das Miteinbeziehen der Faktoren aus den gegenüberliegenden Bereichen der Denk- Achsen erweist sich als Lösungsansatz.

Seelenkämpfe mit Freiheit - Gleichheit - Brüderlichkeit

Seelenkämpfe, die auf den beiden Denk-Achsen ausgetragen werden, beziehen sich auf folgende Themen:

a) Freiheit in der Kommunikation ---------- Religion (Glaubensfragen, Ideologie)

        Zwillinge-Schütze Achse (3. Achse)

b) Pflichten bei der (beruflichen) Kooperation ----- Brüderlichkeit, Bruderliebe
                                                              (= Philadelphia)
        Jungfrau-Fische Achse (6. Achse)

Möglichkeiten, die sich hier anbieten, wären:
        freie Kommunikation in Glaubensfragen (a)
        Brüderlichkeit im beruflichen Alltag (b)

Die Lösungen bei Kommunikation und Kooperation scheinen auf der Hand zu liegen, denn die Achsen tragen ja keineswegs unvereinbare Qualitäten mit sich. Die 3. Achse besteht aus den zwei Yang-Elementen Feuer (Schütze) und Luft (Zwillinge), während die 6. Achse sich aus den beiden Yin-Elementen Erde (Jungfrau) und Wasser (Fische) zusammensetzt.
Schwieriger gestaltet sich hingegen die Vereinbarkeit der beiden Achsen.
Wir sind zuvor auf die Meta-Synthesezahl 15 gekommen und zwar über die Summe der drei Planeten Merkur, Jupiter und Neptun. Dies bedeutet jedoch nicht, dass die beiden Denkachsen insgesamt diese Summe ergeben. Die Achsensumme der Denkachsen beträgt 20, liegt also um 5 höher...
Die Zahl 20 ist gleichzeitig das Produkt aus 4 x 5! Die Synthese-Summe ergibt sich hingegen aus dem Produkt von 3 x 5!

Wenn man nun wieder auf die Addition der drei Grundbestandteile 3 (Geist), 4 (Materie) und 5 (Seele) zurückgreift, die als Summe die Zahl des Tierkreises 12 bildet, eröffnet sich als dritte Variante das Produkt aus 3 x 4.

Aus den Differenzen der Ergebnisse dieser drei Produktrechnungen erhalten wir noch einmal die beiden Synthese- Zahlen 3 und 5, was wir der folgenden Grafik entnehmen können:

            Tierkreis   Meta-Synthese   Kosmos
             (3 x 4)   (3 x 5)   (4 x 5)

               12   15   20
Differenz: /......+ 3............ /...........+ 5......... /   = 8

Aus den beiden Differenzen wollen wir auch hier die Summe bilden:
3 + 5 = 8 Es ist dieselbe Rechnung, die wir von der Schütze- Zwillinge Achse (beziehungsweise Jupiter- Merkur) schon kennen. Der Schnitt zwischen beiden ist also wieder die 4!
In der neuen Ordnung finden wir bei allen Drittel-Sektoren (der individuelle, der an Beziehungen orientierte und der gesellschaftliche) ebenfalls die Zahl 4 - nämlich als Quersumme der Zahl 22 (siehe Grafik No. 34). Ohne Zweifel ist es das Materielle, das hier drinnen steckt (siehe S.115).
Verbirgt sich hinter der Zahl 4 nicht auch Uranus mit seiner - möglicherweise utopischen Form des Denkens, der Idee von „Freiheit, Gleichheit und Brüderlichkeit"?

Jedenfalls ist sie die Zahl des technologischen Fortschritts, der mit den uranischen Kräften in Verbindung steht. Daraus resultiert bekanntlich eine Beschleunigung in der Zeit. Immer schneller kommt man von A nach B. Das Anwachsen des Tempos der Maschinen und des virtuellen Netzes führt dazu, dass Menschen immer schneller auch zu Fuß gehen, essen, trinken, lesen, denken... und das nicht nur in der Großstadt! Insgesamt ist eine hektische Unruhe fast überall spürbar, bedingt durch gar so manchen technologischen Fortschritt. War dieser ursprünglich nicht dafür gedacht, den menschlichen Bedürfnissen zu dienen? Was ist dann eigentlich schief gelaufen? (Selbstläufermodell)

Wir werden es wahrscheinlich nie genau wissen: Auf jeden Fall fällt es mir schwer daran zu glauben, dass der technische Fortschritt nur im Dienst der Menschheit steht, ohne sonstige Interessen. Gerade bei den menschlichen Bedürfnissen setzt alles an. Hier gibt es die besten Chancen auf Mehreinnahmen beziehungsweise Profit. Je schneller Bedürfnisse gestillt werden, umso schneller wechseln sie. Ein Beispiel: Früher hat ein Mensch 10-12 Stunden am Arbeitsplatz verbracht, hat dort gegessen und pausiert und ist anschließend nach Hause gefahren und hat mit der Familie Abend gegessen... Heutzutage sind die Möglichkeiten, in der Freizeit nach der Arbeit etwas zu tun 100-fach gestiegen: Vom Fitness-Studio bis zu irgendwelchen Einkäufen, Extra-Hobbies, die ganze Fachabteilungen ausmachen, Kultur- und Freizeitaktivitäten, die wieder Wege benötigen (- ich möchte gar nicht wissen um wie viel mehr an Energieressourcen dabei verbraucht werden im Vergleich zu 1970...).

Die Möglichkeiten, persönliche Bedürfnisse zu stillen - seien diese nun körperlicher, geistiger oder seelischer Natur - haben sich immer mehr diversifiziert und dennoch gewinnt man nicht den Eindruck, dass bei diesen „Aktivitäten" die Menschen wirklich zu sich selbst finden und zu besonderen individuellen Gesamtpersönlichkeiten gereift sind. Sie sind weder freier noch reifer geworden, höchstens „reif für die Insel" - für ein Aussteigerleben...

Auch dafür steht Uranus: Befreiung! Ist es ein Wunder, dass sich fast niemand mehr in dieser vorgefertigten Welt der Freizeitindustrie, der kulturellen Events und Konsumzwänge wirklich wohl fühlt? Ein Grund dafür liegt einerseits darin, dass eine erholsame Entkoppelung aus dem sonstigen Arbeits- und Verkehrsgetriebe bei diesen Aktivitäten oft gar nicht stattfinden kann. Der andere Grund ist subtiler und wahrscheinlich weitreichender: Da Menschen unbewusst sehr wohl wahrnehmen, dass hinter all diesen Freizeitaktivitäten letztlich nur blanke Geschäftsinteressen stecken, bleibt am Ende ein schaler Beigeschmack übrig, trotz des vorübergehenden Lustgewinns. Irgendwann hat man Schein und hohle Freude satt und geht seine Wege...

Hier beginnt vielleicht so etwas wie **Freiheit**: Die Freiheit, selbst zu denken und sich etwas anderes vorstellen zu können als das, was angeboten wird.

Wenn man in der Geschichte zurückblickt bis zum Zeitalter der großen französischen Revolution 1789 (Uranus) oder auch nur bis zur bürgerlichen Revolution 1848 (Neptun) wundert man sich vielleicht, warum die revolutionären Losungen des aufsteigenden Bürgertums „Freiheit, Gleichheit und Brüderlichkeit" nie wirklich umgesetzt worden sind oder dorthin verlagert wurden, wo sie letztlich doch nicht die ursprünglich dafür gedachten Wirkungen entfalten konnten. Dabei sind wir doch zumeist stolz über die Errungenschaften der westlich-modernen Demokratie und würden uns wünschen, dass deren Grundlagen sich auch in vielen Ländern der 3. und 4. Welt ausbreiten würden.

Das ehemalige Primat der Politik hat ausgedient und stillschweigend ist so etwas wie Kapitulation eingetreten. Kein Wunder, es herrscht bereits das Primat der Wirtschaft. Die Machtübergabe hat bereits stattgefunden: Natürlich getraut sich das niemand zu sagen, sonst würde jemand, der zu demokratischen Wahlen geht, um einen Politiker zu wählen, in Zukunft darauf verzichten, weil es ohnehin egal ist, wen er wählt. Kurzum: Derjenige, der gewählt wird, hat keine wirklichen Machtbefugnisse; er ist bloß zu einem Lobbyisten der wirtschaftlichen Machtträger, des Kapitals, der Banken und Konzerne geworden.

Beginnen wir mit der Freiheit, die in einer völlig falsch verstandenen und überzogenen Art und Weise in der Wirtschaft (heute zumeist Geldwirtschaft) ausgelebt wird und dem Normalverbraucher nur eine Art Schein-Freiheit, nämlich beim Konsumieren „freihält". Aus der Sicht der heutigen Wirtschaft sind Menschen in erster Linie Konsumwesen. Sie haben eigentlich nur Recht auf Freiheit, solange sie sich den Gesetzen des Marktes unterwerfen, wenn sie das Ganze unkritisch und brav mitmachen. So werden Menschen im Prinzip zu Gleichen gemacht, zu Angehörigen einer Kultur, in der gewisse Märkte vorherrschend sind. Das, was aber für Menschen gleich sein sollte, ist das Recht an sich. Was wir derzeit erleben, hat mit **Gleichheit** bei den Rechten nur peripher etwas zu tun.

Trotz aller oben angesprochenen Diversifikationen und Schein-Individualisierungen gibt es bereits eine Tendenz der Gleichmachung, der Nivellierung der Kultur. Echte Kultur ist hingegen aus dem wirklichen Leben gewachsen... Freilich: Kultur hat immer schon die Aufgabe gehabt, auf allen Ebenen gewisse Bedürfnisse zu stillen. Die Macht des Geldes konnte schon in früheren Zeiten kulturprägend sein - und ließ so vieles zur Leitkultur werden. Der Unterschied ist in diesem Punkt nur ein gradueller, doch gemeinsam mit den schier unbegrenzten Verbreitungsmöglichkeiten in Zusammenhang mit den modernen Kommunikationstechnologien wirkt er sich schon fast so aus, dass die Instanzen des Materialismus überall Einzug gehalten haben, in alle Gesellschaftsschichten und in fast allen Nischen der Welt - und sie bestimmen übergreifend die Leitkultur.

Die Nivellierung der Kultur findet in den globalen Zentren und „global villages" in globalem Ausmaß statt und fast überall hin verbreitet sich letztlich das gleiche Bild. Und es gibt noch einen Unterschied. Während der klassischen Phase des Kapitalismus wurde der Mensch hauptsächlich als Kapital der Arbeitskraft betrachtet; diese Dimension des Kapitalismus ist immer weniger wichtig geworden mit der Entwicklung des Fließbandes und der Massenproduktion von Gütern mit Hilfe der Maschinen. Dafür ist der Mensch stärker als früher zu einem Kapital des Konsums geworden, der seine verschiedensten Bedürfnisse mit Geld zu kaufen und zu stillen versucht. Das hat die Produktivität wieder angekurbelt und zu steigendem Wachstum und Beschäftigung geführt. Seit zwei Jahrzehnten wurden Investitionen vermehrt in den Billiglohn-Ländern getätigt und Überschüsse wurden nicht mehr in die Produktion von Gütern investiert, sondern in den freien Kapitalmarkt. Für dieses heutige System ist es nicht mehr so wichtig, dass alle ihre Bedürfnisse in gleichem Ausmaß stillen und konsumieren können. Es reicht im Grunde genommen schon, wenn zwei Drittel der Bevölkerung Konsumkraft besitzt. Die Tendenz ist weiter fallend: Wenn diese Entwicklung so weiter geht, ist sie bald ähnlich wie zur Zeit des französischen Absolutismus vor der Revolution 1789: Luxusgüter und Verschwendung in riesigem Ausmaß für die oberen Zehntausend, den Angehörigen der Aristokratie.

Neben der vorherrschenden Besitzkultur der Wertpapiere und Immobilien, der Hightech-Luxusgüter und Fahrzeuge wächst auch in den europäischen Ballungszentren wie ein Krebsgeschwür eine Subkultur der Not - ähnlich dem Lumpenproletariat von Paris anno 1789. „Die Globalisierung oder „mondialisation" ist daher weit davon entfernt, einer wahrhaft globalisierten wirtschaftlichen Entwicklung zu entsprechen. Vielmehr führt sie zur streng lokalisierten Entwicklung von Geschäftsvierteln, wo die großen Unternehmen, Banken, Versicherungen, Vermarktungs- und Vertriebsdienstleister und Finanzmärkte angesiedelt sind. Pierre Veltz hat gezeigt, wie sich rund um diese Wirtschaftszentren riesige Bevölkerungszonen erstrecken, deren Menschen es zum Teil gelingt, unter Einsatz ihrer Intelligenz und ihrer Beziehungen von den vielen Kleinstaktivitäten zu leben, die bei den globalisierten Angelegenheiten in ihrer nächsten Umgebung abfallen."[60]

Gerade in jüngster Zeit gibt es eine Verschärfung in diese Richtung gehend, aufgrund der Banken- oder Finanzkrise: Wie viele Menschen leben in Griechenland mittlerweile auf der Straße? Das wissen wir nicht genau. Es lässt

---

[60] Jean Ziegler: Die neuen Herrscher der Welt und ihre globalen Widersacher, S.31

sich jedoch überprüfen, wer sich in jüngster Zeit Immobilien in London, der klassischen Metropole der kapitalistischen Kolonialherrschaft und jetzigen europäischen Metropole des Finanzmarktes, gekauft hat. Solche Immobilien können sich nur Millionäre leisten, das ist klar. Pikant aber ist, dass sich darunter auch jene befinden, die zwar dem Staat Griechenland Millionen schuldig wären, aber nie bezahlen müssen. Bezahlen müssen jene Griechen, die Sparpakete in Kauf nehmen müssen. Wäre das Gesetz für alle gleich, hätte man die Bankkonten der Milliardäre schon längst gesperrt oder diese Mittel für Not leidende Griechen verwendet. Auch die steigenden Fälle von Korruption in jenen ökonomischen Bereichen, wo die Verflechtungen mit den Machtträgern besonders eng sind (Waffen, Geldspekulationen der Banken, Telekommunikation), zeigen auf, dass die vorhandenen Gesetze nicht mehr ausreichen, das Personal zu knapp ist, usw.

Kurzum: Die Gleichheit vor dem Gesetz hat bereits zu wackeln begonnen. Zu stark ist die Freiheit in wirtschaftlichen Aktivitäten! Jeder kann im Prinzip machen was er will, solange er genug ökonomische Reserven (inklusive Bestechungsgelder) hat. Was wir im Prinzip schon aus der klassischen Periode des angelsächsischen Kapitalismus kennen: Das „solange es ökonomische Interessen gibt, ist nichts wirklich abwegig" - wurde immer mehr zum Leitbild des freien Handelns und des freien Handels auf der Welt. Dabei sollten wir uns darüber im Klaren sein, dass der Markt ohne klare Rechtsvorschriften nicht funktionieren kann, schon gar nicht, wenn er am Wohl aller orientiert ist. Bei jedem ordentlichen Geschäft bedürfe es normalerweise einer Instanz, die das "Einhalten des Worts garantiert" - meint der Jurist A. Supiot treffsicher in seinem aktuellen Buch „der Geist von Philadelphia".

Fehlentwicklungen im Zusammenhang mit Freiheit und Gleichheit wurden weiter oben aufgezeigt. Nun gab es neben diesen beiden eine dritte revolutionäre Losung: die **Brüderlichkei**t. Man kann sagen, dass sie in diesem jetzigen System nahezu in Vergessenheit geraten ist und kaum ins Gewicht fällt. Dabei: Brüderlichkeit existiert sehr wohl, als Ideal, im Denken. Einige Menschen leben sie sogar, setzen sie bewusst ein im Sozialen und werden dabei glücklich. Fest steht: Bis jetzt konnte man Brüderlichkeit nur dann leben, sobald man sich außerhalb des vorherrschenden Systems eine Nische geschaffen hat. Sie ist aber noch lange nicht zu einem bestimmenden Faktor in unserer westlichen Kultur geworden. Im dominierenden kapitalistischen System ist Konkurrenz ein bestimmender Faktor geworden, nicht

Brüderlichkeit. Man sieht, es ist fast das Gegenteil. Dabei wurde schon 1944 von der internationalen Arbeitsorganisation in Philadelphia[61] eine Erklärung verkündet, in der soziale Gerechtigkeit erstmals juristisch definiert und ihre Verwirklichung zum Hauptziel der Ökonomie gemacht wurde.

"Armut gefährdet den Wohlstand aller", heißt es darin und der Kampf dagegen "muss innerhalb jeder Nation und durch ständiges gemeinsames internationales Vorgehen unermüdlich weitergeführt werden." Nur vier Jahre später wurde die darin vorkommende Menschenwürde in die Allgemeine Erklärung der Menschenrechte aufgenommen. Die Würde und Gleichberechtigung aller Menschen ist damit inkludiert.

Im 2. Artikel der Menschenrechte der Vereinten Nationen steht geschrieben:
Alle Menschen sind frei und gleich an Würde und Rechten geboren. Sie sind mit Vernunft und Gewissen begabt und sollen sich zueinander im Geiste der **Brüderlichkeit** begegnen.
(Obwohl im wörtlichen Sinne Frauen ausschließend, wurde dieser Begriff schon früher auf Menschen im Allgemeinen bezogen…)

Gerade weil in fast allen Kulturen das Ideal der Brüderlichkeit beziehungsweise die Tugend der Brüderlichkeit bekannt ist, sollte man im Zeitalter der Globalisierung bewusst darauf hinzuarbeiten versuchen. Christus selbst lehrt die Brüderlichkeit im Gebot der Nächstenliebe. Pazifismus, die Würde und Gleichberechtigung der Menschen und Barmherzigkeit sind verwandte Begriffe der Brüderlichkeit, die auf diese Weise zum Beispiel auch der Buddhismus kennt…
Bei den Bedürfnissen muss man wirklich zugeben, dass es hier etwas gibt, wo alle Menschen gleich sind: Jeder Mensch hat seine Grundrechte und sollte ein Recht auf Nahrung und Behausung haben und natürlich folgen darauf die bürgerlichen Rechte (Menschenrechte und die Achtung der Würde des Menschen…).

Wege hin zu einer sozialen Gerechtigkeit im internationalen Rechtssystem umreißt Alain Supiot[62] mit den Maximen der Handlungsfähigkeit der Arbeit-

---

[61] Diese Konferenz in der Stadt der Bruderliebe - „Philadelphia" durchzuführen war auch ein gelungener Symbolakt, denn sie wurde zum bahnbrechenden Vorreiter der „Declaration of Human Rights"- der Menschenrechtserklärung

[62] A. Supiot: Der Geist von Philadelphia - Soziale Gerechtigkeit im Zeitalter entgrenzter Märkte; das Buch ist erst vor kurzem in Deutsch erschienen.

nehmer, Unternehmensverantwortung - und der Solidarität. Diese sollte auch als Pflicht verstanden werden. Wenn ein Unternehmen beispielsweise die Produktion verlagert, um Sozial- und Umweltstandards zu umgehen, dann sei dies als Verletzung des Solidaritätsprinzips zu ahnden.

Natürlich fällt uns hier die Achse Jungfrau-Fische ein:

In der Jungfrau ...... Pflicht   -----------   Brüderlichkeit .... in den Fischen

"Weil Egoismus, Gier und der Kampf ums Dasein in der Welt existieren, so wie sie ist, müssen sie eingedämmt und kanalisiert werden durch eine gemeinsame Bezugnahme auf die Welt, wie sie sein sollte."[63] - meint Supiot treffsicher. Der Begriff „Sollen" wurde in den letzten Jahrzehnten genauso vernachlässigt wie in die Zukunft weisende Visionen. Dies hat sich als Nachteil erwiesen, verbunden mit gewissen Gefahren, denn: Wer Sein und Sollen nicht auseinander halte, unterwerfe sich so allzu leicht dem Gegebenen - insbesondere dem vermeintlich freien Markt - und verstehe nicht mehr, warum Normsetzungen notwendig seien.
Natürlich möge dies nicht bloß gedacht sein nach der Art: Eigentlich sollte man ja brüderlich und solidarisch sein, aber die anderen Menschen geben durch ihren Egoismus keine Möglichkeit dazu usw. ... Vielmehr sollte es letztendlich zu einer Pflicht werden, die auch in Gesetzen zum Ausdruck kommen: Wir brauchen nur auf das Recht (die Gerechtigkeit im Schützen) achten und es für unsere Zwecke einsetzen.

Politik und Gesetzgeber sind dazu aufgefordert, hier jene Dinge zu erkennen, die für eine solidarische Gesellschaft absolut notwendig sind und gleichzeitig für die Zukunftsentwicklung der Ökonomie wertvoll sein können. Die Normsetzung müsste lauten: Mit Brüderlichkeit beginnt es und natürlich ist hier jeder Einzelne dazu aufgefordert, in seinem Willen Bilder dazu entstehen zu lassen und humane Vorsätze zu entwickeln, damit daraus ein aktives Handeln entstehen kann.
So können mit der Zeit auch neue Betriebe entstehen, in denen die Modelle der Brüderlichkeit gelebt werden. Auf jeden Fall sind Wirtschaft und Finanzwesen wieder in den Dienst der Menschenwürde zu stellen. Eine Zukunfts-Vision für die nächsten 20 Jahre könnte lauten:
Das Brüderlichkeitsideal wird zum Modellfall der Ökonomie.

---

[63] Vgl. A. Supiot, ebd.

Eine weitere Vision ist, dass sich Individuen jenseits von Gruppenzwängen und -Interessen als gleichberechtigt dem Anderen gegenüber fühlen. Ich hoffe stark, dass diese Idee schön langsam „durchsickern" wird, so wie es Neptun eben macht auf der Denk-Achse, und zwar:
Die Aktivierung der Qualitäten des Fische-Zeichens, nämlich Altruismus und Brüderlichkeit, welche jenseits von egoistischen Bedürfnissen stehen und eine freie Form des Gebens hervorbringen und dabei noch über Gruppenzusammenhänge hinausgehen. Dies könnte als Zukunfts-Modell dienen dafür, wie man innerhalb von Gruppen ein menschliches Individuum sein kann, das zwar bereit ist zu kooperieren, aber aus freien Stücken heraus.

Die Freiheit selbst ist am besten dort aufgehoben, wo sie herkommt, im luftigen Denken (die Achse von Schütze-Zwillinge). Auch hier gibt es eindeutig bessere Entfaltungsmöglichkeiten als das, was wir schon oben beschrieben haben (ökonomische Zwänge, Konsumzwänge, etc.). Durch die Freiheit ist das Schöpferische aufs Neue wirksam und sorgt dafür, dass Kunst und Kultur nie einseitig werden. Presse- und Meinungsfreiheit haben hier natürlich ebenfalls ihren Platz. Auf Dauer wird sich allerdings die Frage stellen, ob die großen Medien-Konzerne das noch einhalten und gewährleisten werden und wollen. Medien in Privathänden sind ja so und so kein Garant für Unabhängigkeit, im Gegenteil! Die verstärkte Konzentration der Medien auf ein paar „Riesen" ist eine Konzentration der ökonomischen Macht, so wie bei anderen Fusionierungen multinationaler Konzerne. Insofern sollte auch hier der Gesetzgeber rechtliche Riegel zum Schutz des Gemeinwohls in Kraft treten lassen und geeignete Rahmenbedingungen schaffen, damit Prinzipien der Brüderlichkeit eingehalten und respektiert werden.

Ein weiterer Vorschlag dazu lautet: Würden alle Zeitungen gleich viel an Förderung von der öffentlichen Hand bekommen, gäbe es keine Vorteile gegenüber dem Konkurrenzblatt und auch nicht den ständigen nervigen Kampf um Inserate, Einschaltquoten und dergleichen. Jeder kann dann in Ruhe seine Meinung vertreten, ohne Rücksicht auf ökonomische Abhängigkeiten. Hier würde sich bereits zeigen, dass der Geist der Freiheit aus dem Geist der Philadelphia wachsen kann. Freiheit soll ja nicht bedeuten, dass sich ein Individuum einfach über andere Menschen hinwegsetzt und deren Bedürfnisse ignoriert, sondern beinhaltet selbstverständlich die Verantwortlichkeit im Sozialen.

Und tatsächlich gibt es bereits Anzeichen, die auf einer Stärkung des sozialen Miteinanders beruhen. Man darf ja nicht vergessen, dass nach den Schäden, welche der Finanzsektor in den letzten Jahren auch für die Betriebe angerichtet hat, auch im Sektor der Ökonomie und der Wirtschaftswissenschaften schön langsam ein Umdenkprozess im Gange ist... Zumindest hat das, was noch vor 10 Jahren in den "Unternehmens-Kirchen" gepredigt worden ist - die Sage vom freien Markt, der alles von selbst regelt und steuert und zum Wohl aller beitragen wird - seine Glaubwürdigkeit eingebüßt. Ähnliches wird man vielleicht einmal über den Konkurrenzdruck denken. Wenn aber, was ich vermute, innerhalb der Ökonomie über echte soziale Kooperationsformen nachgedacht wird, dann ist Brüderlichkeit in der Wirtschaft auch nicht mehr weit.

Letztendlich wäre es notwendig anzuerkennen, dass nicht die Freiheit, sondern die Brüderlichkeit zu einer Basis wird in der Ökonomie. Dafür sollte man Voraussetzungen schaffen. Als erstes scheint wichtig zu sein zu erkennen: Wo gibt es ein gelungenes Modell dieser Form der sozialen Kooperation und wie funktioniert sie? Wer hat innerhalb der Betriebe innovative Ideen, mit der Brüderlichkeit konkret umgesetzt werden kann. Diese Leute müssen gefunden und gefördert werden. Das Gesetz kann hier letztlich nur Rahmenbedingungen schaffen...

Natürlich ist hier ein Umdenken erforderlich: Bis jetzt galt es als Maxime, jene Leute in den Betrieben besonders zu begünstigen, die sich als besonders konkurrenzfähig erwiesen haben oder mit dem vorhandenen Konkurrenzdruck am besten zurande gekommen sind.

Zugegebenermaßen war (und ist) Konkurrenz ein starker Motor in jenen Formen des wirtschaftlichen Handelns, wo es um die Wertschöpfung, um die Steigerung des Kapitals und der Gewinne geht. Fragwürdig ist hingegen der Glaube, dass der Faktor der Produktivität eine unmittelbare Folge der Konkurrenz sei. Echte und wirkliche Kooperation kurbelt die Produktivität mindestens genauso an! - Dies wissen die Unternehmer durchaus und es gilt mittlerweile als gesicherte Erkenntnis. Niemand soll glauben, dass es keine Alternativen zu diesen ethisch fragwürdigen Eigenheiten wie Konkurrenzverhalten gäbe. Offenbar haben wir als West-Mittel-Europäer uns und unsere Kinder schon so daran gewöhnt, ständige Wettkämpfe zu üben, um sie für die Welt der Arbeit in der Wirtschaft tauglich zu machen. Genau hier zeigt sich, wie stark das System in die Köpfe der Menschen einzudringen vermochte und das menschliche Miteinander vergiften konnte. Am Beispiel der Konkurrenz zeigt sich auch, wie stark das ökonomische System das Gesellschaftssystem mittlerweile durchdrungen hat, trotz demokratischer Spielregeln, religiöser Gesinnungen und familiären Bindungen.

Das Thema der umfassenden Nächstenliebe (Philadelphia) scheint also stärker und wichtiger zu werden. Es gilt, sie **bewusst denkend** zu erleben und in Kanäle zu lenken, wo diese spirituelle Kraft sich positiv auch im menschlichen Miteinander auswirkt...

Allumfassendes Denken ...... soziale Auswirkung:
                                   Mitgefühl und Brüderlichkeit
                                   Soziale und solidarische Kooperation
                                   friedliche (pazifistische) Gesinnung
Tolerantes Denken .... soziale Auswirkung:
                                   Akzeptanz und Achtung des Anders-
                                   Seins, Gerechtigkeitsempfinden
                                   (Menschenrechte...)
Reflektierendes Denken .... Wirkung:
                                   Unterscheidungsvermögen, Genauigkeit,
                                   Pflichtbewusstsein, Selbsterkenntnis
Flexibles Denken .... Wirkung:
                                   freie Assoziationen, schnelle
                                   Kommunizierbarkeit
                                   Praxisbezogenheit, ferner: leichter Humor

Nicht nur die Relationen zwischen den gegenüberliegenden Zeichen auf den Achsen, auch die Beziehungen zu den anderen Teilen des Achsenkreuzes sollten miteinbezogen werden.
Wenn man die Summe der oben angesprochenen Synthese-Planeten (15 - siehe magisches Quadrat) auf ihre Quersumme reduziert, komme ich jedenfalls auf die Zahl 6, d.h. das Thema Liebe, Harmonie, Form und Maß - all dies soll die Mitte bilden, es ist das, was allem zugrunde liegen sollte. Sie sind Motive nach denen man sich ausrichtet; in ihnen steckt eine Grundhaltung, die man immer wieder gerne einnimmt; verordnen wird man die Liebe sicher nicht können, auch das Maß nicht...

Die Entwicklung der ethischen Prinzipien als Hauptorientierung für die heutige Zeitqualität hat einen wunderbaren Nebeneffekt: Wenn sich auch das menschliche Individuum die Frage stellt, wie es wirklich und tatsächlich in Liebe und Harmonie existieren kann, dann gilt es, den „Widerspruch" der diametral gegenüberliegenden ethischen Prinzipien aufzulösen. Darin liegt ein Schritt, der fast Initiationscharakter hat. Widmet sich jemand zum Beispiel der Selbsterkenntnis, dann kommt er nicht wirklich dorthin, wenn er nicht das gegenüberliegende Prinzip berücksichtigt, nämlich das der Brüderlichkeit (Philadelphia). Wenn aber diese Übung immer besser gelingt, öffnet sich erst das Tor zur (wirklichen) Liebe. „Die Liebe ist die versöhnende Kraft, ist die Substanz der Einheit. Und hätten wir alles Wissen und jede Erkenntnis - doch hätten wir die Liebe nicht, dann hätten wir **nichts.**"[64]

Und wir besitzen im eigentlichen Sinne nichts, wenn es uns nicht gelingt im Hier und Jetzt zu leben...

Schauen wir abschließend, was - von der Zeitqualität der Planeten aus betrachtet - noch bevorsteht und entwerfen von da ein Bild für die Zukunft.

Ausblick: Diese Zeit erleben

Das Ältere ist noch nicht ausgestanden und das Neue steht vor der Tür (= Cardo). Vor der Tür, die man durchschreitet sind noch einige Hindernisse in den Weg gelegt worden und es ist fast so etwas wie Pflicht, auf jeden Fall ist es mit Mühen verbunden (Steinbock), sie ausfindig zu machen und aus dem Weg zu räumen. Pluto ist bereit dazu, bei dieser Reinigung hilfreich zu sein, aber die Menschen müssen auch bereit sein dafür, gewisse „Opfer" zu leisten.
Der Prozess der Reinigung, die Krise - die ja bekanntlich mit Krankheit und Prozessen der Reinigung zu tun hat - begann 2009 mit dem Eintritt Plutos im Steinbock. In diesem Zeichen, das von Saturn beherrscht wird, geht es in vielem um Vertiefung (in seelischer Hinsicht), die Konzentration auf das Wesentliche (in geistiger Hinsicht) und um Reduktion (in materieller Hinsicht). Ein Alchemist würde sagen: Putrefactio in reductio. Reinigung durch Reduktion. Es geht also darum, die unnötige Schlacke abzustoßen, damit aus dem (kohlenstoffhältigen) Stein ein Diamant werden kann.

---

[64] Norbert Giesow: Astrologie und Spiritualität, S.149

Der Überfluss, der uns die Hindernisse beschert hat, ist ohnehin schon zu einem spürbar frustrierenden Ballast geworden und dazu kommt noch eines: 90 Grad von Steinbock entfernt (also im Quadrat dazu) ist seit 2011 der Planet Uranus in das Tierkreiszeichen Widder eingetreten und erzeugt Spannungen. Er drängt schon (fast ungeduldig) vorwärts - und jeder einzelne Mensch scheint es zu spüren in Form von nervöser Ungeduld - im Feuerzeichen auf das Neue hin - mit revolutionärer Kraft (arabischer Raum)! Ist es Revolution oder mehr Demokratie und Humanität, das zum Durchbruch kommen soll?

Ich möchte keine prophetische Aussagen tätigen, aber eines dürfte sicher sein: Solange das Alte nicht überwunden ist, wird der Übergang ein schmerzhafter Prozess sein, bei dem die Opfer nicht freiwillig sein werden - das ist durchaus als Warnung zu verstehen.
Worin besteht nun dieses Ältere? Worin besteht die unnötige Schlacke?
Es sind verkrustete (althergebrachte) Strukturen, die in der Verwaltung, in den Schulen, in der Amtskirche, in den politischen Parteien, in den verschiedenen Institutionen, aber auch Betrieben liegen und in dem neuen kommenden gesellschaftlichen System nicht mehr benötigt werden. Insgesamt - könnte man meinen - ist auch das politische System, so wie wir es kennen, davon betroffen. Damit meine ich keineswegs nur politische Parteien, sondern das (kapitalistische) System als Ganzes, das viel zu ausufernd geworden ist mit der Eigendynamik des Finanzkapitals. Man sieht also, wie umfassend diese „Reductio" zu verstehen ist. Mit Sparpaketen allein wird man aus dieser fundamentalen Krise nicht herauskommen. Entweder kommt es zu einer friedvollen Transformation des Systems oder - als Alternative dazu, wenn die Botschaft des Opfers nicht verstanden wird - zu Revolten und Kriegen mit selbstverständlich unbestimmtem Ausgang.
Derjenige Planet, der für einen sanfteren Übergang sorgen könnte, ist Neptun. Die Übergänge (Transite), die er bereitet, waren nie von besonderen Brüchen gekennzeichnet. Die Kraft des Meeresgottes hat eine natürliche Ähnlichkeit mit dem Wasser[65], das im Lauf einer längeren Zeitperiode den Stein aushöhlt und sich einen Weg bahnt.

Bei dieser Gelegenheit sollte man sich einmal der Tragweite unserer jetzigen Zeitqualität bewusst werden, denn es haben ja alle drei sonnenfernen Kollektivplaneten, deren Umlaufzeiten zwischen 7 Jahren (Uranus) und 20 Jahren (Pluto) liegen, ihre Position in den Tierkreiszeichen binnen der letzten 3 Jahre gewechselt !!

---

[65] Vgl. Die Kraft der Schwäche in: Lao-tse: Tao-te- King (z.b. Weisheitsspruch No 78)

Auch Neptun hat seine Stellung verändert, soeben erst im Februar dieses Jahres (2012)! Dazu kommt noch ein Aspekt, der nur für ihn Gültigkeit hat: Seit seiner Entdeckung 1851 ist er erst einmal um die Sonne gekreist und ist nun nach Hause (in sein Domizil) zurückgekehrt, in das Sternzeichen Fische.

Wenn ein Planet in sein Herrscherzeichen gelangt, ist er gestärkt; hier kann er seine volle Kraft entfalten. Man kann davon ausgehen, dass seine Inhalte und Botschaften klarer als sonst zum Vorschein kommen und die Chance besteht durchaus, dass sie auf Dauer etwas Nachhaltiges bewirken können.

Wer an ein neues spirituelles Zeitalter glaubt, spürt möglicherweise verstärkenden Rückenwind.

Ich möchte gar nicht so weit gehen und von Dingen berichten, die nur wenige tatsächlich nachvollziehen und überprüfen können. Stellen wir uns einfach vor, dass ein Rundgang durch den Tierkreis auch einen Reifungsprozess darstellt; viele werden dabei - vielleicht bei ihrer eigenen Biografie - an den 28-29 Jahreszyklus des Saturn denken und sich erinnern, dass sie sich danach erwachsen fühlten. Bei Saturn geht es sowieso darum, Verantwortung zu übernehmen und zu tragen. Wenn nun der in Sensitivität hochbegabte Neptun seine „kindlichen Täuschungsmanöver und Illusionen" (sichtbar zum Beispiel in Fernsehwerbungen) endgültig über Bord wirft und sich wirklich einer gesellschaftlich relevanten Vision zuwendet, die auf dem Boden der Realität landen kann, könnte tatsächlich eine sehr fruchtbare Zusammenarbeit daraus entstehen.

Vor allem dürfen wir eines nicht vergessen: Im Zeichen der Fische ist Altruismus ganz groß geschrieben und wenn Neptun nun keinen pubertären Film daraus macht, sondern es ernst meint mit der Umsetzung des Verzichtes auf Egoismen und dazu bereit ist, sozial verantwortlich umzugehen, haben wir vielleicht berechtigte Hoffnungen auf eine bessere Zukunft. Die Winkel zwischen Pluto, der im saturnisch geprägten Steinbock auf ein Opfer wartet, und dem Planeten Neptun in den Fischen werden sehr bald günstig im Sextil (= 60 Grad) zueinander stehen. Beide Planeten haben mit dem Schicksal der Menschheit zu tun.

Im Altruismus und der Bruderliebe liegt auf jeden Fall ein Potential, das der Menschheit wirklich helfen könnte, wenn Menschen bereit dazu sind, jenseits von religiösen Dogmen eine Ethik zu entwickeln, die allgemein gültig ist und global angewendet werden kann.

Altruismus nur vom Anderen zu fordern ist sicherlich das falsche Rezept. Letztendlich soll dieser von Angehörigen jeder Gesellschaftsschicht getragen und internalisiert werden: So ist es nötig für jeden Einzelnen, beim eigenen Haus „durchzumisten" und den unnötigen Ballast im Keller (oder Dachboden) zu entfernen. Verantwortlich für das Eigene sollte man immer sein - egal ob arm oder reich. Die Fehler aus der Vergangenheit wollen wir nicht wiederholen und nur dem Anderen die Schuld zu geben für Missstände und Verfehlungen. Wir wissen mittlerweile, welche verheerenden Entwicklungen die in der Geschichte der Menschheit stattgefundenen Revolutionen zumeist genommen haben und welche wiederholten Formen des Machtmissbrauches und der Bildungen von neuen Machteliten es immer wieder gegeben hat. Darauf können wir gerne verzichten, soweit dies möglich ist. Selbst wenn es zu größeren Veränderungen kommt, müssen wir uns selbst und dem Anderen einfach auch eine gewisse Zeit zubilligen für die notwendige Umkehr.

Dafür steht Neptun: Zeit und Gezeiten - im Gegensatz zu chronologischer Zeit. Unter der Regentschaft des Wassermanns ist die Zeit immer schneller geworden (Neptun stand fast zwei Jahrzehnte in diesem Zeichen). Dies scheint sich nun zu ändern. Wir erleben das bereits jetzt anders, oder nicht? Wir haben es mit unterschiedlichen Zeitqualitäten zu tun, was anfänglich gewisse Schwierigkeiten mit sich bringen kann. Wenn Neptun in den Fischen ist, spüren wir, sobald wir unsere Aufmerksamkeit nach innen richten, dass sich chronologische Zeit immer wieder auflösen kann und damit weniger sklavisch wird als bisher. Zeit beginnt nun „gegenwärtig" zu werden: Zeit wird zu einer Kategorie, die bewusster erlebt wird, d.h. sie spielt nach wie vor eine Rolle, aber nicht mehr in dem Sinn, dass wir ihr hinterherlaufen. Die chronologische Zeit gerinnt und verliert ihre Relevanz. Es wird Momente geben, in denen der Mensch verstärkt die Zeit anhalten wird (manche haben es schon erprobt...) und sich gewahr wird, was jetzt im Augenblick ist, was geworden ist und was in Zukunft getan werden muss. So findet eine verstärkte Aufmerksamkeit auf den gesamten Zeithorizont statt!
Wenn sich dieser „Trend" durchsetzt - Neptun hat ja auch bekanntlich stark mit Trends zu tun - führt es auf Dauer zu einem verlangsamten Zeiterleben und vermindert Auswüchse von Stress und Nervosität. Seit dem Uranus-Einfluss leiden wir bekanntlich verstärkt an diesen beiden Symptomen und so kann es hilfreich sein, das Bewusstsein auf die Zeitqualität Neptuns zu lenken, die ähnlich den Gezeiten zyklischer Natur ist ....

Wir werden unter Neptuns Einfluss wieder stärker erkennen können, in welchen Momenten es adäquat ist, bestimmte Dinge zu tun und wann eher nicht. Wir werden die Natur und die Zyklen der Zeit beobachten müssen und darauf Rücksicht nehmen; ja, und wir werden wieder mehr auf andere Menschen Rücksicht nehmen und uns Zeit nehmen für ein Gespräch und zwar ohne dabei das Gefühl zu bekommen, dass wir dazu gezwungen wurden, unsere wertvolle Zeit zu „opfern"! Dass es dennoch mit einem „Opfer" zusammenhängt, sollte uns aber bewusst sein.

Eine verstärkte Aufmerksamkeit auf den Moment hin bereitet den Boden für ein fruchtbares Miteinander, für Gespräche und Dialoge[66] , in denen nicht nur Sachfragen eine Rolle spielen, sondern auch die sozialen Faktoren und mannigfaltigen seelischen Bedürfnisse miteinbezogen werden. Natürlich muss zu Beginn auch eine Fokussierung auf die Momente hin stattfinden und die Bereitschaft entwickelt werden dazu, einen Teil der eigenen Wünsche hintanzustellen und Verzicht zu üben. Ich denke, auch dies sind vielleicht Momente, die eine Zeit lang geübt werden müssen, bevor sie fruchtbare Ergebnisse erzeugen, doch könnte sich - mit der Zeit - ein verstärktes Miteinander ergeben.
Das Problem ist ja, dass noch immer geglaubt wird, Konkurrenz sei ein Motor menschlicher Motivation und Entwicklung. Das soll natürlich nicht bedeuten, dass man Konkurrenz so einfach aus der Welt schaffen kann; schließlich scheint das Konkurrenzverhalten durchaus in der Natur des Menschen verankert zu sein und hier ist es genau genommen ein typisches Steinbock-Thema - neben dem Themenkreis von Ernsthaftigkeit, Arbeit, Organisation und Strukturierung..
Interessanterweise findet derzeit gerade hier im Steinbock und in diesen Bereichen seit 2008 der große plutonische Reinigungsprozess statt - wie wir weiter oben schon gehört haben. So gesehen besteht sogar berechtigte Hoffnung, dass es in dieser Hinsicht zu einer Verwandlung kommen kann. Da Konkurrenz allgemein sehr stark zwischen Gruppen besteht, möchte ich in diesem Zusammenhang noch abschließend hinzufügen: Wenn sich herumgesprochen hat, dass mit Gruppenzugehörigkeit nicht mehr so viel erreicht werden kann, muss auch nichts mehr so vehement verteidigt und durchgesetzt werden. Die Zugehörigkeiten zu Parteien, Vereinen, Interessenvertretungen und dergleichen haben zwar gewisse fördernde Wirkungen für die Identität, doch stellt sich angesichts der Tatsache, dass wir mittlerweile in einer globalisierten Welt leben, die Frage, inwieweit Menschen auch darauf verzichten könnten, wenn es dafür einen adäquaten Ersatz gibt ....
Brüderlichkeit beinhaltet doch bereits die Respektierung des Individuums. Brauchen wir noch mehr Anerkennung als diese?

Wenn Menschen weniger als Mitglieder einer Gruppe gesehen werden sondern als Individuen, die von vorne herein gleich berechtigt sind, können sie

---

[66] In dem Wort „Dia" steckt bereits die Zahl 2 drinnen; Dia- Logos (= Wort, Sinn)

darauf vertrauen, dass ihre eigene Meinung ebenso Gewicht haben kann wie die Meinung des Anderen. Natürlich läuft dieses Modell auf einen verstärkten offenen Meinungsaustausch hinaus, der einen wichtigen Schritt bilden könnte für eine Demokratisierung des Gesellschaftlichen. Derzeit ist es jedenfalls noch so, dass in den Parlamenten Mitglieder diverser Interessengruppierungen in ständiger Konkurrenz zu den anderen Parteien agieren, doch zeigen sich bereits die ersten Zerfallserscheinungen: Immer weniger nehmen die Politik, so wie sie praktiziert wird, ernst. Die wenigsten Menschen haben noch den Eindruck, dass ihre Anliegen in den Parlamenten wirklich vertreten werden. Das neue ist: Es entstehen Gruppierungen, die Offenheit für alles und jedes signalisieren und in den unterschiedlichsten Medien (Internet) vertreten sind. Eine spontane Gegenkultur zum Establishment der althergebrachten Parteien scheint sich tatsächlich immer wieder zu bilden... und beweist, dass wir bereits mitten drinnen stehen im Prozess der Transformation.

Wie man dem Tierkreis aus der Achse von Mars und Venus entnehmen kann, sind persönliche Beziehungen einerseits Grundlage gesellschaftlicher Beziehungen, andererseits können wir auch einen separaten gesellschaftlichen Bereich ausmachen, der in mancherlei Hinsicht unabhängig dazustehen scheint, der als Hinweis interpretiert werden kann, persönliche Beziehungen zu überwinden in einer zukünftigen Gemeinschaft. Tatsächlich sehen wir heute dort und da Anstrengungen, so etwas wie eine progressive Überwindung des alten traditionellen Systems, das Aufgeben der „Vetternwirtschaft", der Vereinsmeierei, der Parteien. Dabei besteht natürlich die Gefahr, dass ein neues und unpersönlicheres System gleichzeitig eine gewisse unmenschliche Kälte mit sich bringen kann.

Diese Gefahr, so berechtigt sie auch sein mag, muss man genauer unter die Lupe nehmen: Gewisse Kassandra-Rufe kennen wir schon, weil es sie immer schon gegeben hat und sie werden zumeist von jenen ausgesprochen, die statt einer Entwicklung nach vorne die „gute alte Zeit" herbei beschwören wollen. Aus dieser Ecke kommt ohnehin die größere Gefahr. Als Reaktion auf progressive zukünftige Strömungen und Modernisierungsschübe wird nicht nur gegen den drohenden Verlust früherer sozialer Bindungen und nationaler Identitäten gearbeitet, sondern die Bindungen werden romantisch verklärt und eine idealistisch verfälschte Identität wird als zukünftige Grundlage einer staatlichen Ordnung gesehen. Ein goldenes Zeitalter, das es sowieso nie gegeben hat, soll heraufbeschworen werden. So hat man immer schon auf Modernisierungsschübe reagiert und hierin besteht wohl die größere Gefahr! Damit meine ich beide, sowohl Nationalismus als auch religiösen

Fundamentalismus: In solchen Fällen geht es eigentlich immer um eine ideologisch hochstilisierte Vergangenheit als Reaktion auf das Neue, eine Reaktion, die schließlich und endlich in viel Schrecklicherem mündet als in eine bloße Restauration des Althergebrachten, nämlich in die Diktatur, in die Gewalt und Vernichtung von Andersdenkenden...

Globalisierung sollte sich natürlich nicht nur auf Informationssysteme und wirtschaftliche Innovationen beschränken. Soziale, kulturelle und ethische Anliegen sind mindestens ebenso wertvoll, weil sie von Grund auf menschliche Bedürfnisse beinhalten (der Mensch lebt ja nicht von Brot allein...).

Die große Chance in unserer derzeitig anbrechenden Epoche der „Philadelphia" besteht eben darin, die Synthesen als zeitlich gegebenen Schwerpunkt zu erkennen und als Grundlage des Handelns zu übernehmen. Die Themen, welche die Planeten und Zahlen vorgeben, betreffen alle Menschen. So besteht die Möglichkeit zu vermitteln, wo Übermaß vorhanden ist und worin richtige Handlungsweisen bestehen könnten. Was soll also geschehen? Unsere Nachbarn müssen uns ebenso wichtig sein bei all unserem Handeln und Denken. Umso notwendiger erscheint uns dabei die Verbreitung und Verwirklichung der Idee der „Philadelphia". Wenn wir an das globale Informationssystem denken, dann sollte sich diese Ausrichtung ebenso ausbreiten und entfalten können ... Das kann nicht falsch sein! Umgekehrt kann es nicht richtig sein, dass Informationssysteme ohne irgendwelche ethischen Grundlagen verbreitet werden (oder Daten ohne rechtliche Schranken weitergereicht werden).

Ein ethischer Grundkonsens, eine allgemeine Richtlinie, die global anerkannt werden kann, muss sowieso (wieder-) entdeckt werden und da eignet sich am besten etwas, das alle Menschen auf diesem Globus verstehen können und was sie einig werden lässt, vor allem in dem einen Punkt: Auf dem Planeten, auf dem wir leben, wollen wir noch länger verweilen. Also werden wir uns gegenseitig dabei helfen, weniger an Ressourcen zu verbrauchen (reductio) und den Reichtum der Erde miteinander zu teilen – dann haben wir vielleicht die bestmöglichen (Überlebens-) Chancen insgesamt auf diesem Globus. Das soll natürlich schon heißen, dass wir es mit einer Verteilung von Gütern und Ressourcen zu tun haben werden, jedoch immer unter dem Aspekt der Nächstenliebe und der Brüderlichkeit ...! Die Liebe zwischen den Menschen und die Achtung des Einzelnen soll auf diesem Weg niemals verloren gehen. Darum ist es wichtig, die Aufmerksamkeit immer dem einzelnen Moment zuzuwenden und von hier ausgehend das richtige Maß zu erkennen...

Zeichen	Stichworte	Element	Planet	Z.	Ideal- Typus
1) Widder	Sich mit Energie durchsetzen wollen	Feuer	Mars	9	Aktivist
2) Stier	Das Stoffliche fühlen (Wert!)	Erde	Venus	6	Materialist Realist
3) Zwillinge	Mit Leichtigkeit denken	Luft	Mercurius	5	Relativist, Journalist
4) Krebs	In der Seele baden wollen	Wasser	Mond	2	Gefühls-Mensch
5) Löwe	Sich besonders fühlen (Ausstrahlung)	Feuer	Sonne	1	Herrscher (Macho)
6) Jungfrau	Unterscheidend und reflektierend denken	Erde	Mercurius	5	Analyst, Physiokrat
7) Waage	Harmonie wollen	Luft	Venus	6	Pazifist, Utopist
8) Skorpion	Die seelischen Abgründe fühlen	Wasser	Mars	9	Asket Psychologe
9) Schütze	In großen Zusammen-Hängen denken	Feuer	Jupiter	3	Philosoph Dogmatiker
10) Steinbock	Das Wahre bewahren wollen	Erde	Saturn	8	Traditionalist Historiker
11) Wassermann	Das Zukünftige fühlen	Luft	Uranus	4	Visionär, Narr
12) Fische	Mitfühlend denken	Wasser	Neptun	7	Mystiker Sozialarbeiter

LITERATUR:

Al-Biruni: In den Gärten der Wissenschaft: Ausgewählte Texte aus den Werken des muslimischen Universalgelehrten (übersetzt von G. Strohmaier), Reclam, 1988

Stephen Arroyo: Astrologie, Psychologie und die vier Elemente. Aus dem Amerikanischen übersetzt von Störmer/Labonte, München 1982 (original: Reno, Nevada 1975)

Stephen Arroyo: Astrologie, Karma und Transformation. Aus dem Amerikanischen von Fritz Lahmann 1998; original: Astrology, Karma & Transformation (1978)

Toni Bäurich: Der gute Wille bei Kants Grundlegung zur Metaphysik der Sitten. E- Book 2005

Die Bibel: Das alte Testament - Nach der Bibelübersetzung Luthers in der historischen Fassung von 1912

Hans Biedermann: Lexikon der magischen Künste - Die Welt der Magie seit der Spätantike, Graz 1968

Martin Boot: Das Horoskop - Einführung in Berechnung und Deutung. Aus dem Niederländischen von Hildegard Höhr, deutsche Erstausgabe, München 1988 (original: 1981)

Maura Böckeler: Aufbau und Grundgedanke des Ordo Virtutum der heiligen Hildegard. 1923

Johannes Bülau: Zahlenmagie- Handbuch der Numerologie, Augsburg 2000

Cheiro: Das Buch der Zahlen. Aus dem Englischen von Erna Jacobi und M. Körner, Freiburg 1994

J.C. Cooper: Der Weg des Tao – Eine Einführung in die Lebenskunst und Weisheitslehre Chinas. Aus dem Englischen von Ulli Olvedi; Bern- München 1977; original: Taoism, The Way of the Mystic (1972)

Allison Coudert: Der Stein der Weisen - Die geheime Kunst der Alchemisten. Aus dem Englischen von Christian Qatmann, 1992; original: „Alchemy. The Philosopher´s Stone." (1982)

Dante: Die göttliche Komödie - übersetzt ins Deutsche von Konrad Falke (Illustrationen von Gustave Dore), München 1995

Charles Derber: One World - Von globaler Gewalt zur sozialen Globalisierung. Aus dem Amerikanischen von Wolfgang Spindler, Hamburg 2003; original: „Profit before People", New York (2002)

Konrad Dietzfelbinger: Mysterienschulen - Vom alten Ägypten über das Urchristentum bis zu den Rosenkreuzern der Neuzeit, München 1997 (Diederichs gelbe Reihe No. 135)

Manfred Ehmer: Weisheit des Westens – Mensch, Mythos und Geschichte, Düsseldorf 1998

Ralph Waldo Emerson: Repräsentanten der Menschheit - Sieben Essays. Aus dem Amerikanischen von Karl Federn 1989; original:„Representative Man" (1850)

Karl R. H. Frick, Die Erleuchteten - Gnostisch-theosophische und alchemistisch-rosenkreuzerische Geheimgesellschaften bis zum Ende des 18. Jahrhunderts. Korrigierte Lizenzausgabe, Wiesbaden, 2005

Marion Giebel: Das Geheimnis der Mysterien - Antike Kulte in Griechenland, Rom und Ägypten. Zürich, München 1990

Norbert Giesow: Astrologie und Spiritualität, Innsbruck 2003

Johann Wolfgang Goethe: West-östlicher Diwan. (Hg.und erläutert von Hans-J-Weitz), 8. erweiterte Auflage, Frankfurt am Main 1988 (1. Auflage 1953)

Liz Greene: Saturn. Aus dem Englischen übersetzt von Hildegard Ostarhild, München 1996; original: New York (1976)

Liz Greene: Schicksal und Astrologie - Die Familie im Spiegel des Horoskops, Aus dem Englischen von Bettina Braun, 1985; original: The Astrology of Fate, London (1983)

Helmut Hessenbruch: Geheimnisse und Wesen der Zahlen. Köln 1963

Ottfried Höffe (Hg.): Lexikon der Ethik (in Zusammenarbeit mit M. Forschner, A. Schöpf und W. Vossenkuhl), 3. bearbeitete Neuauflage, München 1986

Peter Kemper (Hg.) und Ulrich Sonnenschein (Hg.): Glück und Globalisierung - Alltag in Zeiten der Weltgesellschaft, Frankfurt /Main, 2003

Carl Kieswetter: Geschichte des neueren Okkultismus - Geheimwissenschaftliche Systeme von Agrippa von Nettesheim bis zu Carl du Prel. Neu gesetzte Ausgabe nach der Vorlage der Ausgabe Leipzig 1891-95; Wiesbaden 2007

Jean-Michel de Kermadec: Das große Buch der chinesischen Astrologie. Aus dem Französischen von Stefan Kappstein, München 2000; original: Les huit Signes de votre Destin (1981)

Dorothee Koechlin de Bizemont: Karma-Astrologie - Das Horoskop als Spiegel vergangener Leben. Aus dem Französischen von Bettine Braun, München 1985; original: L´ Astrologie Karmique (1983)

Gregoire Kolpaktchy: Das ägyptische Totenbuch, 8. Auflage 1985; original: Paris (1954)

Thomas Kolnberger, Clemens Six (Hgg.): Fundamentalismus und Terrorismus - Zu Geschichte und Gegenwart radikalisierter Religion, in: Expansion- Interaktion- Akkulturation /Historische Skizze zur Europäisierung Europas und der Welt- Band 14, Wien- Essen 2007/08

Lao-Tse: Tao Te King (Hgg.von W.Y. Tonn). Aus dem Chinesischen übersetzt und kommentiert von Victor von Strauß, 9. Auflage, Zürich 1992

Liä Dsi: Das wahre Buch vom quellenden Urgrund - Die Lehren der Philosophen Liä Yü Kou und Yang Dschu. Aus dem Chinesischen übertragen und übersetzt von Richard Wilhelm, Lizenzausgabe Eugen Diederichs, Düsseldorf/Köln 1980

Levy Hans: Chaldean Oracles and Theurgy. Kairo 1956

Dietmar Loch (Hg.)/Wilhelm Heitmayr (Hg.): Schattenseiten der Globalisierung, Frankfurt am Main 2001

Betty Lundsted: Transite - Die Gezeiten des Lebens. Aus dem Amerikanischen übersetzt von Barbara Müller; Sauerlach 1997 original: Transits, The Time of Your Life. York Beach (1987)

George R.S. Mead: Die Gnosis. Fragmente eines verschollenen Glaubens. Aus dem Englischen von A. Von Ulrich 2008 (Hg. H. Werner); original: Fragments of a faith forgotten - Some short sketches among the Gnostics, mainly of the first two centuries.(1900)

Hermann Meyer: Astrologie und Psychologie - Eine neue Synthese (Hg. B. Jost und J. Schwarz). München 1981

Neil F. Michelsen: The New American Ephemeris For The 21st Century. Michelsen Memorial Edition (by Rique Pottenger), 2006

Miranda Lundy: Symbolik der Zahlen. Aus dem Englischen übersetzt von Christina Goldmann, Mannheim 2010; original: Sacred Number - The Secret Qualities of Quantities. New York (2005)

Seyyed Hossein Nasr: An Introduction to Islamic Cosmological Doctrines – Conception of Nature and Methods used for its Study by the Ikhwan
Al Safa, Al- Biruni and Ibn Sinan, State University of New York Press, 1979

O´Sullivan: Early Medieval Glosses on Prudentius Psychomachia. Leiden 2004

Joan Negus: Transite - Chancen zur Verwandlung. Aus dem Englischen von Ralf Schanzenbach, München 1997; original: Astro Alchemy - Making the most of your Transits. San Diego (1994)

Platon: Der Staat - oder über die Gerechtigkeit. Ins Deutsche übertragen von August Horneffer. Stuttgart 1973

Platon: Theatet. Übersetzt und herausgegeben von Ekkehard Martens (Anmerkungen und Literaturhinweise von Michael Ensbach), Stuttgart 1981

Robert Powell: Zu einer neuen Sternenweisheit - Einführung in die hermetische Astrologie. Übersetzt aus dem Englischen von F.Mayr/M.Frensch, 1993

Alexander Roob: Alchemie und Mystik- Das hermetische Museum, Benedikt Taschen – Verlag 1996

Michael Roscher: Praxis der Horoskop-Interpretation- Einführung in die transpersonale Astrologie, München 1992

Bertrand Russel: Denker des Abendlandes - Eine Geschichte der Philosophie. Aus dem Englischen von Karoly Földes- Papp, London 1959

Christoph Schubert- Weller: Die Astrologie - Entstehung, Schulen und Entwicklungen. Wiesbaden 2006 Erstausgabe: Köln (1996)

Eduard Schuré: Die großen Eingeweihten. Aus dem Französischen übersetzt von Marie von Siewers, Leipzig 1909; original: Le grand Initiee (1889)

Rudolf Steiner: Von der Natur zur Unter- Natur / in: Antroposophische Leitsätze (Hg. Rudolf Steiner Nachlaßverwaltung), Dornach 1954

Hans- Joachim Störig: Kleine Weltgeschichte der Philosophie, Stuttgart 1950 (ungekürzte Taschenbuchausgabe 1963)

Alain Supiot: Der Geist von Philadelphia - Soziale Gerechtigkeit in Zeiten entgrenzter Märkte. Übersetzt aus dem Französischen von Ilse Utz, Hamburg, 2011 (original: Paris 2010)

Zoltan Szabo: Der Gral im Horoskop - Astrologie der Wandlung. 2002 (Erstausgabe, München 1985)

Robert von Ranke- Graves: Griechische Mythologie - Quellen und Deutung. Hg. Burkhard König Rowohlts Enzyklöpädie 1984; original: Greek´s Myths (1955)

Hans Hinrich Taeger: Astroenergetik - Die zwölf kosmischen Energien. München 1989

Joseph Vogl: Das Gespenst des Kapitals. Zürich 2010

Richard Wilhelm (übers. aus dem Chines.): I Ging -Text und Materialien (mit einer Einleitung von Wolfgang Bauer). Köln 1973

Christa Zettel: Geheimlehre und Numerologie - Das Geheimnis der Zahl. Weyarn 1980

Jean Ziegler: Die neuen Herrscher der Welt und ihre globalen Widersacher. Aus dem Französischen übertragen von Holger Fliessgang; München 2002 (original: 2000)

Robert Zoller: Astrologie und Zahlenmystik - Die arabischen Punkte im Horoskop. Aus dem Amerikanischen von Clemens Wilhelm, München 1989

 **Unser Buchbonus – Das digitale Extra zur Printausgabe.**

Ab jetzt werden unsere Bücher flexibel. Im Buchbonus finden neugierige Leser noch mehr und aktualisierte Inhalte zum Buch: neue Kapitel, Literaturlisten, Tabellen, Bilder, Videos, Audiodateien und anderes. Damit das Buch nicht zu Ende ist, wenn Sie es aus der Hand legen.

Sie können den Bonuscode mit Ihrem Smartphone einlesen oder den Code direkt eingeben.
http://www.book-on-demand.de/autoren/buchbonus

DxSCJELmJw

ISBN: 978-3-86386-553-5

book-on-demand ... Die Chance für neue Autoren!

Besuchen Sie uns im Internet unter www.book-on-demand.de
und unter www.facebook.com/bookondemand